조선시대 전남의 향교 연구

조선시대 전남의 향교 연구

윤 희 면 저

전남대학교출판부

머리말

저자는 조선 후기의 향교를 주제로 박사학위를 받고, 여기에 논문을 더 보태 『조선후기 향교연구』(1990)라는 제목의 연구서를 출판한 적이 있었다. 본서는 그 이후 필요에 의해, 또는 외부의 청탁으로 작성한 향교 논문 가운데 전남에 소재하는 향교만을 추려 모은 것이다. 여기에 보론으로 향교연구에 필요하지만 이전에는 거의 주목하지 않고 있었던 『학교등록』이라는 자료에 대한 해제를 덧붙였다. 그리고 향교의 교육기능을 대신하여 조선 후기에 각 고을에서 설립된 양사재에 대한 논문과, 능주 양사재에 대한 사례 연구를 포함하였다. 그리하여 모두 향교와 양사재 논문 8편을 모을 수 있었다. 논문을 모은 것이기에 내용에 다소 중복이 있고, 또한 제목과 달리 근대 이후의 내용도 서술한 것이 있는데, 향교의 이해를 위하여 편의상 개괄한 것에 지나지 않음에 양해를 구한다.

저자의 향교연구가 계기가 되었는지는 모르겠으나 전남에서는 『전남의 향교』라는 향교자료 모음집을, 경상북도에서는 『경북향교자료집성』을 간행하기도 하였다. 그리고 관학이지만 교육적 피폐가 거듭하여 유명무실하다고 평가받던 향교가 교과서나 개설서에 양반들의 교육기관이자 향촌기구라 설명되고 있고, 심지어 대학수능시험에 나오기도 하였다. 본서가 비록 전남의 향교에 초점이 맞추어져있지만 향교의 중요성을 다시금 일깨워주고, 또한 다른 지역 향교 연구의 시발점이 되어 자료집이 수집되고 비슷한 연구가 계속 이어지길 기대한다.

본서에 실려 있는 논문들을 대충 설명하면 다음과 같다.

1부에서는 전남의 향교를 다루었다.

1장 「전남의 향교」에서는 전라남도 29개(광주향교 포함)의 역사를 개괄하고 향교의 구조와 기능 등을 설명하였다. 그리고 향교에 소장되어 있는 고문서들을 종류별로 나누어 소개하고, 더하여 향교와 밀접한 관계를 가지고 있는 사마소(사마재)와 양사재도 함께 설명해 보았다.

2장은 구례향교의 유생안, 청금안, 향안 등의 분석을 통하여 어느 성관이 구례에서 양반사족으로 위세를 떨쳤는가를 알아보고, 이어 영조 대에 연거푸 반포되는 「권학절목」 등을 이용하여 향교의 교육활동에 대하여 알아본 것이다. 그리하여 구례향교에서 양반사족들이 거접, 강회, 백일장, 순제 등의 교육과정을 재정이 허락하는 대로 꾸준히 수행하여 왔음을 확인하였다.

3장은 순천향교에 소장되어 있는 고문서를 통하여 순천향교의 연혁과, 향교의 기능을 제례, 교육, 정치사회로 구분하여 살펴보고 향교가 양반사족의 교육기관이자 향촌기구로 계속 존속해 왔음을 설명하였다.

4장은 나주향교의 역사와 구조, 활동 등을 사마소, 양사재도 포함하여 설명한 것이다. 나주향교도 다른 향교와 마찬가지의 구조를 갖추고 여러 기능을 수행해왔음을 설명하였는데, 그 가운데 향교에서 벌어졌던 향전의 모습을 남아있는 유생안을 통하여 조금이나마 알아본 것에 의미를 두고자 한다.

5장은 영조 때 편찬되었다고 믿어지는 『학교등록』(8책이었으나 1책이 결본)을 해제한 것이다. 인조 7년부터 경종 4년까지 1000여건의 기사를 왕별로, 내용별로 분류하여 기사가 가장 많은 순서대로 향교의 수리, 이건 등 시설과 관련된 것, 위판과 관련된 것, 교생 고강과 낙강

처리문제 등 세 가지로 나누어 내용을 검토한 것이다. 『학교등록』은 향교의 일거수일투족을 모두 나라에서 관장하는 제도적인 모습뿐만 아니라 개별 향교의 역사를 살피는데도 도움이 되기에, 번역 간행도 되었으니 앞으로 향교 연구에 많이 이용되기를 기대해본다.

2부에서는 양사재를 다루었다.

6장은 양사재의 설립과 운영모습을 전반적으로 알아본 것이다. 양사재는 숙종대에 감영에 세워진 유생의 거접시설과 관련지어 양반사족들이 앞장서서 만든 교육기관이었다. 향교에 인접하여 설립되는 양사재는 향교 교육기능의 보충 또는 확대라 할 수 있겠고, 신분제 변화에 대응하는 양반사족들의 보수화 노력의 한 표현이라 설명해 본 것이다.

7장, 8장은 능주 양사재에 대한 사례연구이다. 능주 양사재, 원접청은 독서와 제술 위주로 교육활동을 하는 양반들의 교육시설로 건립되어 운영되었고, 교육과 운영에 참여한 재생과 재임의 명단을 담은 『유안』, 『정간안』과 여흥 민씨 의암공파와 제주 양씨 병절공파의 족보를 활용하여 양사재가 양반사족의 교육기관을 활용되었음을 확인한 것이다. 그리고 19세기 중엽 이후에는 서출들 일부가 재생으로, 재임으로 참여하는 모습도 확인하여 신분제의 굴레를 조금씩 벗어나가는 모습도 살펴보았다.

이상과 같이 8편의 논문을 통하여 이전의 향교연구에서 소홀히 하였던 교육기능에 좀 더 중점을 두면서 알아보았다. 예전 박사논문 심사 때 향교의 교육에 대해 너무 소홀히 다룬 것이 아니냐는 선생님들이 지적이 늘 마음에 걸려있었다. 그 뒤 서원 공부를 하면서 거접, 통독, 강회, 거재, 백일장, 순제 등 여러 교육과정이 마련되어 있음을 알았고, 향교도 같은 모양의 교육활동을 전개하였음을 확인할 수 있었다. 그리하여 본서에서 서술한 내용처럼 향교와 양사재가 양반사족들의 교육기관으로 존속해 왔으며, 교육기능을 상실하였다는 이해와는 달리 꾸준히 다양한 교육활동을 전개해 왔음을 설명할 수 있게 되었다. 그리고 조선후기에는 향교와 서원을 도훈장, 면훈장 교육체계에 넣은 교육 정책이 고을마다 전개되어 왔음을 알아낼 수 있었다. 이 연구를 통하여 향교가 조선 초기 이후 유명무실한 교육기관으로 존재해 왔다는 기존의 이해를, 또한 조선 후기 교육부재론이라는 잘못된 선입관을 훌쩍 벗어나는 계기가 되기를 희망해본다.

저자가 공부를 계속할 수 있었던 것은 무엇보다 지도교수이셨던 이광린(1924～2006) 선생님의 가르침 덕택이었다. 대학원 진학 이후 석사 논문의 작성부터 박사 논문의 완성까지, 그리고 이후 향교와 서원, 양사재, 사마소 등으로 이어지는 저자의 모든 연구에는 선생님의 관심과 격려가 도사리고 있었다. 저자의 교육과 연구는 선생님이 보여주신 학자의 자세를 곁눈질해서 배운 것을 부족하게나마 따라한 것에 지나지 않았다. 선생님에게 공부 꾸지람을 받고 한없이 낙담하다가도 칭찬 한마디에 다시 기운을 차려 자료와 논문에 코를 박던 그 시절이 새삼 그립다. 그리고 너무도 안타깝게 일찍 세상을 떠나신 정두희(1947～2013) 선배님의 학은도 잊을 수가 없다.

아직도 환갑 자식 걱정이 끊이지 않으시는 9순 넘으신 어머님, 사회성이라고는 조금도 없이 학교와 집만 오가면서 잡기, 잡서 등을 섭렵하고 이제는 오디오에도 기웃대려는 빵점 남편을 잘 참아주고 있는 박연성, 이제 사회에 나가 홀로서기를 준비하고 있는 재은, 재형에게 사랑과 격려의 마음을 전한다.

끝으로 책의 출판을 위해 연구비를 제공해 준 전남대학교, 책을 깔끔하게 꾸며준 출판부 여러분께 감사드린다.

2015년 10월

학교 연구실에서 윤희면 識

1장 ▮ 전남의 향교

1. 향교의 역사

우리나라에서 교육기관을 설치한 것은 삼국시대부터였다. 고구려는 소수림왕 2년에 태학을 설립하였고, 신라는 삼국통일 후인 신문왕 2년에 국학을 설립하였다. 서울에 학교를 세운 것과 함께 지방에도 교육기관을 설치하였다. 고구려는 지방 곳곳에 경당을 두어 경사(經史)와 습사(習射)를 가르쳤다고 한다. 신라는 소경에 학원(學院)을, 주의 치소(治所)에는 학교시설을 두어 지방교육에 관심을 기울였다. 삼국시대 지방학교기관에 대해서는 단편적인 자료만이 보여 이렇다 할 지식을 갖지 못하고 있지만, 이러한 전통이 고려시대에 들어와 지방 관학의 설립으로 연결되었다고 할 수 있겠다.

고려는 골품제도의 제한에서 벗어나 유교적 정치이념에 바탕을 둔 중앙집권체제를 지향하였다. 고려 초의 흥학책은 성종 대에 이르러 활발히 시행되었다. 성종은 제도의 정비를 위하여 많은 관료의 선발과 등용을 계획하였다. 유능한 인재 양성을 위하여 국학을 국자감으로 이름을 바꾸면서 시설과 교육내용을 정비하였다. 아울러 12목에 지방관을 파견하면서 지방 세력가들의 자제 260명을 개경에 불러들여 유학(儒學) 교육을 시켰다.

서울로 올라온 습업생(習業生) 가운데 53명만 개경에 머물게 하고 나머지 207명은 귀향시켰는데, 이들 귀향 학생들을 위하여 987년(성종

6년) 8월에는 12목에 경학박사와 의학박사를 각각 1명씩 파견하였다. 그리고 992년(성종 11년) 1월에는 교서를 내려 서재(書齋)와 학사(學舍)를 지어 학교시설을 마련케 하고 또 토지를 주어 교육경비에 충당하도록 조치하였다. 향교는 지방의 관학이고, 문묘와 학교가 결합한 구조를 갖추고 있다는 특징에 비추어 볼 때, 공자와 그 제자들을 봉사(奉祀)하였는지는 의문이지만, 성종대의 교육시설을 향교의 시초로 보자는 견해가 유력해지고 있다.

전라도에는 12목인 전주, 나주, 승주에 경학박사와 의학박사 1인씩을 각각 파견되었다. 그리고 성종 11년의 조치에 따라 서재와 학사 등 학교시설이 갖추어졌다. 989년(성종 8년)에 나주목의 경학박사인 전보인이 교육에 큰 효과를 거두어 포상을 받았던 것으로 미루어 전라도 지역에서도 활발한 교육이 실시되었을 것으로 짐작할 수 있다.

향교는 인종 때에 이르러 전국적으로 확대되었다. 인종은 식목도감으로 하여금 학식(學式)을 상정하도록 하여 국자감과 향학, 잡학 등에 입학자격과 교육과정, 과거의 규시(規試)를 마련하였다. 1127년(인종 5년)에는 15개조의 유신교서를 표시하면서 14번째의 흥학책에서 "제주(諸州)에 향학(鄕學)을 세워 널리 교도하라"고 하였다. 인종대에 설치한 향교는 행정구획의 대소에 따라 주학(州學), 부학(府學), 군학(郡學), 현학(縣學)으로 불리어졌으나 이는 모두 향교로 보아야 할 것이다. 이러한 조치를 가지고 향교의 설치연대를 인종 5년으로 보는 견해가 통설로 인정받아왔으나, 여기서는 향교가 있는 고을은 시설을 정비하고, 없는 고을은 새로이 향교를 건립하여 교육을 강화하라는 조치로 해석하고자 한다. 인종대에 전국적인 규모로 향교가 설치되고 지방교육이 확산됨에 따라 계수관에 있는 향교에서 주변 고을의 학생을 모아(鄕校都會) 과거에 앞서 모의시험을 치르지도 하였다.

무인집권기에는 지방의 관학교육이 쇠퇴하였다. 더욱이 몽고의 침략으로 국토가 황폐하고 민생의 어려움이 더해졌을 때 지방교육의 쇠퇴는 어쩔 수 없는 일이었다.

고려 말 신진사대부들의 성장과 이들에 의한 성리학 수용과 연구는 유학교육의 발달에 새로운 전기를 가져왔다. 원 간섭 이후 역대 왕들의 흥학책과 성리학의 전래 등으로 유학교육은 부흥되어 갔으며, 지방의 향교들도 차츰 안정되어 갔다. 충렬왕 이후 고려 말까지 17개의 향교가 중수되거나 복치(復置)되었다는 기록이 확인된다. 향교의 부흥은 중소지주층이나 향리의 자손들이 향교 교육을 받고 과거를 통하여 관료로 진출하는데 크게 이바지하였을 것이다.

조선시대에 들어와 향교는 급속히 정비되고 발전되어갔다. 새로운 왕조의 통치이념인 유교를 보급시키고 유교적인 소양을 지닌 관리를 양성하기 위하여 관학을 강화하였다. 서울에서는 성균관을, 지방에서는 향교를 정비하고 확충하였다. 중앙의 권력을 군현 말단까지 미치게 하기 위하여 군현제를 정비하고 강화하면서 군현마다 향교를 세우도록 하였다. 그리고 1413년(태종 13)년에는 각 고을의 향교에 학전을 지급하여 향교의 발전과 운영에 커다란 전기를 마련하였다.

조선 초기에 '一邑一校'의 원칙에 따라 수령이 파견된 군현에는 지방의 유일한 관학인 향교를 반드시 설치하였다. 군현제의 정비에 따라 군현의 병합, 이속, 치폐가 거듭되었으나 향교는 설치하도록 하였다. 어쨌든 고려시대 이래 향교가 있던 고을에서는 향교를 보수하거나 확충하였고, 향교가 없는 고을에서는 향교를 신설하였다. 조선시대의 제도 문물이 일단 완성되는 성종 대에 편찬된 『동국여지승람』을 보면 모든 고을마다 향교와 문묘가 있음을 기재하고 있다. 따라서 조선시대에 들어와 늦어도 성종 대에 이르러서는 전국의 모든 군현에 향교가 마련되었다고 할 수 있다.

전라남도 향교의 명단과 건립 연대를 정리해 보면 다음과 같다.

표 1. 전남 향교의 명단과 건립연대

향교이름	창건연대	추정이유	소재지	비고
강진향교	태종17년(1417)	군현병합	강진군 강진읍 동성리 691	지방유형문화재 115호(85.2.25)
고흥향교	세종23년(1441)		고흥읍 행정리 149	지방유형문화재 108호(84.2.29)
곡성향교	태종13년(1413)	현감파견	곡성읍 교촌리 190	전남문화재자료 27호(85.2.28)
광양향교	태조6/세조2		광양읍 우산리 509	지방유형문화재 111호(85.2.25)
구례향교	태종13년(1413)	현감파견	구례읍 봉서리 1473	지방유형문화재 110호(85.2.25)
나주향교			나주시 향교동 322	지방유형문화재 128호(85.2.25)
낙안향교			승주군 낙안면 교촌리 222	지방유형문화재 112호(85.2.25)
남평향교	세종2년(1420)		나주군 남평면 교원리 산161	지방유형문화재 126호(85.2.25)
능주향교	태종18년(1418)		화순군 능주면 남정리 328	지방유형문화재 124호(85.2.25)
담양향교	태조7년(1398)		담양읍 향교리 45	지방유형문화재 103호(85.2.25)
돌산향교	1897년(광무1)	설군	여천군 돌산읍 군내리 304	전남문화재자료 41호(84.2.29)
동복향교	세종27년(1445)		화순군 동복면 연월리 864	전남문화재자료 125호(85.2.25)
무안향교	태조3년(1394)		무안군 무안읍 교촌리 860	지방유형문화재 114호(85.2.25)
보성향교	태조6년(1397)		보성군 보성읍 보성리 126	지방유형문화재 106호(85.2.25)
순천향교	태종7년(1407)		순천시 금곡동 182	지방유형문화재 64호(85.2.25)
여수향교	1897년(광무1)	설군	여수시 군자동 165	전남문화재자료 124호(85.2.25)
영광향교	세조2년(1456)	이건	영광군 영광읍 교촌리 393	지방유형문화재 25호(86.1. 8)
영암향교	세종2년(1420)		영암군 영암읍 교동리 356	전남문화재자료 125호(85.2.25)
옥과향교	태조1년(1392)		곡성군 옥과면 옥과리 15-1	지방유형문화재 115호(85.2.25)
완도향교	1897년(광무1)	설군	완도군 완도읍 죽청리 850-1	지방유형문화재 109호(85.2.25)
장성향교	태조3년(1394)		장성군 장성읍 성산리 110	지방유형문화재 105호(85.2.25)
장흥향교	태조7년(1398)		장흥군 장흥읍 교촌리 4	지방유형문화재 107호(85.2.25)
지도향교	1896년(건양1)	설군	신안군 지도읍 읍내리 112	전남문화재자료 111호(84.2.29)
진도향교	세종20(1437)		진도군 진도읍 교동리 275	전남문화재자료 127호(85.2.25)
창평향교	정종1년(1399)		담양군 고서면 교산리 138	지방유형문화재 104호(85.2.25)
함평향교			함평군 대동면 향교리 590	지방유형문화재 113호(85.2.25)
해남향교	태종9년(1409)	설읍	해남군 해남읍 수성리 105	전남문화재자료 77호(84.2.29)
화순향교	세종15(1434)		화순군 화순읍 교리 183	지방유형문화재 63호(77.9.30)
광주향교	태조1년(1392)		광주시 서구 구동 22-3	광주시유형문화재(86.12.24)

<표 1>에서 보듯이 전남지방(광주 포함)에는 모두 20개의 시, 군에 29개소의 향교가 있다. 예전에는 한 고을에 하나씩 마련되어 있었지만 근대에 들어와 군현의 통합과 지방제도의 개편으로 한 군(곡성, 담양, 화순) 에 여러 개의 향교가 존재하는 곳도 있게 되었다.

29개소 향교의 설립 연대를 보면 태조, 태종, 세종대임을 알 수 있다. 근대에 들어와서는 완도군, 지도군, 돌산군, 여수군이 설군되면서 향교가 신설되었다.

빠른 것은 태조 원년이라고 되어 있는데 신빙성에 의문이 생기기도 한다. 나주, 낙안, 함평향교는 건립연대가 미상이다. 그러나 다른 향교의 경우에 비추어 볼 때 대체로 지방제도의 개편이 활발하게 진행되던 태종, 세종 대에 향교가 건립되었을 것으로 보이며, 늦어도 성종대에는 향교가 건립되었을 것이다.

29개 향교 가운데 20개소는 전남지방유형문화재(광주는 광주시유형문화재)로 지정되어 있고, 9개소는 전남지방문화재자료로 지정되어 있다. 문화재자료로 지정된 것은 건립연대가 뒤늦고, 또한 6.25 전쟁으로 불타버린 것은 다시 복구하여 문화재적 가치가 떨어진다고 판단된 향교들이다.

고종의 즉위와 함께 벌어진 서원에 대한 규제는 1865년(고종 2년)의 만동묘 철폐, 1868년(고종 5년)의 미사액서원 철폐, 1871년(고종 8년)의 사액서원의 정리로 이어졌다. 대원군이 서원을 철폐하면서 유림들의 반발을 무마하기 위하여 관학의 진작을 도모하였다. 향교를 개수하라는 명령을 자주 내리고 성균관에 대해서도 지원을 하였다. 그러나 개항 이후의 신문물 유입에 따라 향교는 점점 기능을 상실해가고 말았다.

1894년의 갑오개혁은 성균관과 향교의 교육기능을 사실상 상실케 한 조치였다. 갑오개혁으로 여덟 아문을 두었는데 이 가운데 교육을 담당한 것은 학무아문이었다. 여기에는 근대학교 교육의 시행을 위한 소학교, 중학교, 전문학교, 사범학교, 대학교, 기예학교 등의 직제를 설치함으로서 종래 성균관과 향교의 교육기능을 무시하였다. 이와 더불어 향교에 소속되어 있는 재원을 근대학교의 설립과 운영으로 돌리려는 계획도 수립하였다. 1896년에 내부(內部)에서 각 고을에 훈령을 내려 고을에 있는 향교, 학계(學契), 서원 등의 전답과 재산, 식리전 등을 조사하여 보고케 하였다. 이는 이들의 재원을 근대학교의 설립과 운영에 충당하려는 의도였다. 유림들의 반발 등으로 지방마다의 차이는 있었지만 향교의 재산이 점차로 공립소학교의 재원으로 편입되어 갔다.

전남지역에서 최초의 근대학교는 1896년에 설립되었다는 광주공립심상소학교(현재 광주서석초등학교)라고 한다. 그리고 1896년 9월의 『구한국관보』에는 순천에도 학부지정학교로 순천공립심상소학교가 설립되었음을 기록하고 있다.

일부 유림들이 근대학교의 재원으로 충당되는 향교재산을 되찾고자 집단 움직임을 보이기도 하였지만 시대의 대세에 순응하지 않을 수 없는 일이었다. 전국 대부분의 공립소학교가 향교재산과 서원 토지를 기본 재원으로 하고 여기에 지방관과 고을 유지들의 보조금으로 겨우 운영되는 실정이었다. 1908년 4월 공사립학교의 경비를 향교 전답에서 나오는 수입으로 충당한다는 통감부 재무감독국의 방침이 정해진 이래, 향교의 제반 업무에 대한 간섭이 더욱 강화되었다. 그리하여 1909년 5월에는 향교 전답에 대한 조사가 실시되었다. 향교의 전답과 재산은 학부의 관리를 받았으나 점차 지방관의 통제를 받게 되었다. 향교 재산의 관리, 향교 및 문묘의 사무도 지방관의 지휘와 감독을 받게 되었다.

1911년 6월 일제는 성균관을 폐지하고 경학원을 설치하였다. 이제 성균관은 교육기관으로서의 명목을 상실하고 사회교육적인 교화단체로 전락하게 되었다. 성균관과 향교가 구시대의 유물로 격하되는 사태가 일어난 것이었다.

경학원은 총독의 감독을 받으며, 총독의 추천에 의해 각도에 학식과 덕망이 있는 유림으로 대제학 1인, 부제학 2인, 제주 2인, 사성 및 직원 약간 명을 두어 제향과 원무를 처리케 하였다. 경학원의 통제 하에 있는 향교도 향교직원에서 문묘직원이라는 이름으로 변경되었고, 이들은 부윤이나 군수의 지휘를 받아 제사와 문묘수직 그리고 서무를 담당하였다. 이제 향교는 종래의 교육기능이 부정되고 문묘향사만을 지내는 일종의 사회교화단체가 되었다. 향교 수입의 대부분은 지방재정으로 전용되어 60% 이상이 공립보통학교의 비용으로 충당되었다. 따라서 향교는 향사마저도 비용이 매번 부족하여 정부 보조금에 의존하였고, 문묘의 보수, 수리, 관리는 군수의 감독 하에 놓여 있어 관청의 생색과 지방유림의 기부금으로 겨우 명맥을 유지해나가는 실정이었다.

3. 1운동으로 인하여 일제의 조선 통치는 문화통치라는 허울을 뒤집어쓰고 있었다. 이때를 맞이하여 유림단체인 대동사문회, 전선유림총본부는 향교재산에 대한 관리권을 향교에 돌려줄 것을 총독부에 요구하였다. 이른바 향교재산반환운동이었다. 향교유림들의 관심사인 향교재산의 환부를 요구하여 유림들의 환심을 사기 위한 형식적 청원이었다. 그리하여 1920년 6월에 총독부는 향교재산관리규칙을 발표하였다. 요지는 공립보통학교의 경비로 전용되던 향교 재산의 수입을 향사비로 쓴다는 내용이었다. 그러나 향교재산의 반환은 경리의 문란을 이유로 여전히 군수의 관리 하에 두었다.

향교재산관리규칙의 발표로 향교재산반환운동은 일단 진정되었지만, 각 지방마다 향교재산의 운용을 둘러싸고 유림과 관청과의 마찰은 계속되었다. 향교재산 환부의 문제는 1927년 9월에 다시 거론되기 시작하였다. 서울에 소재를 둔 보수적 유림단체인 조선유림건약소총본부가 중심이 되어 향교재산 환부를 위한 청원서를 총독부에 제출하였다. 그런데 이 때 내부의 의견 불일치로 일부 유림들이 떨어져 나와 전선유림총본부를 만들고 별도의 활동을 전개하기도 하였다. 그리하여 두 개의 단체가 각각 청원서와 진정서를 총독부에 내면서 전개한 향교재산환부운동은 처음부터 분열과 난관에 부딪치게 되었고, 결국 1928년에 향교재산 수입의 일부가 학무국의 관할로 이전되는 것으로써 향교재산의 반환운동은 막을 내리게 되었다.

향교재산반환운동과 더불어 주목할 만한 것은 향교강습소 설립운동이었다. 1922년부터 전개된 이 운동은 민족교육을 열망하는 사회적 분위기에서 나온 것이고, 또한 일제에 의해 왜곡 변질된 향교의 지위와 역할을 다시 회복해 보려는 향교유림들의 자구책이기도 하였다.

향교강습소의 설립은 농민야학이나 노동야학과 같은 사설학술강습회의 전국적 실시와 함께 본격화되었다. 이는 향교재산, 향교유림, 향교시설을 이용하여 교육의 기회를 가질 수 없었던 계층들을 대상으로 한 것이었다. 향교강습소는 당시 보통학교나 중학교의 입학난에 따른 사설강습소 개회의 영향을 받고 나타난 것이었다. 그러므로 강습소의 형태는 학령의 초과아동이나 보통학교에 입학하지 못한 아동들을 위한 보통강습소, 상급학교에 진학하지 못한 학생을 위한 중등강습소, 고등강습소, 그리고 전통적인 한문교육을 목적으로 한 한문강습소와 서당교원강습소 등이 있었다.

전남에서는 1922년 7월에 영광청년회가 영광향교에서 개설한 영광학원과 1924년 2월에 시작된 순천향교 강습소가 있었다. 향교강습소는 향교가 주최가 된 경우와 향교가 시설이나 재정적 지원을 하는 경우로 나눌 수 있다. 전자는 향교가 직접 교사를 채용하여 교육을 하는 것이었고, 후자는 청년회, 보통학교, 유림연합회, 대동사문회지회 등에 향교 시설이나 재원을 지원하여 향교의 교육목표에 도달하고자 한 것이었다.

강습소의 설립주체는 향교유림들이었다. 유림들이 직접 교육에 나선 것은 아니지만 유림들의 관리 하에 있는 시설과 재산을 활용하고 있었기 때문에 그들의 간섭을 받지 않을 수 없었다. 그리하여 보수적인 유림들과 직접 강습소를 이끌어가려는 인사들과의 마찰은 불가피한 것이었다. 향교강습소의 재원은 향교재산 수입 가운데에서 향사비와 기타 비용을 제외한 잉여금으로 대부분 충당하였고, 일부 지방에서는 유지들이 지원금을 내기도 하였다. 물론 향교재산은 관청의 감독을 받았으므로 향교 직원이 관리하였지만 강습소 측에서도 향교의 향사비나 기타 운영비의 절약을 요구하고 있었다. 따라서 향교 유림들과 강습소 직원, 그리고 향교직원 및 지방관청과의 마찰은 불가피한 것이었다. 이 때문에 대부분의 강습소는 재정적 어려움을 겪고 있었고, 이것이 강습소의 지속적인 운영을 어렵게 하는 원인이 되었다.

1931년의 만주사변 이후 일제는 황민화를 위한사상보국운동을 전개하였다. 그 가운데 하나가 유교를 통한 국민교화안이었다. 유교를 윤리도덕의 원천으로 규정하고 향교를 정신훈련의 도장으로 개선하도록 하였다. 그리하여 향교와 향교유림들은 관권과 친일유림단체에 의해 지역사회에서 전쟁수행을 선전하는 교화기구로 활용되었다.

1945년 해방과 더불어 그해 10월에 전국 유림들이 서울 성균관 명륜당에 모여 유도회 창립총회를 열었다. 유도회 총본부를 설립하고 위원장에 독립운동가인 김창숙을 선출하였다. 그리고 재단법인 성균관을 설립하여 명륜전문학교를 성균관대학을 승격시키고 전국의 유림재산을 각 도별로 기부하여 재단을 보강하였다. 향교의 직원 명칭도 전교(典校)로 개칭하였다.

미군정기에 향교 토지에 대해서는 “향교재산에 관한 건”(법률 제

194호)이 공포되었고, 따라서 향교 재산은 국가의 통제와 보호 하에 운영되었다. 향교토지의 소유명의는 일제강점기에는 개별향교 명의로 되어 있던 것을 각도별로 향교재단을 설립하여 토지와 건물 등 부동산, 향사 제기를 기본재산으로 하고 현금과 가타 동산을 유동재산으로 하여 관리 운영하게 하였다.

해방 이후 추진된 농지개혁으로 향교 토지는, 각종 기관이나 종교단체의 토지 소유를 인정하지 않는 이유에서 분배대상이 되고 말았다. 그리하여 소작지로 경작을 하던 향교소유 토지 대부분이 소작 농민들에게 분배되었다. 어느 정도의 토지가 분배대상이 되었고, 대상에서 제외된 토지의 규모와 이유 등에 대해서는 별도의 연구가 필요하지만, 어쨌든 향교 토지는 문교재단 소유농지로 적용되어 특별보상 대상이 되었고, 이러한 기준이 적용되어 지가증권을 발급받았다.

향교재단에 대한 보상은 1951년 8월부터 시작되었는데, 각도별 재단이사장 명의로 발급되었고, 보상은 30할의 특별보상을 받았다. 농지개혁 전에 공포된 "향교재산에 관한 건"(법률 제194호)에 의하면 향교재단 수입 가운데 1/10은 성균관에, 2/10은 성균관대학에 납부하도록 규정되었다. 따라서 보상받은 지가증권의 수입 가운데 3/10은 성균관대학 재단으로 공식적으로 들어가게 되었으며, 지가증권의 보상이 원활이 진행되지 못한 상황에서 향교토지의 보상금은 대부분 성균관대학의 확충과 발전에 들어갔다고 해도 과언이 아닐 것이다.

1964년에 전국유림대표자대회에서 그간 분열과 대립을 일삼던 유도회를 재건하자는 결의를 하였다. 이러한 결과 1964년 10월에 향교직제가 제정되었다. 그 내용은 향교의 임원은 전교 1인과 면별, 인구별로 다수의 장의를 두고, 감사 2인 이내를 둔다, 전교는 향교를 대표하며 향교내의 사무를 총괄하고 장의는 전교의 지도를 받아 향교 사무를 담당한다는 것 등이었다.

2. 향교의 구조와 기능

향교는 제례와 교육의 2대 기능을 가지고 있다. 향교는 서울에 있는 성균관의 축소형으로 공자를 봉안하는 대성전과 선현들을 봉안하는 동무, 서무의 문묘와 학생들을 교육하는 장소인 명륜당, 기숙장소인 동재, 서재인 학교를 기본 구조로 가지고 있다. 그밖에 전사청(典祀廳), 고직사(庫直舍), 반노청(班奴廳), 포주(庖廚) 등이 부속 건물로 붙어 있다.

734년(성덕왕 16년)에 당나라에서 공자, 10 철, 72 제자의 도상(圖像)을 가져와 국학에 비치한 적이 있었다. 『삼국사기』 직관지에 '공자묘당대사(孔子廟堂大舍)'라는 관직이 있는 것으로 보아 아마도 국학에서 석전제를 올렸으리라 짐작된다. 지방에 있는 소경의 학원과 주치소(州治所)의 학교시설에서도 공자의 도상을 두고 석전제를 올렸는지는 분명하지 않다.

고려시대에 문묘가 언제 설치되었는지는 모르겠지만 태조가 서경과 개경에 학교를 세우고, 983년(성종 2년)에 송나라에서 4圖(대묘당도, 사직당도, 문선왕묘도, 제기도)와 72현 찬기(贊記)를 가져왔으며, 989년(성종 8년)에 대묘(大廟) 등을 건립한 것 등으로 미루어 성종 대에 유교적 의례가 갖추어지면서 서울의 국학에 문묘가 마련되었을 것이다. 지방의 향교에는 아마도 성종 대, 늦어도 인종대에 서울과 같은 문묘가 마련된 것이 아닐까 한다. 『고려사』 예지 제주현문성왕묘(諸州縣文宣王廟)에 문묘석전제에 관한 기록이 보이는 것이 이를 말하는 것이라 하겠다. 다만 국학과 향교는 건물의 규모와 봉사하는 선현의 수에 차이가 있었다. 향교에는 공자를 위시한 5성 10철만 모신 것이 통례였던 듯싶다. 그 밖에 1020년(현종 11년)에는 최치원을, 1022년(현종 13년)에는 설총을, 1319년(충숙왕 6년)에는 안향을 각각 문묘에 종사하였는데, 지방의 문묘에도 이들을 종사하였는지는 분명하지 않다.

문묘에는 2월과 8월의 상정일에 석전제를 지냈다. 서울과 지방이 모두 같았다. 문묘에는 공자와 선현들의 도상(圖像)을 그려 대성전의 벽에 걸어놓았고, 원 간섭기에는 불상처럼 소상(塑像)을 만들어 사용하기도 하였다. 그 뒤 고려 말에 성리학이 보급되면서 도상이나 소상이 점차 밤나무로 만든 위판으로 바뀌어갔다..

고려시대에는 "본국향교지제 묘학동궁(本國鄕校之制 廟學同宮)"이라고 한 것으로 보아 문묘와 강당이 한 건물에 있었던 것을 알 수 있다. 따라서 건물의 구조로 보아 제례가 교육에 부수되어 있었다고 생각되는데, 조선시대에 들어와 공자를 모시는 대성전이 독립되고 아울러 선현을 봉안하는 동무, 서무가 건립되어 제례를 위한 문묘체제가 확립되었다. 공자를 주향으로 하는 문묘를 독립시킨 것은 고려와 조선의 유학에 대한 태도 차이를 반영하는 것이라 하겠다. 아울러 교육적 기능에 부수되었던 제례적 기능이 더 커져갔던 것을 말한다.

문묘와 강당을 분리하여 교육 장소로 강당인 명륜당과 학생들이 기숙하는 동재, 서재를 따로 마련하였다. 명륜당이 만들어진 것은 조선시대에 이르러서였고, 이는 서울의 성균관을 모방한 것이었다.

조선시대 향교 건축의 입지는 읍치에서 멀지 않은 곳에 자리 잡았다. 이는 향교가 관학으로 지방 관아의 관할 아래 있었기 때문이었다. 일반적으로는 구릉지에 자리 잡는데 이는 풍수지리설의 영향으로 양택론에 근거한 것으로 생각할 수 있다.

배치 형식은 대성전과 성균관이 어떻게 배치되는가에 따라 구분하는데 대성전이 명륜당 앞에 위치하는 전묘후학(前廟後學)과 대성전이 명륜당 뒤에 배치하는 전학후묘(前學後廟)의 구조로 나눈다. 이는 향교를 건립하는데 평지에다 하는가 구릉지에다 하는가에 차이였다. 즉 평지에 둘 경우에는 향교의 가장 핵심 건물인 대성전이 앞에, 경사진 곳에서는 대성전을 제일 높은 곳에 두어 건물의 위계성을 표현한 것이었다.

전남 향교들의 건물 구조를 조사해 보면 다음과 같다.

표 2. 전남 향교의 건물 구조(『전남의 향교』)

전묘후학	나주, 영광, 함평
전학후묘	강진, 고흥, 곡성, 구례, 낙안, 남평, 능주, 담양, 동복, 무안, 보성, 여수, 옥과, 완도, 장성, 장흥, 지도, 진도, 창평, 해남, 화순, 광주
좌묘우학	광양, 순천, 영암
좌학우묘	돌산

향교가 입지한 지형에 따라 좌학우묘, 좌묘우학인 곳도 있으나 대부분의 향교가 전학후묘의 구조를 갖추고 있음을 볼 수 있다. 그리고 전묘후학의 향교도 3개소가 있는데, 이 가운데 가장 대표적인 것이 나주향교라 할 수 있다.

나주향교는 우리나라 유교 건축 연구에 중요한 유적으로 손꼽히고 있다. 규모는 대단하여 서울의 성균관과 겨눌 정도라고 할 정도였으며, 남아있는 조선시대 건물 배치도를 보면 대성전을 비롯하여 15동의 건물이 있었다고 한다. 나주향교 대성전(보물 394호)은 규모나 격식면에서 국내 제일의 대성전 건물로 평가되고 있을 정도이다. 그런데 일제강점기에 서재와 사마재, 양사재 등이, 1952년에는 동무, 서무와 동재 11칸 중 5칸이 헐리게 됨에 따라 위축된 모습이 되고 말았다.

조선왕조는 문묘제도와 석전의식을 정비하였다. 태종대에 마련한 석전의례(釋奠儀禮)에 의하면 향교는 군현의 격에 따라 각도의 계수관, 주부군, 현으로 3등분하여 각기 대설(大設), 중설, 소설이라 구분하였다. 이는 향교 규모와 그리고 봉안하는 위판의 수에 차이를 둔 것이었다. 그리하여 계수관의 향교는 서울의 성균관과 같이 대성전에 공자를 주향, 4성(안자, 자사, 증자, 맹자)을 배향, 공자의 수제자인 10철과 송나라의 6현을 종향(從享)하고 공자 문인 72자, 중국의 유학자, 우리나라 유학자를 동무, 서무에 종사(從祀)하였다. 주부군의 향교는 공자를 비롯한 4성, 10철, 송유 6현을 대성전에, 우리나라 유학자를 동무, 서무에 봉안하였고, 현의 향교는 주부군에서 10철을 제외하였다.

[향교 문묘 위패봉안 위차도]

	大成至聖文宣王 공자		
10 철	成國宗聖公 증자	袞國復聖公 안자	10 철
송 6현	鄒國亞聖公 맹자	沂國述聖公 자사	송 6현

(서무)	(동무)
공자 문인 72자	공자 문인 72자
중국 역대 유학자	중국 역대 유학자
우리나라 명현	우리나라 명현
文昌候 최치원	弘儒候 설 총
文忠公 정몽주	文成公 안 향
文獻公 정여창	文敬公 김굉필
文元公 이언적	文正公 조광조
文正公 김인후	文純公 이 황
文簡公 성 혼	文成公 이 이
文烈公 조 헌	文元公 김장생
文正公 송시열	文敬公 김 집
文純公 박세채	文正公 송준길

군현의 격에 따라 문묘종사자에 차등을 두는 것은 계속 논란이 이어졌다. 또한 조선 초기부터 중국 유현 가운데 부분적인 승출(陞黜)이 있었고, 특히 양명학은 수입될 당시부터 배척을 받았기에 명나라에 종사되었던 육구연, 왕수인 등은 우리나라 문묘에서 제외되었다. 아울

러 우리나라의 유현으로 승무(陞廡)되는 사람들이 늘어나 조선 말기에는 모두 18명으로 늘어나게 되었다.(동국 18현)

해방 이후에 문묘에 모셔둔 위패의 수를 조정하였다. 성균관과 향교에 중국 선현을 많이 모시는 것은 사대사상의 일종이라 보고 공자와 4성, 송 2현(정이, 주자)이외에는 모두 위패를 없애버리고, 여기에 우리나라 18현만 배향하기로 결정하였다. 그러나 향교마다 제각기 다른 태도를 취해 위패를 없앴다가 다시 환원하는 일을 거듭하기도 하였다. 그리고 대부분의 향교에서는 중국 선현을 대성전에 모시는데 반해 우리나라 선현을 동무, 서무에 모시는 것은 차별이라 하여 우리나라 선현들의 위패도 모두 대성전 안으로 옮기기도 하였다.

이처럼 동무, 서무의 존재가 모호해짐과 아울러 6.25 전쟁으로 향교 건물이 많이 훼손되었고, 이에 따라 향교에 동무, 서무가 없는 향교가 많이 있게 되었다. 29개 향교에서 동무, 서무를 갖추고 있는 향교는 고흥, 나주, 낙안, 능주, 담양, 보성, 순천, 영광, 장성, 광주 등 10여개소에 불과한 실정이다.

유교를 통치이념으로 표방한 조선왕조는 사전(祀典)을 크게 대, 중, 소로 나누었다. 종묘와 사직을 대사(大祀)에 넣고, 공자에 대한 제례를 중사(中祀)에 넣어 중시하였다. 향교가 교육기관으로서의 절대적 권위를 가지는 것은 바로 공자를 비롯한 성현들을 봉사하는 문묘를 가지고 있기 때문이었다. 문묘는 유학의 상징이었다. 왕도 향교 앞을 행차할 경우에는 말이나 가마에서 내려야했다. 그리고 감사가 군현을 순행할 때, 수령이 도임하고 체임할 때에 반드시 행하여야 할 의례가 문묘에의 알성(謁聖)이었다. 문묘를 성묘로 신성시하고 문묘에 대한 훼손이나 위판의 도난 등을 각 고을 객사에 봉안한 전패(殿牌)에 대한 모독과 같은 강상의 변고로 간주하여 수령을 파직하거나 심하면 고을의 격을 떨어뜨리는 강읍(降邑)을 하기도 하였다.

문묘에 대한 제례는 정기적인 것과 부정기적인 것으로 나눌 수 있다. 정기적인 것은 2월, 8월의 상정일에 거행하는 가장 큰 제례인 석전제와 매달 초하루와 보름에 거행하는 삭망분향제가 있었다. 부정기적인 것은 향교의 건물을 수리할 때 위패를 다른 곳으로 옮기면서 전후로 거행하는 이안제(移安祭)와 환안제(還安祭), 문묘에 불시의 재난(도난, 화재, 뇌우 등)을 입었을 때의 위안제(慰安祭), 문묘에 위패를 새로이 봉안하거나 제외시킬 때의 예성제(禮成祭) 등이 있었다. 대체로 석전제와 예성제는 수령이 친행하고 나머지 제례는 교임과 지방양반들이 거행하였다.

16세기 후반 서원의 보급과 함께 향교의 교육적 기능은 상대적으로 위축되어 갔다. 이에 반하여 향교의 제례적 기능은 오히려 강화되었다. 그리하여 "향교에서 가장 존귀한 것이 성묘(聖廟)이고 가장 귀중한 것이 향사하는 예법이다."라 하였고, 또한 "향교는 제례에만 치중하니 공자의 사당에 불과하다."는 비판도 나오게 되었던 것이다.

향교의 기본 기능은 교육과 제례이지만 여기에만 그치는 것이 아니었다. 향교는 양반들의 모임장소였고, 또 공론의 소재지로서 정치적, 사회적 기능을 아울러 발휘하고 있었다.

나라에서는 향교를 이용하여 통치의 원활을 기대하였고, 또 그러한 방향으로 실행하기도 하였다. 예를 들면 모반 사건에 대한 수습을 위해 향교를 통해 유문(諭文)을 반포하였다. 또한 윤음을 베껴 향교에 배포하기도 하였다. 또는『감란록』,『천의소감』,『봉교엄변록』,『명의록』등 역모와 당쟁의 수습을 위하여 만든 서적,『열성지장(列聖誌狀)』,『선원록』등 왕실과 관련된 서적들을 향교에 반포하기도 하였다. 그밖에 서학을 배척할 목적으로 삼강오륜 서적을 간행하여 향교에 나누어 주기도 하였다. 이러한 일들은 향교가 관학이었기 때문이었고, 또한 양반들이 모이는 향교를 통하여 조정의 정책과 명분을 홍보하고 민심을 수습하기 위한 목적에서였다고 하겠다.

수령들도 향교를 이용하여 군현 통치의 원활을 하려고 노력하였다. 왜냐하면 양반들이 모여 정치의 시시비비를 내놓는 곳이 향교였기 때문이었다. 이에 수령을 보좌하는 향청의 좌수, 별감을 선발하는데 향교에 자문을 구하기도 하고, 실제 권점케 하기도 하였다. 그리고 향교를 통하여 관정의 득실에 대한 여론을 수렴하기도 하였다. 따라서 관에서 작성한 각종 절목을 향교에 하나씩 반포하거나 보관케 한 것은 관아에서 행하는 여러 시책을 향교에 알려 시행의 원활을 기하려는 목적도 담겨져 있고, 실무자들인 향리들을 양반들이 나서서 감시해 달라는 의도도 담겨져 있는 것이었다.

조정이나 수령들은 향교를 나라의 정책을 홍보하고 관정에 대해 보조케 하는 등의 주로 수동적인 역할만을 강조하였다. 그러나 관정을 시비하고 공론을 형성하던 향교는 양반유생들의 독자적이고도 다양한 정치, 사회적 활동의 근거지가 되고 있었다.

향교를 통한 양반유생들의 정치, 사회적 활동을 잘 보여주는 것은 통문이다. 유생들의 통문은 서울의 성균관과 지방의 교원을 이어주는 혈맥과 같은 것으로 인식하고 사문의리에 관계되는 것을 서로 알리는 수단으로 이용하였다. 양반유생 사회에 관계되는 문제가 발생하거나 그러한 소식을 조보(朝報)나 저보(邸報)를 통하여 접하였을 때 양반유생들은 향교나 서원 등에 모여 의논하였다. 그리고 모아진 의견을 통문의 형식으로 작성하고 성균관, 각 군현의 향교, 서원 등에 발송하여 여론을 불러일으켰다.

통문의 내용은 매우 다양하였다. 불교, 도교, 서학, 동학 등 이단에 대한 배격, 선현의 문묘 배향이나 승출(陞黜)에 대한 찬반, 선현에 대한 변무(辨誣)와 규탄, 복제(服制)에 대한 예론 시비, 명현에 대한 증직, 증시, 신원, 삭직, 추탈 등 사문의리에 대한 것, 조정의 대신이나 감사, 수령 등 관료에 대한 비판과 시비, 향교, 서원의 건립, 철폐, 사액, 주향, 배향, 추향 문제, 향교의 이건, 중건, 중수 등 학교에 대한 것, 그리고 효자, 열녀 등 삼강오륜에 모범이 되는 사람들에 대한 추천, 포상요청 및 강상윤리의 파괴자에 대한 고발과 처벌 촉구 등등이었다. 요약하면 조정의 정치문제로부터 향촌의 교화문제에 이르기까지 모든 사항에 걸쳐 양반유생들의 관심을 표명하고 여론을 환기시키는 수단으로 이용된 것이 통문이었다.

그리고 보다 더 중요한 문제에 대해서는 참여의 폭을 더 넓혀 의논하고 이를 상소하거나 직접 상경하여 직소(直疏)하는 방법도 취하였다.

조정이나 지방관들은 사문의리에 대한 유생들의 통문, 상소에 대해서는 "사류의 공의", "교원의 혈맥", "학교의 통행지규(通行之規)"라 인정하고 대체로 관용적인 태도를 취하였다. 그러나 사문의리 이외에 관정을 시비하거나 감사나 수령 등을 비난하는 통문에 대해서는 처벌과 규제를 가하려고 하였다. 그리하여 통문 작성의 원천이 되는 유회(儒會)의 개설을 가급적 금지하려고 하였다. 유생들의 정례적인 유회는 춘추에 거행하는 석전제였다. 석전제가 끝난 뒤에 유생들을 향교를 이끌어 갈 교임을 선출하고, 향교에 적을 둘 유생들을 천거하여 받아들이는 등 향교의 구성에 관한 일을 우선 처리하였다. 그리고 그밖에 향교의 수리, 중건, 이건 등 건물 유지 문제, 그리고 향촌에서의 풍속교화와 관련된 문제들을 토의하였다.

석전제 이외는 거의 대부분 비정례적인 유회였다. 향교와 관련된 긴급한 일 이외에 그때그때 발생하는 유림사회의 관심사를 대상으로 유생들의 의견을 모으고 통문을 수발하고자 모임을 열었던 것이다. 조정과 수령들이 가급적 모임을 규제하려고 한 것은 비정기적인 유회였다.

유회에 대한 규제에도 불구하고 향교를 배경으로 벌이는 양반유생들의 유회와 통문을 막을 수는 없었다. 유생들이 향교에 모여 사문의리라는 명목으로 관정으로부터 향촌의 교화에 이르기까지 논의하고 여론을 불러일으키는 활동을 막을 수는 없는 일이었다.

이처럼 향교는 양반유생들의 정치 사회적 활동을 보장해주는 활동근거지였고, 양반사족들의 우위를 확인시켜줄 수 있는 향촌기구로 존속해 왔다. 따라서 전국의 모든 군현에서 유생들이 향교를 원활히 운영하기 위하여 유전(儒錢)을 갹출하고, 재물과 전답을 희사하고, 중수와 중건, 심지어 이건을 끊임없이 계속해 온 것은 향교가 양반유생들에게 절대적으로 필요한 존재였기 때문이었다.

3. 향교의 소장 자료

오늘날 전남 향교에는 예전부터 전해 내려온 고문서와 전적이 상당수 많이 남아 있다. 고문서에 대해서는 일괄적으로 조사, 보고된 적이 있었다. 1987년에 전남도청에서 간행한 『전남의 향교』가 그것이다. 여기에 수록되어 있는 고문서들을 분류 정리하면 <표 3>과 같다.

<표 3>에서 보듯이 향교마다 상당수의 고문서를 소장하고 있음을 알 수 있다. 이러한 자료들을 대충 분류하여 소개하면 향교에서 작성하였거나 직접 관련이 있는 문서와 향교 아닌 곳에서 작성한 문서로 크게 나눌 수 있다.

향교에서 작성한 문서나 관련 문서는 유생안, 교임안 등 인적 구성을 보여주는 것, 양안, 노비안, 등록, 절목 등 향교의 재산과 재정운영을 보여주는 것 등이 있다. 그리고 향교 아닌 곳에서 작성한 문서는 향교와 밀접한 관계가 있는 사마재, 양사재 문서와 군현을 다스리는데 향교의 도움을 받으려고 향교에 한 부씩 배부한 절목 등 관아문서, 그

표 3. 전남 향교 고문서 소장 현황

향교	유안	교임안	양안	노비안	절목	등록	완문	보직안	사마재	양사재	향안	향약	고문서류	1910 이후	서원	향교지 간행
강진	4								2							2001년
고흥														3		1993년
곡성																2005년
광양												2		6		
구례	21	1			5		1	2			7		2	7		1990년
나주	7		3		1						1	1	2	6		1993년
낙안	1													4		1991년
남평	8		3							9		1		6		1955년
능주	4		1		1				3	21			6			1999년
담양	41	2							3	3	5	1	39			1996년
돌산														14		
동복																2002년
무안	13				1											2005년
보성	2	1			1					1		1	1	8		
순천	50	2	1	1	4	1	1			4	13	1	14	7	15	『향교사』 2000년
여수	4	1									1					
영광															2	1988년
영암	9				1		1		2			3		2		
옥과									1							2002년
완도		2	1								2	2	4	1		1980년
장성	4	2	2		1						4	1	2			1992년
장흥	11			3	4				1	6				1		1994년
지도		2								1			4	3		
진도	3	3			1									5		1988년
창평	5				1				1	3	2					1997년
함평	1													6		1934년
해남	5									1		1	1	2		1990년
화순	2	1	2	1	5	1	2	1		3	1		3	1		1998년
광주	11				1				2							2003년

리고 양반들이 만들어 신분적 우위를 다져나가던 향안, 향약, 향규 등 향청 자료, 철폐로 인하여 향교로 옮긴 서원문서 등이다.

1) 교임안(校任案)

군현제도가 정비되고 각 고을마다 향교가 하나씩 설치된 성종 대에 이르러서는 교관의 명칭을 교수와 훈도의 둘로 정리하였다. 그리고 『경국대전』에 교수는 종6품, 훈도는 종9품으로 정하고 州, 府에는 교수를 72명, 군, 현에는 훈도를 257명, 모두 329명을 향교 교관으로 파견하였다. 그러나 교관의 처우 열악, 자질 부족, 향교 교육의 비효율성 등이 겹쳐 교관 파견이 유명무실해지고 교관이 더 이상 교육과 운영을 책임질 수 없는 상태에 되어가자 고을 양반들이 교임이라 하여 도유사, 장의, 색장 등의 직임을 두고 자치적으로 향교를 운영해 나가게 되었다. 『집강안』, 『교임안』은 향교의 역대 교임 명단을 기록해 놓은 것이다.

2) 유안(儒案)

향교의 학생은 교생이라고 한다. 교생이 향교에 입학할 수 있는 나이는 16세 이상이었다. 15세 미만인 자들은 동몽이라 하여 교생과 구분하였다.

교생의 정원은 관부의 격에 따라 차등을 두어 책정하였다. 교생은 군역의 면제 특전이 주어졌는데 너무 많으면 군역 운영에 차질이 오므로 성종대에 부, 대도호부, 목은 각 90명, 도호부는 70명, 군은 50명, 현은 30명으로 확정하였고, 조선 말기까지 변동이 없었다.

교생은 평민 이상이면 모두 가능하였다. 그러나 신분제 사회였기에 양반들은 액내교생, 비양반들은 따로 액외교생이라 하여 엄격히 구분하고 있었다.

인조 때부터 강화된 교생고강(校生考講)으로 인하여 양반들은 청금록을 별도로 작성하고 유생이라 호칭하였다. 서울의 성균관, 사학에서 작성하는 청금록을 모방한 것이고, 아울러 성균관, 사학의 유생들이 고강에서 제외되고 있는 것을 모방한 것이었다. 그리하여 양반들은 동재유생, 청금유생이라 이름하고 교생과 구별하려고 하였다. 유안 가운데 『청금록』이나 『청금수행안(青衿隨行案)』은 양반유생들을, 『교생안』, 『서재교생안(西齋校生案)』은 평민교생의 이름을 담은 것이다.

양반유생으로 과거에 응시한 사람들의 명단을 『부거안(赴擧案)』, 초시 합격한 사람들의 명단을 『입격안(入格案)』, 생원진사에 합격한 사람들을 『사마안(司馬案)』, 『사마록(司馬錄)』에, 문과급제자를 포함하여서는 『연계안(蓮桂案)』이라는 이름으로 기록하여 보관해 왔다.

평민교생들은 군역을 면제받는 대신 향교를 수직하고, 향교의 제례에서 헌관들을 보좌하고 제례의 원활한 진행을 위하여 여러 가지 시중을 드는 하급집사 역할을 하였다. 그밖에 고을 수령이 공사의 일로 상경할 때 군대지휘권을 표시하는 병부(兵符)를 병영에 전달하는 임무와, 국가에 경사가 있을 때 전국에 사면령을 내리는데 사문(赦文)을 감영에서 받아와 읽는 임무를 담당하였다.

조선 후기에 향교에서는 액내교생 이외에도 다수의 액외교생을 입속시켰다. 조선 전기와 달리 이들은 불법적인 존재였다. 향교에서는 재정 보충의 명목으로 돈을 받고 액외교생으로 받아들인 것이다. 물론 향교 재정을 보충한다는 명목에서였다. 『원납유생안』, 『집사안』 등이 액외교생을 입속시킨 것을 보여주는 자료이다. 이들은 향교에 입속하여 군역을 면제받는 혜택을 누리고 있었던 것이다.

3) 양안(量案), 노비안 등 재정자료

향교는 군현의 등급에 따라 차등 지급한 학전(學田)이 있다. 이는 나라에서 내려준 것으로 조(租)를 받아 쓸 수 있는 수조지에 불과하였다. 향교에는 향교가 소유권을 가진 토지가 따로 있었다. 이를 기록해 놓은 토지문서가 『양안』, 『전답안』이다. 일반 양안과 똑같이 소재지, 자호별(字號別)로의 지번(地番), 등급, 형상, 면적, 인접 전답과 소작인 등을 기재하고 있다.

향교 노비는 향교전처럼 군현의 등급에 따라 차등지급하였다. 노비는 매득, 기증, 생산 등으로 확대되었고, 또 사망, 도망 등으로 감소하는 경우도 있었다. 향교노비의 이름을 적어 놓은 것이 『향교노비안』이다.

향교 재정을 알려주는 자료로서는 향교에 소속된 보인들의 명단을 담은 『보직안(保直案)』, 운영의 세세한 면을 적어 놓은 『향교등록(鄕校謄錄)』, 교임들이 교체될 때 넘겨주는 향교의 현황을 담은 장부책인 『전장기(傳掌記)』, 수령이 향교에 기부한 물품들을 기록한 『보부록(寶裒錄)』 등이 있다.

4) 관아문서

향교는 제례와 교육만을 위한 기구가 아니었다. 향교는 양반들이 모이는 장소이고, 공론의 소재지였다. 수령들도 향교를 이용하여 군현 통치의 원활을 기하려고 노력하였다. 관청에서 작성된 각종 『절목』들을 향교에 보내 보관토록 한 것은 관아에서 행하는 여러 시책을 향교에 알려 시행의 원활을 기하려는 목적도 담겨져 있고, 또한 시행하는 실무자들인 향리들을 양반들이 나서서 감시해 달라는 의도도 담겨져 있다.

그리고 향교에 대해, 또는 향교에 소속되어 있는 인원들에게 여러 가지 잡역과 환곡의 면제를 부여해 준 『완문』 등은 조선시대 향교의 사회적 위치를 알려주는 자료라 할 수 있다.

5) 향청, 서원 문서

1894년의 갑오경장 때에 향청이 폐지되면서 이곳에 보관하여 오던『향안』및 향청 관련자료가 향교로 이관되어 왔다. 그리고 광무 이후에 고을에서 실시된 향약의 내용을 담은『향약안』, 대원군의 서원 철폐로 인하여 향교로 보관장소를 옮긴「서원자료」등이 있다.

아울러 향교에는 많은 고전적(古典籍)이 남아 있다. 교육기관답게 옛날에 간행된 경사류(經史類)가 많고, 또 나라에서 간행하여 향교에 나누어 준 여러 가지 책들도 많다. 정치적 의도를 담은 책뿐만 아니라 교육과 교화를 위하여 경서들을 간행하여 반포하기도 하고, 아울러 삼강행실이나 이륜행실, 향약 등 교화를 위한 교재들도 향교에 비치하도록 하였다. 그리고 우리나라 유현(儒賢)들의 문집과 저서를 후손들이 간행하면서 향교에 보내온 것도 꽤 있다. 이러한 고전적류들은 체계적으로 조사된 적이 없고, 향교에서도 보관을 소홀히 하여 습기와 좀 등으로 많이 파손되어 가고 있다. 향교 전적에 대한 관과 향교의 깊은 관심이 요구된다고 하겠다.

4. 사마재와 양사재

사마란 생원, 진사를 가리키는 말이다. 생원, 진사에 합격하면 서울에 있는 성균관에 입학하여 문과시험을 준비하는 것이 보통이었다. 그러나 여러 가지 사정으로 인하여 자기 고을로 내려온 생원, 진사들의 교육장소로 마련된 것이 사마재(사마소)였다.

사마재의 건립은 모든 고을마다 일률적인 것이 아니고, 그 지역에서의 생원, 진사 배출 정도에 따라 제각기 달랐다. 사마소에 적을 둔 생원, 진사들의 명단을 기록한 것이 사마안(사마록)이었다. 따라서 사마재는 지방의 성균관이라 할 수 있으며, 향교와도 밀접한 관계를 맺고 있었다.

사마재는 별도의 건물 없이 향교를 빌어 이용하는 경우도 있으나, 대개는 별도의 건물을 마련하고 있으며, 위치는 향교와 가까운 곳에 터를 잡고 있는 것이 보통이었다. 사마재는 향교에 교임이 있는 것처럼 재장(齋長)이 있고, 규식을 정해 운영하고 있다. 사마재에서 하는 일은 생원, 진사들이 모여 과거 준비를 하는 것 이외에 상호간의 친목을 도모하고 길흉에 상부상조하는 일 등이었다. 그리고 생원, 진사들의 교육과 여러 활동에 필요한 전답, 노비 등의 재정기반이 마련되어 있고, 운영, 유지에 필요한 서원(書員), 고직(庫直) 등의 인적 기반도 갖추고 있었다.

사마재의 생원, 진사들은 자기가 사는 고을 일에 깊은 관심을 가지고 있고, 자신들의 이해에 저촉되는 일이 생기면 간여하기 마련이었다. 이러한 관심과 간여가 나라의 입장에서는 수령을 매개로 하는 지방통치를 저해하는 요소가 되기도 하였다. 따라서 나라에서는 사마재를 규제대상으로 삼기도 하였다. 중앙의 규제와 더불어 사마재는 서원의 등장, 발달과 함께 점차 사라지게 되었다. 초기 서원의 입학자격은 생원, 진사를 우선으로 하고, 그 다음은 초시입격자로 하였기에 서원이 사마재를 대신할 수 있었기 때문이었다.

사마재는 17, 18세기에 삼남지방의 거의 모든 고을에서 다시 만들어지고, 사마안이 다시 작성되고 있었다. 신분제의 변화 속에 양반사족들이 자신들의 신분적 우위를 나타내고, 지배신분으로서의 사회적 위치를 굳건히 해보려는 목적이었다고 할 수 있다.

초기처럼 임원과 전답을 갖추고, 생원진사들이 학문을 토론하고, 상부상조하며, 고을의 여러 가지 일들, 예를 들면 효자 열녀의 포상, 향리들의 부정 고발, 향촌 기강 확립 등에 관심을 기울이고 관에 보고하거나 주위의 향교, 서원, 향청 등에 통문을 돌려 여론을 불러일으키기도 하였다.

그러나 사마재가 생원, 진사만으로 제한되어 있다는 점에서 생원, 진사가 되지 못한 양반사족들에게는 의미가 줄어드는 셈이었다. 이에 사족간의 관계도 원활하지 못하였고, 따라서 사마재가 양반사족 전체의 이익을 보장하고 대변하기에는 상당히 곤란하였을 것이다.

더구나 조선 후기에 생원, 진사에 합격하는 사람들이 현저하게 증가하였고, 이에 따라 향리, 서얼 등도 생원, 진사시에 합격하고 사마안에 등재되고 사마재에 참여하려고 하였다. 양반사족들이 만든 사마재 규약에 양반이 아닌 자들은 사마안에 들지 못하고, 사마재에 참여하지 못한다고 규정해 놓고 있지만, 여러 고을에서 향리와 서얼들이 사마재 참여와 사마안 등재를 놓고 양반사족들과 갈등을 벌이고 있었고, 실제 사마안에 등재하는 고을도 생겨나고 있었다. 이러한 결과 사마재는 지역에 따라 양반사족들의 이익을 대변한다는 본래의 목적을 수행하지 못하고 중도에 다시 폐지되기도 하고, 수차례 중건되기도 하였다.

전남 지역을 보면 거의 모든 고을에서 사마재가 만들어지고, 사마안이 작성되었음을 확인할 수 있다. 그러나 사마재의 건물은 갑오개혁 이후 거의 대부분 없어져 남아있는 곳도 몇 군데 되지 않는다. 사마재와 관련된 기록이 남아 있는 향교도 강진, 능주, 곡성, 남평, 담양, 보성, 순천, 장흥, 지도, 창평, 해남, 광주 등에 불과하다.

조선시대 각 군현에는 양사재가 있었다. 지역에 따라 흥학재, 육영재, 교흥재(敎興齋), 군자당(君子堂), 사교재(四敎齋), 정안당(靜安堂), 여택재(麗澤齋), 양현재(養賢齋), 향숙(鄉塾) 등등의 이름을 지니고 있었다. 군현에 따라 이름을 다소 달리하고는 있지만 모두 '양사'나 '흥학'이라는 취지와 성격을 보여주고 있다.

양사재는 조선 전기에는 보이지 않던 것이었다. 그런데 후기에는

"양사재는 열읍의 통규(通規)"라고 할 정도로 거의 모든 군현에서 설립되고 있었다. 양사재는 수령이나 양반들이 단독으로 설립한 경우보다는 서로 힘을 합쳐 설립한 것이 일반적인 모습이었다고 생각한다. 수령이 고을의 다스림을 원활히 하기 위해서는 양반들의 협조와 자문을 얻어야 했고, 양반들의 활동도 수령의 협조와 묵인이 있어야 원활하였다는 점을 고려해 볼 때 수령의 관심, 경제적 배려와 협조, 양반들의 주관과 운영이 합쳐져 양사재가 설립되고 이름 그대로 양사의 기능이 발휘될 수 있었던 것이다.

나라에서는 초기 이래 쇠퇴해 온 향교교육을 회복하기 위하여 여러 가지 방법을 모색하였다. 그 가운데 하나가 교관의 파견이었다. 조선 초기처럼 각 향교에 교수, 훈도 등의 파견을 모색하였고, 숙종 6년에는 제독관을 다시 파견하여 순행권학(巡行勸學)을 시행하기도 하였으나 모두 실패하고 말았다. 중앙에서 교관을 파견하는 흥학책이 성공을 거두지 못하자 군현 자체적으로 교육중흥을 하도록 정책을 전환하였다. 이러한 추세 속에서 우선 나타난 것이 유생거접(儒生居接)을 위한 감영의 양사재였다. 이는 도회(都會)에서 선발된 유생을 모아 과거 공부시킬 장소로 마련된 것이었다. 전라도는 전주감영에 희원당(希願堂)이 설립되었다.(숙종 26년, 1700년)

숙종대부터 각 고을에서 설립되기 시작한 양사재는 바로 감영에서 유생 거접을 위하여 별도의 재사(齋舍)를 마련하는 조치와 관련이 있다고 하겠다. 지방관의 입장에서 볼 때 나라의 흥학책, 권학책을 실행함에 있어 교육기능의 온존한 회복이 어렵다고 본 향교를 대신하여 인재를 양성하고 유생들의 과거준비를 위한 양사재를 설립하는데 앞장을 서거나 도움을 주었던 것이라 할 수 있다.

고을 양반들이 양사재를 설립한 것은 물론 향교의 교육기능 상실 때문이었다. 자제들의 과거준비를 위한 거접장소의 필요성 때문에서도 양사재 설립에 적극적이었을 것이다. 그리고 양사재의 건립과 운영에 간여함으로써 향촌내에서 양반의 지위를 강화할 계기를 마련해보려는 의도도 담겨 있었다고 판단된다.

그러나 양사재가 향교의 전혀 별개의 성격을 띠면서 설립된 것은 아니었다. 양사재가 대개 향교 안이나 근처에 위치하고 있다는 것은 양사재의 성격을 잘 나타내주는 것이라 하겠다. 곧 양사재의 등장은 양반들의 중요한 활동장소요 향촌기구의 하나인 향교의 기능 확대라 할 수 있는 것이다. 따라서 향교의 교육기능을 대신하려고 나타난 양사재는 거의 모든 군현으로 확대되어 나갔던 것이다.

양사재는 향교와는 별도의 임원과 전답, 식리전을 경제기반으로 갖추고 교육활동을 전개하고 있었다. 양사재의 재임은 재장(齋長) 혹은 훈장(訓長)을 수임(首任)으로, 장의, 색장을 차임(次任)으로 하였으며, 인원은 2~4명 정도였다. 임기는 1년이었고, 선출은 권점(圈點), 자대(自代), 차출(差出) 등 고을마다 형편에 맞는 방법을 취하였다. 재임에 선출되는 사람들은 양반사족이었다.

양사재에서 공부하는 양반자제들인 재생들은 면별로 천거되거나, 관에서 연 백일장에서 우수한 성적을 올린 사람들이 선발되었다. 양사재에서의 교육활동은 거접(居接)이었다. 거접이란 유생들을 선발하여 거처케 하고 날마다 과예(課藝)하여 열흘이나 한달로 끝나는 것을 말한다. 그 밖에 양사재에서는 백일장을 열거나 순제(旬題)를 행하여 재생들의 교육정도를 측정하고, 성적에 따라 상벌을 내려 교육효과를 높이고자 하였다.

양반사족들의 입장에서 본다면 그들이 양사재를 설립하고 운영한 것은 신분의 보수적 노력에서였다. 그러나 양사재가 변모되어 가는 향촌질서 속에서 향론을 주도하고 양반들의 신분 우위를 도모하기보다는 그저 향교교육을 대신하는 정도의 역할만을 이행할 뿐이었다. 따라서 양반사족들의 본래의 의도와 입장을 대변해 주기에는 미흡하였다. 또한 과거를 앞두고 보름 내지 한달 정도의 거접과 백일장, 순제 등의 교육으로서는 과거준비에 미흡하였고 교육효과도 그다지 높지 않았다. 따라서 재생들은 양사재 이외에도 사찰이나 사숙(私塾) 등을 이용하여 공부하였을 것이다.

어쨌든 양사재는 양반사족들의 관심 속에서 중수, 중건되어 명목만을 유지해 오다가 구한말에 이르러 근대학교가 설립되는 경우가 있으면 경제기반이 그곳으로 흡수되기도 하였다. 전라도의 경우를 보면 구례는 구례공립보통학교로, 무안은 목포공립보통학교로 토지 등 경제기반이 흡수되어 버렸다. 그리고 건물도 철훼되거나 학교 등으로 활용되었다.

현재 양사재 건물이 남아 있는 곳은 일부에 불과하며, 양사재 관련 자료가 남아 있는 곳은 남평, 능주, 담양, 보성, 순천, 장흥, 창평, 해남, 화순 등이다.

(『전라남도의 향토문화 하』(한국정신문화연구원, 2002년) 수록, 일부 수정)

|참고문헌|

『전남의 향교』(향토문화총서 28집, 전라남도도청, 1987)

김호일, 「조선 후기 향교조사보고」(『한국사학』 5, 1983)

『경북향교지』(경상북도, 영남대학교, 1991)

윤희면, 『조선 후기 향교 연구』(일조각, 1990)

윤희면, 「경주 사마소에 대한 일고찰」(『역사교육』 37,38합집, 1985)

윤희면, 「양사재의 설립과 운영실태」(『정신문화연구』 57, 1994)

2장 ▌조선후기 구례향교의 양반유생과 교육활동

1. 머리말

조선시대에는 '一邑一校', '有校有社然後 可成都邑'의 원칙에 따라 수령이 파견된 군현에는 관학인 향교를 반드시 설치하였다. 군현제의 정비에 따라 군현의 병합, 이속, 치폐가 거듭되었으나 향교는 설치하도록 하였고, 고려시대 이래 향교가 있던 고을에서는 향교를 보수하거나 확충하였고 향교가 없는 고을에서는 향교를 신설하였다.

조선시대의 향교 연혁을 살펴보면 대부분 태조, 태종, 세종대에 건립되었다고 한다. 혹 선조 때에 창건되었다고 알려져 있는 향교도 있으나 이는 기록의 착오이거나 아니면 중건을 창건으로 잘못 이해한 때문이었다. 조선시대의 제도 문물이 일단 완성되는 성종대에 편찬된 『동국여지승람』을 보면 모든 고을마다 향교와 문묘가 있음을 기재하고 있다. 따라서 조선시대에 들어와 늦어도 성종 대에 이르러서는 전국의 모든 군현에 향교가 마련되었다고 할 수 있다.

구례향교는 언제 설립되었는지 분명하지 않다. 1413년(태종 13년)에 구례현에 처음 현감이 파견되었다는 사실로 보아 이 무렵에 구례향교가 설립되었다고 생각되는데 향교의 위치는 지금과 달리 현의 서쪽 2리에 있다고 하였다.[1)]

구례향교에 변화가 온 것은 1498년(연산군 4년)이었다. 구례현의 백성이 참언을 만들고 반역을 도모하였다는 죄목으로 사형되고, 이 사건으로 구례현은 부곡으로 강등되어 남원부에 소속되었다. 고을이 없어지는 바람에 구례향교도 폐교되고 말았다.[2] 그 뒤 중종반정으로 구례현은 다시 복현되었는데[3] 고을 형편이 좋지 않았는지 향교 건물을 회복하지 못하고 민가 건물에서 제례만 지내는 형편이었다. 그러다가 1518년(중종 13년)에 현감 안처순의 노력으로 처음 자리가 아닌 현의 북쪽인 백련동에 터를 잡고 새로 향교를 건립하여 면목을 일신하였다. 그 뒤 1704년(숙종 30년)에 향사 때에 매번 虎患을 당하고 있다는 이유로 고을유생들이 儒錢을 거두고 원납교생이 내는 곡식과 돈을 보태 군치로부터 5리가 떨어진 구례현의 진산인 봉성산 서쪽 응봉 아래 봉서리에 터를 잡고 이건하였다.[4] 그리하여 지금의 위치에서 구례향교는 면모를 계속 유지해 왔다.[5]

구례향교에는 많은 고문서가 보관되어 있다. 양반유생들의 이름

---

1) 『신증동국여지승람』 권40 구례현 건치연혁 및 학교

2) 『연산군일기』 권31 연산군 4년 10월 경오, 「옛날 향교가 있었는데 연산군 5년에 폐현될 때 향교도 따라서 폐교되었다.」, 『속편구례지』 상 학교)

3) 『중종실록』 권2 중종 2년 4월 갑신

4) 「향교는 군의 진산 봉성산 서쪽 응봉 아래 봉서리에 있다. 군치로부터 5리 거리다. 186년 뒤 숙종 갑신년에 향사 때마다 虎患이 있어 유사 박상구, 최천오, 이천좌, 정대함, 양성빈, 김치구 등이 원납조를 모득하여 지금 있는 곳으로 이건하였다.」(『속편구례지』 학교) 이건에 참여한 재임들의 명단은 『구례향교지』(1990) 재임록에 들어있고, 소용된 비용과 원납을 받은 기록은 『전남의 향교』(전남도청, 1987)에 수록된 「향교이건시원납급수합곡물상하기」이다.

5) 1740년에 만들어졌다고 짐작되는 『해동지도』 구례현지도, 1765년(영조 41년)에 만들어진 『여지도서』, 1872년에 작성된 『전라도지도』를 보면 모두 구례향교를 읍성의 남문 밖 봉성산 아래 자락에 그려놓고 있다. 따라서 구례향교는 현재의 위치에서 계속 자리 잡고 있었음을 알 수 있겠다.

을 담은 『청금유생안』 6책, 서재교생의 이름을 담은 『향교서재교생안』 5책, 15세 이하의 학생 이름을 적은 『동몽안』 2책, 다른 고을에서 찾아보기 힘든 『청금계안』과 『입격안』, 1824년에 명륜당 중수를 위해 구례현 8면에 거주하고 있는 유학 861명과 교생 29명에게 돈을 거둔 명단인 『유학안』 등이 있고, 영조 21년에 전라감사가 내려 보낸 關文과 절목을 담은 『권학절목』이 구례향교에 전해지고 있다.[6)]

본고는 구례향교와 양반사족의 활동에 초점을 맞추어 어떠한 사람들이 향교에 출입을 하였는지를 알아보고, 이들이 구례현에서 어떠한 신분적 위치를 차지하고 있었는지, 그리고 신분 변화에 어떻게 대응하여 향교를 자기들의 향촌기구로 유지해 나가려고 했는지를 유생안 등을 분석하여 살펴보려고 한다.

또한 『권학절목』을 살펴 나라에서 교육의 진흥을 노력을 어떻게 기울였는지, 이에 대하여 구례의 양반사족들은 어떠한 교육활동을 전개하였는지를 알아보고자 한다. 이러한 논고를 통해 구례향교와 양반사족의 관계를 구체적으로 확인해 보려고 한다.

2. 구례 양반사족과 청금록

고려시대에는 군현별로 수령이 교관을 임명하여 교육케 하다가 공양왕대에 이르러 각도의 목, 부, 군에 儒學教授官을 파견하였다. 조

---

6) 『전남의 향교』(전남도청, 1987년) 97~144쪽. 이 「권학절목」은 능주향교에는 「양사재순영절목」이라는 이름으로 소장되어 있고, 남원의 노봉서원에도 필사된 같은 절목이 보관되어 있다.(김봉곤, 김아네스편, 『남원노봉서원 고문서』(순천대학교지리산권문화연구원, 2010, 171~179쪽) 영조 41년의 「권학절목」에 대해서는 연구가 이루어져 있으나(주 56), 영조 21년의 「권학절목」에 대해서는 아직 연구가 없는 실정이다.

선시대에 들어와 교관제도는 중앙에서 파견하는 고려 말의 방법을 그대로 답습하면서 출발하였다.

군현제도가 정비되고 각 고을마다 향교가 하나씩 설치된 성종대에 이르러서는 교관의 명칭을 교수와 훈도의 둘로 정리하였다. 그리고 『경국대전』에 교수는 종6품, 훈도는 종9품으로 정하고 주, 부에는 교수를 72명, 군, 현에는 훈도를 257명, 모두 329명을 향교 교관으로 파견하였다고 되어있다.

도호부 이상에는 교수를, 군현에는 훈도를 둔다고 하였지만, 교관이 부족하여 군현에는 대체로 幼學 출신의 學長을 두는 것이 보통이었다. 교관의 부족은 여전하여 문자를 해득할 정도만 되면 학장으로 임명하였다고 할 정도였으니 향교 교육의 난맥상을 쉬이 짐작할 수 있겠다. 임진, 정유재란으로 많은 향교가 파괴되고 소실되어 향교 자체를 유지하기도 어려운 실정이었다. 왜란 이후 향교를 중건, 복구하였지만 교관의 파견은 유명무실하여졌고, 이제 향교 교육은 거의 마비상태에 들어갔다고 해도 과언은 아니었다.

조선시대 교관으로 提督官과 敎養官도 있었다. 교관의 파견이 유명무실해지고 향교의 교육이 피폐하자 계수관 향교에 제독관(교양관)을 파견하고 각 도의 여러 향교를 순행하면서 교생을 교육하고 장학활동을 하고자 한 것이었다. 그러나 이들이 교육에 얼마나 효과가 있었는지는 의문이며, 이후에 치폐를 거듭하였다. 그나마 영조대에 편찬되는 『속대전』에는 교관 파견의 규정마저 없어지고 말았다. 이처럼 교관이 더 이상 향교 교육과 운영을 책임질 수 없는 상태에 되어가자 어느 때부터인가 고을 양반들이 교임이라 하여 도유사, 장의, 색장 등의 직임을 두고 자치적으로 향교를 운영해 나가게 되었다.7)

---

7) 「향교 齋首, 장의, 색장을 교임이라 한다. 향교의 삭망참알과 춘추향사 및 사

향교의 학생인 교생이 향교에 입학할 수 있는 나이는 16세 이상이었다.8) 『경국대전』에 "부, 대도호부, 목의 유생은 각각 90명으로 하고 16세 이하인 자는 액내에 두지 않는다. 도호부, 군, 현도 같다."라고 한 것에서 알 수 있겠다. 16세 미만인 자들은 동몽이라 하여 교생과 구분하였다. 교생의 상한 나이는 40세였다. 교생은 군역의 면제 특전이 주어졌는데 면학에 뜻이 없는 자들이 향교에 머무는 폐단을 없애기 위해서 40세로 제한하려고 하였다. 그러나 실제로는 40～60세의 교생도 얼마든지 존재하였다. 인재를 양성한다는 학교에서 연령의 제한을 둔다는 것은 실제로 어려운 일이었기 때문이었다.

교생의 정원은 관부의 격에 따라 차등을 두어 책정하였다. 태종 6년에 留守官은 생도 50명, 대도호부, 도호부, 목은 40명, 知官(郡)은 30명, 현은 15명으로 책정하였다. 교생을 늘리자는 주장이 꾸준히 계속되어 성종대에 대폭 증가하였으니 부, 대도호부, 목은 각 90명, 도호부는 70명, 군은 50명, 현은 30명이었다. 이 액수는 조선 말기까지 변동이 없었다.

교생의 신분에 대하여 법제적으로 자격이 명시된 바는 없었다. 향교에 입학한 목적이 공부를 하여 과거에 합격하는 것이었다면 과거에 응시할 수 있는 신분이 교생이 되었다고 할 수 있다. 조선시대 과거는 평민 이상이면 모두 가능하였으므로 적어도 평민 이상이면 교생이 될 수 있었다고 볼 수 있다. 그러나 신분제 사회에서 양반과 평민이 함께 교생으로 향교에 입학하였더라도 함께 공부를 하고 같은 대우를 받았다고는 생각하기 힘들다. 향교에서는 같은 교생이라도

직제, 여제 등을 관장한다.」(『속편구례지』 상 郡政制)

8) 향교 유생에 대한 내용은 윤희면, 『조선후기 향교연구』(일조각, 1990) 1장 청금록과 청금유생을 정리한 것이다.

신분의 차이에 따라 서로 구별을 하였다.

향교에 남아있는 유생안들을 통하여 알아낸 사실은 교생이 출신 신분에 따라 상액, 중액, 하액으로, 또는 액내, 액외로 구별되고 있다는 것, 그 가운데 상액이 액내, 중액과 하액이 액외에 해당한다는 것, 그리고 상액, 액내가 양반유생들이었고 이들만이 과거응시자 명단인 赴擧案에 들어있다는 것 등이었다. 아울러 교생안과 고을의 문벌양반들만이 등재된 향안과 비교하면 상액, 액내에 있는 이름들만이 향안에서 확인할 수 있을 뿐이고 중액, 하액 또는 액외에 있는 이름들은 한 명도 확인할 수 없다는 사실이었다. 이로 미루어 볼 때 상액인 액내교생은 양반, 중액과 하액인 액외교생은 양반이 아닌 신분이었다고 할 수 있다.

액내교생이란 정액내의 교생을 말한다. 고을의 격에 따라 30~90명으로 규정된 교생 정액에 따라 교생들을 입학시켰다. 그런데 양반은 액내, 비양반은 액외로 구별하여 놓은 것은 양반들만이 정액규정에 해당할 뿐 비양반들과는 무관하다는 사실이었다. 각 고을의 향교에서는 양반들을 액내교생으로 받아들이되 양반교생들이 부족하여 정액을 다 채우지 못했더라도 양반이 아닌 신분에서 액내를 채우지 않았으며 비양반들은 따로 액외라 하여 엄격히 구분하고 있었다.

결국 양반과 평민들을 향교에 입학시킨 목적은 각기 달랐다고 하겠다. 양반들은 공부를 시키고 과거를 거쳐 관료로 등용시키겠다는 목적이었음에 비해 평민들은 교육과 교화를 시켜 체제에 순응하는 백성을 만들겠다는 의도에서였다고 생각한다. 그리고 왕조 초기부터 이러한 의도는 계속되었으리라 짐작된다. 따라서 양반과 평민이 함께 교생으로 입학하였다 하더라도 신분에 따라 공부하는 장소와 내용, 향교에서의 임무와 역할 등에 차별을 두었다.

조선초기에는 양반들도 군역을 부담하였다. 따라서 양반들은 이를 모면하기 위하여 교생이 되었다. 교생들에게는 수시로 학업의 수행 여부를 확인하기 위하여 고강을 시행하였다. 그리고 낙강을 하면 교생 자격을 박탈하고 군역을 부과하도록 하였다. 그러나 15세기 후반 이후 방군수포, 중종대의 군적수포법 등으로 양반들의 군역면제가 점차 관행화 되어 갔다. 양반들로서는 군역면제를 위하여 굳이 교생이 되지 않아도 되었던 것이다. 다만 일정기간동안 교생으로 入籍을 하여야 과거응시자격을 부여한다는 규정에 따라 공부는 하지 않으면서도 교생안에 이름을 올려놓은 것이었다.

그런데 양반들은 점차 액내교생 대신 청금유생이라 이름하고 따로 청금록을 작성하였다. 그 대신 액내교생은 평민, 서얼 등 양반 아닌 사람들이 차지하게 되었다. 여러 가지 원인이 있었을 것이지만 가장 직접적인 것은 인조 때의 교생고강 시행에 있었다고 생각한다.

교생에 대한 고강은 권학에 목적을 둔 것으로 조선 초부터 시행되고 있었으나 교관이 파견되지도 않고, 향교 교육도 쇠퇴되어감에 따라 유명무실하게 되고 말았다. 그런데 청나라와의 관계가 심각해져가는 상황에서 軍額을 확보하는 것이 중요한 현안문제가 되고 있었고, 논란 끝에 향교의 교생은 액내이든, 액외이든(상액, 중액, 하액이든) 모두 시험을 보고 낙강하면 신분에 구별 없이 3년 동안 罰布를 내고 다시 고강을 해서 낙강하면 군역에 충당한다고 결정되었다.

이러한 결정은 양반들의 교생 회피를 초래하였다. 대신 향교에 적을 두지 않으면 과거응시자격을 부여하지 않는다는 규정에 순응하여 양반들은 청금록을 별도로 작성하고 유생이라 호칭하였다. 이는 서울의 성균관, 사학에서 작성하는 청금록을 모방한 것이고, 아울러 성균관, 사학의 유생들이 고강에서 제외되고 있는 것을 모방한 것이었다. 그리하여 양반들은 동재유생, 청금유생이라 이름하고 교생과 구별하려고 하였다. 이에 평민, 서얼들이 양반 대신 액내교생으로 입학하고, 이들은 서재교생이라 호칭되었다. 이러한 동재유생과 서재교생의 분화, 청금록과 교생안(儒案, 西齋案)의 별도 작성은 군현마다, 도마다 차이가 있었지만 대체로 인조 때부터 시작되어 늦어도 숙종 전까지는 거의 모든 향교에서 행해지고 있었다.

구례향교에는 현재 6책의 『청금유안』과 4책의 『향교서재안』이 전해지고 있다. 「청금유안」은 양반유생들을, 「향교서재안」은 평민교생들의 명단을 담은 것이다. 청금유안을 소개하면 다음과 같다.

표 1. 구례향교 『청금유안』 入案者 구분과 수

번호	연대	명칭	유생 구분					합계
			老儒	청금	액외	동몽	(削案)	
1	1691년(숙종 17)	청금유안	6	16	4	15		41
2	1693년(숙종 19)	청금유안	4	18	4	5		31
3	1718년(숙종 44)	청금유안	5	46			5	56
4	1721년(경종 1)	청금유안	4	44				48
5	1725년(영조 1)	청금유안		40			3	43
6	1732년(영조 8)	청금유안		44				44

구례향교에는 숙종 17년부터 영조 8년까지 모두 6건의 『청금유안』이 남아 있다. 『청금유안』의 연대로 미루어 1693년과 1718년 사이에 몇 건의 유생안이 더 있었을 것으로 짐작이 되나 전해지지 않고 있다. 어쨌든 1691년의 청금유안에는 40세 이상의 유생인 노유 6명과 청금유생이 16명, 액외가 4명, 동몽이 15명이 수록되어 있다. 이는 인조 19년 7월 충청감사 정랑필의 계에

신이 일찍이 본즉 양남의 각 고을에서는 액내, 액외, 동몽으로 구별하여 儒라고 이름하는 자들은 모두 校籍에 올리고 있었습니다.[9]

라고 한 그대로이다. 구례향교에서는 액내를 나이에 따라 노유와 청금유생으로 구분하였고, 액내가 아닌 사람들은 액외와 동몽으로 구별하였던 것이다.

액외란 교생 정액 이외의 교생이란 말로 이들의 신분은 다른 고을의 예로 미루어보면 양반이 아닌 교생들이었다. 혹 액외가 아직 나이나 자격이 불충분하여 구분이 되었다면 이들이 다음 유생안에 청금유생으로 이름이 올라와야 되는데 액외로 구분된 사람이 청금유생으로 나타나는 경우는 한명도 없었다.

동몽이란 향교에 미입학한 16세 이하의 학동을 말한다. 이들은 향교나 서당 등에서 교육을 받은 후 성년이 되면 교생으로 입학하였다. 따라서 양반동몽이면 액내교생으로 평민이나 서얼동몽이면 액외교생으로 입학하였을 것이다. 그런데 동재유생과 서재교생이 구별되어 액내교생에 평민과 서얼이 입교함에 따라 동몽은 이제는 평민만으로 채워졌고 이들은 자라면 액내교생(서재교생)으로 입교하였을 것이다. 구례향교의 경우 동몽이 자라서 청금유생으로 들어간 예를 찾아볼 수 없었다.

청금유안에 들어 있는 이들의 신분을 좀 더 알아보기 위하여 구례향안과 비교하여 보고자 한다. 구례향교에는 1627년부터 1694년까지 5건의 향안이 보관되어 있다. 청금유안과 비슷한 시기에 작성된 1694년의 향안(48명 명단 수록)과 1691년, 1693년의 청금유안과 이름을 대조해보면 1691년 청금유안에는 노유 4명과 청금유생 11명의 이름을 향

9) 『학교등록』 1 신사(인조 19) 7월 3일

안에서 찾아낼 수 있었고, 액외와 동몽은 한명도 없다. 1693년의 청금유안에서는 노유 3명, 청금유생 9명을 향안에서 찾아낼 수 있었고, 액외와 동몽은 역시 한명도 없다. 향안이란 고을의 문벌양반만이 폐쇄적으로 입록할 수 있었는데, 노유와 청금유생만이 향안에 보이고 액외와 동몽은 향안에 전혀 보이지 않는다는 사실은 곧 노유와 청금유생은 양반, 액외와 동몽은 비양반이었음을 다시금 입증해주는 것이라 할 수 있겠다.

앞서 이야기한대로 조선초기에는 양반이 액내교생, 서얼과 평민이 액외교생이 되다가 인조 이후에 이르러 양반은 청금유생, 비양반은 액내교생으로 구분되어 따로 명단이 작성된 이유는 인조대의 교생고강 시행과 관련이 있다고 하였다. 청금록의 작성, 곧 유생과 교생의 분화는 인조대부터 시작되어 지역마다 시기의 차이는 있었지만 늦어도 숙종 전까지는 거의 모든 향교에서 행해지고 있었다고 판단된다. 구례의 경우도 예외는 아니어서 다른 고을처럼 숙종 전에 구분이 이루어졌을 것을 보이며 다만 유생안을 작성할 때 서재교생안을 따로 작성하지 않고 청금유안에 액내, 동몽을 함께 이름을 적어 놓았다가, 다른 고을보다 조금 늦게 별개의 명부로 작성하였을 뿐이었다.[10] 그리고 유생안과 교생안을 따로 작성한 것은 1704년에 구례향교를 지금의 위치로 이건한 뒤의 후속조치로 짐작할 수 있겠다.

그러면 구례의 양반유생으로 청금유안에 이름을 올린 성관들을 좀 더 살펴보기로 하자.

<표 2>에서 보듯 제주 고, 해주 鄭, 김해 김, 청주 한, 전주 이, 구례 장, 전주 최씨, 해주 오, 순천 박씨 등이 청금유생으로 입록되어 있다.

---

10) 청금안과 교생안의 별도 작성은 향교마다 차이를 나타내고 있는데 담양향교는 1676년(숙종 2년)에, 순천향교는 1678년(숙종 4년)에, 전북 고창향교는 1676년(숙종 2년)에 청금유생만 등재한 유안(청금록)을 작성하고 있다.

표 2. 구례향교 청금유안 등재 성관[11)]

	제주 고	김해 김	순천 박	송	고령? 신	남원 양	해주 오	개성 왕	문화 유	兪	전주 / 함평이	전	구례 장	해주 정	전주 최	청주 한	김해 허	장수 황	삭 안	합계
1691	7	2	2		1	1				1	2		2	2	1	1				22
1693	6	3	2		1	1					2		3	2	1	1				22
1718	8	5	2		3	1	4	2	1		5		4	6	3	7			5	56
1721	7	5	3		3	1	3	3	1		4		3	6	3	6				48
1725	4	3	2	1	1	1	3	1	1		7	1		8	1	6			3	43
1732	2	4			3	2	3	2	5		4		8	2	6	2		1		44
합계	34	22	11	1	12	9	13	8	8	1	24	1	20	26	15	21		1	8	235
순위	①	④	⑩		⑨	⑪	⑧	⑫	⑫		②		⑥	③	⑦	⑤				
입격안	9/8	4	4		1	4		12/8	3/2		7		3	2	3	4	1			57/51

구례 향안[12)]에 이름을 올린 성관과 비교해 보면 <표 3>과 같다. 제주 고, 해주 정, 전주 이, 전주 최, 청주 한, 구례 장, 김해 김, 해주 오씨 등으로 청금유생의 성관과 대략 비슷한 모습을 보여주고 있다. 이들이 바로 구례에서 양반사족으로 위세를 떨친 성관들이라 하겠다.[13)]

---

11) 청금록에는 본관이 표시되어 있지 않으나 구례 관련 기록들을 참고하여 필자가 본관을 추정해 넣었다. 김은영씨는 논문에서 이들 성씨의 본관을 읍지와 보첩을 이용하여 확인하였다고 하는데, 필자와 차이가 있다면 김씨는 김해 김씨라고 추정하였고, 이씨는 거의 전주로 생각되나 함평도 일부 있다고 여겨 함께 작성해 넣었다. (김은영, 「조선후기 구례 개성 왕씨가의 고문서 검토」 『고문서연구』 31, 2007 174쪽 주 37)

12) 향안은 향사당(향청)에 보관되어 오다가 1908년에 향사당 터에 공립봉양보통학교가 세워지자 향교로 옮겨 보관해 왔다고 한다(『속편구례지』 상 官公廨 향사당)

13) 구례의 양반사족이라 할 이들 성관에 대하여 김은영씨는 『구례향교지』(1990)

표 3. 구례 향안의 등재 성관

	제주고	김해김	순천박	고령?신	남원양	해주오	개성왕	문화유	전주/함평이	구례장	해주정	순창조	전주최	청주한	합계
1627	9	3		1	1		2	5	4	2	5		4	4	40
1639	10	1		1	3	1	2	3	7	1	7	1	4	2	43
1656		1	1		1	3	2	1	2	3	5		3	3	25
1657	11	3	1	1	2	4	1	1	4		4		3	1	36
1694	10	2	2	4	1	2	3		5	5	6		4	4	48
합계	40	10	4	7	8	10	10	10	22	11	27	1	18	14	192
순위	①	⑦			⑪	⑦	⑦	⑦	③	⑥	②		④	⑤	

구례향교의 양반유생들은 과거에 합격한 사람들을 수록한 『入格案』을 따로 작성하기도 하였다. 이전 유안에는 입격자들을 함께 기재하기도 하였는데[14], 청금유생안을 따로 작성하면서 『입격안』을 별도로 만들었다. 1692년에 한순기가 쓴 『입격안』의 서문을 보면 구례가 비록 적은 고을이지만 공부하는 소리가 끊어지지 않고 또 많은 인물들이 계속 나왔다고 하면서 이를 기록에 남기지 않으면 후세에 전해지지 않을 것이라 전제하고 다음과 같이 작성 내용을 소개하고 있다.

「입향성씨문중안」을 정리하여 구례 장씨는 토성이고, 나머지 제주 고, 해주 鄭, 김해 김, 청주 한, 전주 이, 구례 장, 전주 최씨, 해주 오, 순천 박씨 등은 15~16세기에 다른 지역에서 입향한 것으로 보고 있다.(김은영, 「앞의 논문」 170쪽)

14) 전북 고창향교에는 10건의 유안과 청금록이 보관되어 있는데, 이 가운데 1646년(인조 24년)의 유안에는 액내 23, 액외 9, 동몽 3, 업유 11. 입격 6명의 이름이 수록되어 있다. (『고창지방문화재지표조사보고서(전북대박물관, 1984), 『고창향교지』(고창향교, 1965))

백년동안 급제하고 입격한 사람들을 기록하여 한권으로 만들었다. 이름, 생년, 몇년도에 무슨 과거에 합격하였는지를 모두 열거하여 이름을『입격』이라고 하였다. …… 앞선 선배들의 이름을 소상히 하였으니 후세의 참고가 될 것이다.

그리하여 후학들은 열심히 공부하여 이 뒤를 이어줄 것을 당부하면서 합격한 이들의 이름을 수록하였다. 구례의 향선생이라 일컬어지는 張熙載(1616년 생원, 1624년 문과), 高元厚(1662년 진사)를 시작으로 1692년까지의 초시의 초장, 중장, 종장의 입격자들을 기록하고 있다. 이 입격안은 이후에도 계속 이어지고 있어 1732년까지의 청금유안과 비교해 보면 이때까지의 입격자 19명 가운데 12명을 청금유안에서 이름을 확인할 수가 있다. 이러한 사실은 청금유안에는 양반사족들만 이름을 등재할 수 있었음을 알려주는 또 하나의 실례라 할 수 있을 것이다.

향교의 청금록에 이름을 올릴 때『잡동산이』향교약령에

춘추에 석전제를 지내는 모임에 여러 유생들이 각자 문벌자제를 천거하는데 인원에 구애됨이 없이 가부를 통하여 입록시키는 것이 주현의 예규였다.[15]

고 한 것처럼 기존의 유생들이 문벌자제를 천거하는 형식을 취하였다. 그리고 학교기관이었던 만큼 지식의 유무도 아울러 고려되어 試才를 거치기도 하였다. 결국 천거와 시재라는 과정을 거치는 청금록 입록에서 양반이 아닌 신분이 청금록에 이름을 올리기는 사실상 불가능한 일이었다.

15) 안정복,『잡동산이』향교약령.

향교의 유생이 된다는 것은 그 고을에서 양반사족으로 인정받는 일이었다. 그러기에 향교 유생 명단인 청금록을 둘러싸고 양반간의 또는 양반과 비양반들의 갈등이 일어나고 있었다. 이를 儒戰, 鄕戰이라고 한다.

청금록에 이름을 올리는 유생의 숫자는 시대가 지나갈수록 증가하고 있었다. 특히 18세기에 걸쳐 각 향교에서 공통적으로 나타나는 현상이기도 한데, 이는 당시 활발하게 논의되고 있던 양반에게 군역을 부과하려는 호포, 정포, 구전론 등과 관련이 있었을 것이다. 양반들은 닥쳐올지도 모를 군역부담을 모면할 대책을 모색하면서 청금록에 이름을 올려 양반임을 나타내려는 의도였다. 청금록에 수 백명의 이름이 오르게 되는 것이 이를 반증한다고 할 수 있다. 그 대신 학문의 정도를 고려하기 보다는 출신 가문이나 신분만을 따져 청금유생을 받아들였기에 무식자들이 들어온다는 비난을 받기도 하였다.[16] 그러나 청금록 유생의 증가는 오히려 청금록 작성의 의미를 퇴색시켰다. 입록하는 절차를 엄격히 유지하기가 힘들었을 뿐만 아니라 많은 유생들의 명단을 매번 작성하는 것 자체가 의미 없는 일이 되고 있기 때문이었다.

그리고 청금록의 성격변화를, 궁극적으로 폐기를 가져온 것은 청금록에 이름을 올리는 문제를 둘러싸고 양반들간의 대립이, 또한 청금록에 제외되었던 신흥양반과 서얼들이 양반들과 대립하였기 때문이기도 하였다. 양반사족들간에 당색으로 나누어 향권의 주도권을 놓고 치열하게 대립하였는데 이런 모습이 뚜렷하게 나타나는 서원뿐만 아니라 향교도 마찬가지였다. 그러나 향교는 관학이기에 서원과는 달리 양반사족간의 당색 분열이 지나치게 나타나지는 않았다. 오히려 청금록을 둘러싸고 양반과 갈등을 불러일으킨 것은 양반이 아닌 신분들이

16) 『교원교폐절목』(영조 41년)(『전남의 향교』, 무안, 영암, 장성향교 소장)

었다.

향교 유생들의 명단인 청금록은 신분과 권위의 상징이었다. 청금록에 이름이 있으면 바로 그 고을에서 당당한 양반으로 인정을 받았던 것이고, 또한 후손들도 양반임을 자처할 수 있었다. 그러기에 조선후기에 이르면 신흥양반이라 할 수 있는 향족과 서얼들이 양반으로 인정을 받고자 청금록에 이름을 올려줄 것을 요구하였고, 여의치 않으면 양반들 몰래 청금록에 이름을 끼워넣기도 하였다. 그리고 나중에 이것이 발각되어 양반들이 이들의 이름을 지우는 일이 자주 일어나고 있었다.

구례향교의 경우 1718년의 청금유안과 1725년의 청금유안에서 이름이 삭제된 것이 5명, 3명으로 나타나는데(<표 1>), 이름과 성관이 어떠한지는 전혀 알 수 없으나 아마도 양반사족들의 기준에 비추어 자격이 없는 인물들이 이름을 몰래 올렸기 때문으로 생각된다.[17]

청금록 입안을 둘러싼 양반사족과 향족, 서얼들과의 대립은 치열하였다. 군현에 따라서는 향족, 서얼에게 교임 가운데 차임인 장의 등을 허용하기도 하였고, 청금록에 이름 올림을 부분적으로 허락하기도 하였다. 이제 청금록은 유반유생들의 전유물만은 아니었다. 결국 청금록은 더 이상 양반사족들의 신분을 대변해주는 도구가 되지 못하였다. 그리하여 18세기말, 19세기에 이르면 각 향교에서는 더 이상 청금록을 작성하지 않았다. 19세기에 작성되는 청금록이 다른 고을에서도 거의 없는 이유는 여기에 있었다. 다만 이전의 청금록은 향교에 잘 보관되어 고을에서 양반사족의 후예임을 입증해 주는 증거로 이용되었다.[18]

---

17) 양반사족인데 儒罰 등을 받아 이름이 삭제된 것으로 생각할 수도 있으나, 그럴 경우에는 黃紙 등을 붙여 임시로 이름을 가리었다가 나중에 떼어내는 것이 보통의 관례였다(付黃). 따라서 삭제된 인물들은 유벌의 경우가 아니고 신분의 하자 때문으로 생각된다.

양반사족들은 청금록 폐기 이후에 별도의 명단을 만들어 청금록을 대신하고자 하였다. 과거응시유생들의 명단을 담은 赴擧案을 만들기도 하고, 양반사족들만을 가려 양사재유안을 만들어 이들 가운데에서 교임을 선발하는 향교도 있었다. 구례향교에서는 1839년(헌종 5년)에 『청금계안』을 만들었다. 청금계의 자격은 다음과 같았다.

1. 청금록 자손 가운데 일찍이 교임을 지낸 바가 있는 사람만 차례대로 이름을 나란히 적어 안을 만든다.
1. 계원이 죽으면 그 자손이 교임을 지내고(나서) 개안을 하고 입안시킨다.

즉 청금계안은 이전 청금록에 입안된 사람들의 자손 가운데 교임을 역임한, 곧 양반사족임을 자타가 공인한 사람들만이 자격이 있었다. 이러한 경우 사족 이외에 향족이나 서얼들이 참여할 길은 사실상 없는 셈이었다. 구례향교 청금계원의 활동은 喪中의 부조, 대소과 응시에 금전보조, 매년 부채와 달력의 배부, 冠帶, 轎子, 遮日의 대여, 신임교임 분향시의 貰馬 등 계원간의 상조가 주된 것이었다. 그리고 활동의 경제적 문제는 향교전을 매각한 돈 20량을 식리함으로서 충당하였다. 결국 구례향교의 청금계는 청금록 파기 이후 양반사족 가운데 전임교임들만 결계해서 상조활동을 하였고, 더 나아가 장로로서 향교운영에 간여하고 감시하는 역할도 담당하였을 것으로 짐작할 수 있다.

그러면 청금계안에 이름을 수록한 사람들의 성관을 살펴보기로 하자.

---

18) 19세기 이후에 작성되는 청금록은 대개 일시적으로 만든 명단에 불과한 것이고, 수령이 향교를 알성할 때 참여한 유생들의 명단을 일시적으로 만든 수행안 등이 이를 가리킨다.

표 4. 구례향교 청금계안 등재 성관

	제주고	안동권	순천박	함양박	남원양	해주오	개성왕	문화유	전주이	함평이	寧川이	구례장	해주정	전주최	탐진최	청주한	刪案	합계
1839년	7		4		1	2	3	1	7	5		5	4	2		5		46
1848년	9		3			3	4	1	6	6		4	4	2		4		46
1853년	9	1	2			3	4	4	7	4		4	4	2		6	1	51
1857년	8	1	2	1		3	4	4	7	1	4	6	4	1	1	7		53

이들 성관은 앞서 본 청금유생들의 성관과 별 차이가 없음을 볼 수 있다. 그리고 교임들의 성관과도 큰 차이가 없다.[19] 그런데 주목할 만한 것은 이전에 없던 성관, 예를 들면 함양 박, 영천 이, 탐진 최씨 등이 새롭게 청금계원으로 참여하고 있다는 점이다. 이는 19세기 중반 무렵부터 구례 양반사족 사회에 새로운 양반사족이 더해지는 것으로

19) 구례향교 교임 성관(『구례향교지』(1990) 재임록)

	1693-1715년			1731-1758년			1764-1797년			1802-1825년			합계
	재장	장의	색장	재장	장의	색장	재장	장의	색장	재장	장의	색장	
제주 고			3	3		1	2	4	2	2		2	19
김해 김							1		1			1	3
순천 박	2	2				2			1			2	9
송												1	1
고령?신			1										1
남원 양				1		1	2	1			2		7
해주 오					3	1	1		2		1		8
개성 왕			1					4	2	1	1		9
문화 유									1				1
전주/함평 이		1	3			4		2	1		3	3	17
구례 장	3		4	2	1	2	1		5		1	3	22
해주 정		1	3					2	2	1	1	1	11
전주 최		1				3					1		6
청주 한	1	1			3	1	2		1	1	2		12
김해 허										1			1

구례향교에, 또한 구례현에 어떠한 변화가 일어나고 있음을 짐작하게 해준다.

그런데 구례현, 구례향교에서 일어나는 변화의 모습을 구체적으로 알려주는 자료는 찾기 어렵기에, 생원 진사에 합격한 성관을 통하여 대강을 짐작해 보기로 하자.

표 5. 구례출신 생원 진사 성관

	순천정	개성왕	구례장	제주고	순천박	고령박	연안이	서산유	전주이	안동권	순창조	김해김	진주강	해주정	전주최	파평윤	장택고	김령김	인동김	수원백	장흥마	한양조	반남박	남원양	고령신	문화유	청주한
중종	1																										
명종		1																									
광해			1																								
현종				1																							
경종					1																						
영조			1			1	1																				
정조		1						1																			
순조		1							1	1	1																
헌종												1															
철종													1														
고종									4			3		1	1	1	1	1	1	1	1	1					
입격안		12	3	9	3				7			4		2	3								1	4	1	3	1

사마방목의 불비로 조선 전기의 것이 불분명하지만 지금까지 찾아진 구례출신 생원 진사는 모두 32명이었다. 개성 왕, 구례 장, 제주 고, 전주 이, 김해 김, 전주 최씨 등 청금록과 교임, 청금계에서 대다수를 차지하고 있는 성관이 생원 진사를 배출하고 있는데 19세기, 특히 철종대 이후에는 대단한 변화를 보이고 있다. 진주 강, 파평 윤, 장택 고, 김령 김, 인동 김, 수원 백씨 등 이전에 전혀 청금록이나 교임록에

서 찾아볼 수 없었던 성관이 생원 진사를 배출해내고 있다. 따라서 문벌을 자랑하는 양반사족과 새롭게 사족으로 발돋움하려는 사람들 사이에 심각한 대립을 예상할 수 있으며, 그러한 모습을 1882년까지 작성된 『입격안』에서 엿볼 수 있다.

1692년에 작성되어 1882년까지 과거에 입격한 사람 57명의 명단을 담은 입격안에 생원 진사에 합격하였어도 이름을 기록하지 않은 예가 많이 눈에 뜨인다. 영조대부터 이런 현상이 나타나고 있는데 이름이 오르지 않은 사람들은 청금록과 재임록, 청금계안에는 없는 성관이 대부분이라는 점도 특이한 현상으로 지적할 수 있다. 족보 등을 이용한 더 자세한 분석이 요구되지만 아무튼 구례의 양반사족의 기준에서는 생원 진사에 합격하였더라도 입격안에 이름을 올리지 않은 사정이 있었을 것으로 짐작할 수 있다.

그러한 예로 김령 김씨를 들어보기로 하자.[20] 1880년(고종 17년) 증광시에 진사 합격한 金英國은 사마방목에는 본관이 김해로 되어 있다. 그런데 그의 집안은 김해, 경주, 김령으로 본관을 바꾸고 있으면 이름도, 生年도 수시로 바꾸었다고 한다. 1857년(철종 8년)에 납속으로 嘉善巡將帖을 산 김영국이 진사가 된 것은 70세 이상이면 모두 등외합격시키라는 고종의 명령으로 가능하였다. 그의 진사 성적은 188(188/238)등으로 등외합격자임을 확연히 알 수 있는데 그의 등외합격도 생년을 고쳤기 때문에 가능하였다고 한다. 게다가 진사 초시 합격한 것도 뇌물로 가능한 것이라고 추정되고, 그의 아들 金溶湜은 그보다 앞선 1876년(고종 8년)에 생원시에 합격하였는데(60/101) 실제 거주지는 구례이나 사마방목에는 남원으로 되어 있고, 본관도 김해로 되어 있으

20) 다음은 언급은 전경목, 「조선말기 어느 요호부민가의 신분상승을 위한 노력 –전라도 구례현 '절골김씨' 고문서를 중심으로–」, 『호남문화연구』 31, 2002를 이용한 것이다.

며, 합격 또한 뇌물로 가능하였다고 추정하고 있다. 부유한 평민으로 납속 등으로 신분을 상승시켜보려는 이들 부자가 설령 생원 진사에 합격하였다 하더라고 구례의 양반사족 기준으로는 도저히 어깨를 나란히 할 수는 없는 일이었다. 이들 부자가 「입격안」에 이름이 없는 것은 이 때문이며, 역설적으로 입격안을 1882년을 끝으로 더 이상 작성하지 않은 이유도 이러한 부류들이 많은 등장하는 현실에서 갈등의 소지를 아예 없애버리려는 양반사족의 고육책으로 생각할 수도 있겠다.

또 다른 예로 시대는 약간 떨어지지만 高光文(1850~)의 경우를 들어보고자 한다. 고광문은 1888년(고종 25년)에 진사에 합격하였다(42/324). 그의 이력은 세무주사로 나온다.[21] 세무주사는 1908년에 田賦의 장부와 醫生을 겸하는 都書員의 바뀐 직책이었으니 고광문은 향리였다. 고광문의 아버지는 사마방목에 가선대부동지중추부사로 나오며, 고광문이 진사에 합격하고 1922년에 편찬된 『속편구례지』에 그의 일족으로 믿어지는 인물들이 다수 수록되어 있지만 양반사족들에게 여전히 사족으로 대우를 받지 못하였음은 갑오개혁 이후에도 엿볼 수 있다.

> 中山宅 濟元씨와 군의 아전 고광문(집안) 사이에 혼담이 있으므로 종중으로부터 발론이 있어 경계 밖으로 내몰도록 했다.[22]

곧 아전출신인 고광문의 집안과 혼담이 나오자 문화 유씨 종중에서 해당 일족을 내몰았다는 일화로 미루어 그렇게 짐작할 수 있다고 하

---

21) 『속편구례지』 상 科宦

22) 『구례 유씨가의 생활일기 상 1851-1915』(한국농촌경제연구원, 1991), 230쪽. 기어 권6 1904년 2월 13일

겠다.

조선후기, 특히 18-19세기에 이르면 향안이 파기되어 사족들의 이해를 대변하지 못하는 것과 같이 향교에서도 향족과 서얼들의 대두로 말미암아 청금록이 더 이상 작성되지 못하였다. 그러나 향안과 달리 향교는 꾸준히 양반사족 중심으로 운영되고 또 그렇게 시도되었다. 향교가 양반사족들에게는 결코 양보할 수 없는 활동장소였기 때문이었다. 양반사족들은 명분과 교화를 앞세워 향교를 독점하려 하였고, 또 이를 활용하여 향촌사회에서 계속 주도권을 유지하려고 노력하였다. 향족들이 경제력을 바탕으로 또 향임을 독점하여 신분을 상승시켜 나갔으나 양반사족에 대항하기에는 아직 힘이 미치지 못하였다. 서얼들도 부유한 평민들도 명분에 있어서 양반사족들과 동등한 대우를 받기에는 역부족이었다. 향교는 향족, 서얼, 부유한 평민들에게는 쉽게 접근을 허락하지 않는 향촌기구였고, 그 때문에 19세기 이후에도 향교는 양반사족들에게 독점되었다. 그러기에 양반들은 여전히 향교에서 책을 대출하기도 하고,[23] 향교 제례에 참석하는 모습을 보이고 있었던 것이다.[24]

3. 「권학절목」과 교육활동

향교의 교과는 시대에 따라 비중의 차이는 있었으나 대체로 소학, 사서오경, 성리대전, 근사록 등의 경서와, 주자가례, 의례경전 등의 의

---

23) 『구례 유씨가의 생활일기 상 1851-1915』(한국농촌경제연구원, 1991), 12쪽, 『시언』 권1 1876년 5월 구례향교에서 빌려온 『강목』을 읽었다., 『구례 유씨가의 생활일기 상 1851-1915』(한국농촌경제연구원, 1991), 274쪽. 기어 권9 1907년 7월 16일 향교에서 『사물유취』 71책을 빌려왔다.

24) 『구례 유씨가의 생활일기 상 1851-1915』(한국농촌경제연구원, 1991), 38쪽. 시언 권2 1894-1902년 3월 15일 향교에 들러 성현 위판에 배알하였다.

례서, 삼강행실, 이륜행실 등의 윤리서, 통감, 강목, 사략 등의 역사서, 문선과 고문진보 등의 문학서가 되겠다.

향교에서의 교육과정을 잠시 살펴보면 다음과 같다.[25] 우선 정원을 정해 일정기간 과거를 준비케 하거나 독서를 하게 하는 거접이라는 것이 있다. 거접 유생을 가르치는 사람들은 향교에 파견된 교수나 훈도 등이 맡았으며, 때대로 지방관이 직접 가르치기도 하고, 유명한 학자를 초빙하는 경우도 있었다.

강회도 있었다. 향교에서 벌어지는 강회는 매달 두 차례가 열리는 것이 원칙이었다. 즉 매달 삭망에 교관(뒤에는 교임)과 유생들이 문묘에 나아가 향촉을 밝히는 삭망분향제가 있는데, 분향이 끝나고 유생들이 모여서 경전을 강독하였다. 이를 通讀이라고도 한다. 강회의 講長은 교관이 맡는데, 혹 수령에게 부탁을 하거나 고을의 학덕 높은 학자를 모셔오기도 하였다. 강회는 정례적인 향교 교육으로 유생들에게 경전공부를 권장할 목적이었다. 그리고 춘추의 제례날에도 강회를 거행하였을 것으로 짐작할 수 있다. 제례 뒤의 강회뿐만 아니라 재정적 여유가 있으면 유명한 학자를 초빙하여 수시로 강회를 개설하기도 하였다.

글짓기 공부로 순제와 백일장이라는 것도 있었다. 巡題, 또는 旬題는 유생들에게 문제를 내주면 집에서 시부를 작성하여 제출하는 것이고, 백일장은 시험장에서 시부의 실력을 겨루는 것을 말한다.[26] 백일장과 순제는 봄 여름에 개설하는 것이 보통의 관례였던 것 같다. 날씨가 추울 때는 집안에서 경전을 읽고, 따뜻할 때는 집밖에서 글짓기를 하던(秋冬則 居齋通讀 春夏則 設白居接) 옛날의 공부 방법에 따른 것이

25) 조선시대 향교와 서원에서 벌어지는 교육과정에 대해서는 윤희면, 『조선시대 서원과 양반』(2004, 집문당) 9장 서원교육의 전개와 교육효과를 이용하였다.
26) 『목민심서』 예전 課藝

기도 하였다.

중앙에서 교관이 파견되고 여러 가지 교육과정을 갖춘 향교의 교육은 점차 침체되어 갔다. 향교 교육의 가장 큰 문제점은 국가의 안이한 교육정책에 있었다. 향교의 교육이 무상이지만 조정에서 배려한 경제적 뒷받침은 충분하지 못하여 향교는 항상 재정적 어려움에 부딪치고 있었다. 그리하여 향교 교육은 수령의 지속적인 관심에 절대적으로 의존할 수밖에 없었다. 고을마다 있는 공적비 가운데 興學碑는 향교에 큰 도움을 주었던 수령을 기리기 위하여 세운 것이었다. 그러나 수령의 잦은 교체 속에서 향교 교육이 지속적으로 진행되기 어려운 실정이었다.

그리고 향교 교육과 과거제도가 유기적으로 연결이 되어있지 않은 것도 향교 교육 침체의 원인이 되었다. 향교 교육, 소과, 대과가 단계적으로 연결되었더라면 양반들은 향교 교육에 필사적으로 매달렸을 것이다. 그러나 과거응시자는 반드시 향교에서 공부를 하여야 한다는 강제 규정은 없었다. 그저 향교에 적을 두어야 과거응시자격을 부여한다는 정도였다. 따라서 양반들은 향교에 공부를 하지 않으면서도 액내교생(또는 동재유생)으로 적을 두고 있었다. 조정의 학교정책은 학교에서 인재를 길러 관료로 등용시키겠다는 것이 아니었다. 공부 장소는 어찌되었든 과거를 통해 필요한 관료를 선발하겠다는 안이한 교육정책이자 과거정책을 지속하였다. 이 때문에 서울의 성균관, 사학, 지방의 향교 등 관학의 침체는 필연적이었다고 하겠다.

중앙에서 교관을 파견하는 흥학책이 성공을 거두지 못하자 이제는 수령의 감독 하에 향교 자체에 교육을 행하자는 정책으로 전환하였다. 이러한 추세 속에서 나타난 것이 유생거접을 위한 감영의 養士施設였다.

숙종 23년에 건립된 함흥의 양사청[27], 숙종 26년에 건립된 전주의

희원당[28], 경종 원년에 건립된 대구의 낙육재[29]에서는 도회에서 선발된 유생을 거접시켰으니,

1) 도내 네 도회의 유생을 모아 講學儲養한다.[30]
2) 도회에서 우등한 약간명을 모아 時文製述을 공부시킨다.[31]

고 한 그대로였다.[32]

조선시대 각 군현에는 양사재라는 것이 있었다. 양사재는 이름 그대로 '선비를 기르는 재'라 하겠는데 지역에 따라 흥학재, 육영재 등 등의 이름을 지니는 경우도 있었다. 양사재는 조선 전기에는 보이지 않던 것이었다. 그런데 양사재가 조선 후기에 이르러 각 군현에서 세워지고 있었던 것은 나라의 교육정책과 군현의 향교실태와 관련이 있다고 생각한다. 곧 양사재는 조선후기에 향교의 교육기능 상실이라는 배경 속에서, 숙종 대에 감영에 세워진 도회 유생의 거접시설과 관련지어 등장한 교육기관이었다. 이후 양사재는 「列邑의 通規」라는 지적처럼 거의 모든 고을에서 설립되었다. 곧 양사재는 양반들의 주요한 활동장소였던 향교의 기능 확대라 할 수 있고, 궁극적으로 신분제 변

27) 「咸州誌通紀」 卷3 諸署
28) 「湖南邑誌」 完山誌 學校條 希願堂
29) 「영남읍지」 大邱府邑誌 學校條
30) 『호남읍지』 完山誌 學校條 希願堂
31) 「嶺南事例」 樂育齋節目. 재생의 선발에 대해서 節目에는 각 고을에서 수령이 선발한 유생들을 監營에 모아 백일장을 거행하고 성적순으로 뽑아 거접시킨다고 규정하였다. 감영에서의 유생 거접은 이러한 방법과 함께 大小科의 초시합격자들을 대상으로 하기도 하였던 것 같다.
32) 충청도 감영에도 이와 비슷한 양사시설이 있었을 것인데 자료를 확인할 수 없었다. 1887년에 공주감영에 營學院居接所를 설치하여 운영한 기록은 있다. (『한국사회사자료 2(공주) 하권(국사편찬위원회, 1991) 『영학원거접절목』)

화에 대응하는 양반사족들의 보수화 노력의 한 표현이었던 것이다.[33]

구례에도 양사재가 설립되었다.

> 양사재는 옛날 성내에 있었다. 장의 1인 색장 1인 고자 1인이 있었고 논은 3石落, 庫舍는 3칸이다. 본디 양사재가 없었는데 진사 고원후가 재물과 토지를 모아 건립하였다. 중간에 퇴락하였는데 고종 7년에 현감 방효함이 봉성산 남쪽에 다시 건립하고 흥학재라 이름을 바꾸었다. 지금은 폐지되었다.[34]

구례 양사재는 진사 고원후가 건립하였다고 되어 있다.[35] 고원후(1609, 광해 1~1684, 숙종 10)는 1662년(현종 3)에 진사에 합격하고 말년에는 冠童 수십 명을 가르쳤다고 한다[36]. 그가 양사재를 건립하는데 앞장섰다면 숙종 10년 이전일 텐데 이는 전주감영의 희원당보다 훨씬 앞선 일이기도 하였다. 전라도나 경상도 여러 고을의 양사재 기록을 살펴보면 적어도 감영의 양사시설이 생기기 이전에 설립된 것을 찾아볼 수 없고, 또한 그의 행장에 양사재 설립에 대한 일들이 기록되어있지 않은 것으로 보아 아마도 그 뒤에 설립되는 양사재를 마치 그가 설립한 것으로 연결해 놓은 것이 아니까 하는 생각이 든다. 그런데 마침

> 흥학재 장의, 색장을 재임이라 한다. 숙종 30년에 두어 향교에 속하게 하

33) 윤희면, 「양사재의 설립과 운영실태」, 『정신문화연구』 57, 1994

34) 『속편구례지』 상 학교

35) 1800년에 편찬된 『봉성지』(규장각 No.07912) 학교조에도 「구례향교에는 본디 양사재가 없었는데 진사 고원후가 이를 개연히 여겨 재물을 모으고 땅을 취해 창립하기 시작하였다」고 되어 있다.

36) 『동강선생유고』 권7 進士高公行狀

였다. 고종 9년에 분리하였다. 書生의 月講과 旬題의 상품을 관장했는데 융희 원년에 혁파했다.[37]

고 하여 1704년(숙종 30년)에 양사재(뒤에 개명하여 흥학재)를 두었다는 기록도 있다. 1704년이란 구례향교를 현재의 위치로 이건하던 해이기도 하였다. 아마도 구례의 양반사족들이 향교를 이건하면서 유생들의 교육장소로 활용하고 감영의 거접에 대응하기 위하여, 또한 다른 고을에도 생겨나기 시작하는 양사재를 답습하여 함께 건립한 것으로 보는 것이 자연스럽지 않을까 생각한다. 그리하여 구례향교와 양사재는 긴밀한 관계를 유지해왔으니 중간에 양사재 재정이 고갈되자 한시적으로 향교 교임이 양사재 재임을 겸직하고 향교 재정을 이용하여 운영하기도 하였다.[38]

어쨌든 구례에 설립된 양사재는 장의, 색장의 재임도 두고 전답도 마련하여[39] 운영하면서 향교의 교육을 대신해 재생들을 뽑아 교육을 시켰을 것이고, 성적이 우수한 재생은 추천을 받아 전주감영의 희원당에서 공부를 하고 과거에 응시하였을 것으로 보인다.

조선후기의 교육정책에서 가장 주목되는 것은 경상감사로 재임하던 조현명이 작성한 「권학절목」이다.[40] 모두 14개조로 되어 있고, 중요사항만 요약 정리하면 사족 가운데에서 都訓長, 面訓長을 선발하여 교육하도록 한 점, 교육체계가 도(낙육재) – 군현(향교; 도훈장) – 면(서원, 山堂; 면훈장) – 리(부형, 塾師)의 행정체계와 결합되어 있으

37) 『속편구례지』 상 郡政制

38) 「양사재입의」(정미년, 1787년 또는 1847년)(『전남의 향교』 109~110쪽)

39) 1908년 3월에 예전의 향사당 앞에 터를 정하고 봉양학교라는 공립보통학교를 세웠는데 이때 들어간 재원 가운데 흥학재답 87두락이 있었다.

40) 조현명(1691–1752), 『귀록집』 권19 通諭道內士友文 권학절목

며 특히 면리제와 관련을 맺고 있는 점, 끝으로 학생들을 과거공부 위주로 한 사족의 居齋儒生과 강상윤리에 중점을 둔 中庶 중심의 各面學徒로 나누어졌다는 점 등이다. 조현명은 이를 조정에 상문하였고, 왕의 재가를 얻어 영조 8년에 전국에 하달되었다.[41]

서당 훈장이 학동을 교육하고, 이어 수령과 교관이 학동들을 향교와 서원에서 모아 교육정도를 측정하고 시상하는 조치는 효종대에도 있었다. 그리고 수령들이 부임지에서 이를 부분적으로 시행하기도 하였다. 예를 들면 면마다 훈장 2명을 선발하여 동몽과 冠者를 교육하게 하고, 수령이 이들을 향교나 서원에 모아 수업 정도를 측정하는 내용이었다.[42] 조현명의 「권학절목」은 이러한 전례를 더욱 강화하여 적용한 것이고, 정착되어 가는 면리제를 바탕으로 행정체계와 교육체계를 결합시켰다는데 특징이 있다. 즉 교육체계도 군현단위에서 면리단위로 바꾸고, 사족 가운데에서 선발된 면훈장을 두어 면에 있는 서원에서 교육을 하게하고, 다시 이를 향교에서 도훈장이 총괄하게 하는 내용으로 나타난 것이었다.

이러한 조치는 실제 실행을 한 것으로 보이는데, 경상도 소수서원의 예이지만

> 지난 기유년(1789년) 5월에 山長 琴孝胤이 본원에 통독을 마련하고 素菴翁(전원장 金世鍊)을 훈장으로 모셔 인도케 하였다. 나 역시 水恩生徒를 이끌고 각면 훈장과 함께 말석에 참석하였다. 소옹이 나에게 말하길, "사서는 우리 儒家의 문호이니 經義를 강의하려면 불가불 이것을 우선하여야 한다"고 하였다. 이에 절목을 略定하여 벽 위에 써서 걸고 명륜당에

---

41) 『승정원일기』 749책 영조 8년 9월 21일. 조현명의 권학절목에 대해서는 윤희면, 『앞의 책』 4장 향교와 양반유생의 향촌활동 참고.

42) 吳道一(1645-1703), 『西坡集』 권18 訓士節目(蔚珍縣監 때)

열 지어 앉아 善讀者로 하여금 대학을 윤독케 하고 文義를 講說하니 근래의 盛擧였다.[43)]

라 하였듯이 소수서원에서 벌어지는 대학을 강설하는 강회에 각면 훈장들이 생도들을 이끌고 참석하는 모습에서도 확인할 수 있다.

경상도뿐만 아니라 다른 도에도 조현명의 「권학절목」이 반포되었을 터인데, 각 고을에서는 자기 고을 실정에 맞는 교육체계를 마련하여 실행하였던 것으로 보인다. 그 한 예로 전라도 영광군의 경우를 들 수 있다.

영광군수 조중직의 요청으로 1743년(영조 19년)에 李縡는 「영광군강학절목」을 작성하여 주었다.[44)] 16개 조항으로 된 절목에 의하면 여기서도 수령의 주관 아래 면훈장과 향교교육을 결합시킨 교육체계를 마련하였다. 영광군내 각면, 또는 2~3개 면에서 文行者로 훈장 1명을 택정하여 면내의 제생들을 강의하도록 하였다. 그리고 10세 이상의 총민한 자들을 뽑아 교육하는데 신분이 낮은 자들도 원하면 받아주되 끝자리에 앉도록 하여 구분하였다. 그리고 향교 장의가 講事를 주관토록 하였으며 직월 1명을 두어 보좌하도록 하였다. 그리하여 매달 초에 향교에서 수령이 도훈장 역할을 하고, 향교 장의와 직월이 보좌를 하는데, 면훈장이 이끌고 온 제생들에게 文義를 강의하고 학생들의 근만을 살펴 상벌을 내린다는 내용으로 되어 있다. 「영광군강학절목」에는 향교와 면단위의 교육을 직접 연결하도록 하여 앞서 조현명의 「권학절목」에서처럼 면과 향교 중간에 서원을 전혀 고려하지 않고 있다. 이는 영광군에서는 서원은 보이지 않고 사우만 있었기 때문일 것이다.

---

43) 『居齋錄』 己酉通讀日記(1789년), 윤희면, 「조선후기 소수서원의 교육사례」, 『역사교육』 92, 2005, 113쪽

44) 이재, 『도암집』 권25 잡저 「영광군강학절목」

구례향교도 조현명의 「권학절목」에 의거하여 도훈장, 면훈장으로 이어지는 교육체계를 마련하였을 것인데, 영광군의 경우와 비슷할 것으로 짐작할 수 있다. 왜냐하면 구례향교의 「기축년 향중절목」[45]을 보면

1. 훈장은 장의를 겸하는데 2년에 교체한다
1. 직월은 1년마다 개체한다

고 하여 영광군의 경우처럼 향교 장의로 훈장을 겸하게 하여 강학에 활용하고 있으며 講事를 보좌할 직월을 두었음을 볼 수 있기 때문이다. 그리고 구례현도 영광군처럼 서원은 없고 사우만 있기에 면훈장이 강학하는 서당과 향교를 직접 연결시켜 교육하였을 것이다.

조현명의 「권학절목」 이후 전라도에는 영조 21년에 또 다른 권학절목이 반포되어 이전의 권학을 더욱 강화하고 있음이 주목된다.

영조 21년에 감영에서 각 군현의 향교, 서원, 양사재에 보낸 「巡使道勸學別關節目」(이하 권학절목)은 네 부분으로 구성되어 있다.[46] 첫 부분은 권학을 촉구하기 위해 독서 강학의 방법을 적어 보내니 이에 따라 거행하고 매달 그 실적을 감영에 보고하라는 관찰사의 관문이다. 두 번째는 도훈장, 면훈장의 선발, 향교, 서원에서의 삭망 試講, 우수자 시상, 거접유생의 권과 등 17개 조항의 규정이 있다. 세 번째는 도훈장이 주관하는 강회의 예법을 적은 강회홀기이고, 네 번째는 이러한 절목이 반포하게 된 연유를 적은 정부대신들의 묘당회의를 관문의 형식으로 적어놓고 있다.

---

45) 기축년에 해당하는 연대는 1769년(영조 45), 1829년(순조 29), 1889년(고종 26)인데 아마도 1769년일 가능성이 크다고 생각한다.

46) 이 절목은 현재 구례향교에 소장되어 있다.(『전남의 향교』, 124~129쪽)

영조 21년 정월 22일의 묘당회의에서 좌의정 송인명은 풍속이 나빠지고 강상의 변고가 자주 일어남을 지적하면서 이에 대한 대책으로 김정국의 『경민편』, 이이의 「향약」 등을 가르칠 것을 대안으로 제시하고 있다. 그리하여 『경민편』 등의 책을 각 고을에 보내고, 각 고을에서는 면리에 師長(훈장)으로 하여금 이를 가르치게 하여 善俗으로 이끌도록 해야 한다고 건의하였다. 그리고 이에 대한 조치로 文識이 있는 大臣 오광운, 원경하 등에게 절목을 講定케 하고 이를 반포하도록 하였다.

교재가 되는 『경민편』은 전라도에 없기에 경상도에 있는 것을 가져다 開刊하는데 (많은 책을) 찍어내는데 시간이 너무 지체되므로 관아와 향교에서 쓸 책은 소요되는 종이가 1속7장이므로 먼저 이를 찍어 보내고, 각 면리의 것은 유생과 幼士에게 일일이 종이를 거두어 모은 종이를 보내면 이를 찍어 보급할 것이라고 관문에 적고 있다. 송인명이 『경민편』 보급과 교육을 위하여 이용하려 한 것은 앞서 조현명이 강구한 교육체계를 염두에 둔 것으로 보인다. 이는 훈장이 면리에서 교육을 하고, 도훈장이 향교에서 점검도록 한 것에서도 알 수 있다.

중앙의 관문을 받은 당시 전라감사 정복형은 그 해 7월 29일에 전주감영에서 각 고을에다 관문을 전달하였다. 관문이 구례향교에 도착한 것은 8월 10일로,[47] 관찰사는 관문에서 인심이 날로 나빠지고 사습이 허물어진 것은 학교에서 글 읽는 소리가 끊기고 향당에 禮讓의 풍습이 없기 때문이라 지적하고 이를 시정하기 위해서는 권학을 강구해야 하는데 글짓기를 먼저하고 강독을 나중에 하는 것과, 문예를 급히 하고 덕행은 천천히 하는 것은 선왕이 선비를 양성하는 규식에 어긋

47) 노봉서원에서 등서해 간 것은 9월이었다.(앞의 책 172쪽)

난 것이고 부박한 풍습을 권장하는 것에 불과하다고 하였다. 따라서 순제나 백일장 같은 것이 급하지 않고 소학서와 같은 책들을 찍어 널리 배포하는 것이 급하다고 일전에 관문을 보냈으나 수개월이 지났지만 책을 찍어 가지고 간 자가 거의 없으니 개탄할 일이라고 지적하고 있다.

일전에 교원의 폐단을 교정할 내용의 관문을 이미 보낸 바가 있고, 이번에 독서강학의 방법을 적어 관내 고을에 보내니 訓蒙課士의 길은 대략 구비된 것이나 다름없으니 수령들이 권과하길 바라며, 매달 말에 감영에 보고하도록 하였다. 그리고 두 건의 관문을 고을에 돌려가면서 전하면 잘못 될 우려가 있으므로 풀로 봉함하여 보내니 이 두 건의 관문을 정서하여 책자로 만들어 향교, 서원, 흥학당, 양사재에 보내도록 명령하고 있다.

강회의 홀기도 적어 강회의 절차를 통일하기도 하였다. 홀기에 의하면 북쪽에 書案을 놓고 위에는 강의할 책을 올려놓는다. 도훈장 먼저 좌정하고 고자에게 말하여 각방에 승강하라고 이른다. 각방 유생들은 일제히 뜰아래 이르면 먼저 재임과 면훈장은 동쪽 계단에 제생들은 나이 순서대로 계단 아래에 있는다. 읍양하고 올라 서안 쪽으로 읍례하면 도훈장은 일어나 답례한다. 재임과 면훈장은 동쪽에 제생은 서쪽에 앉는다. 동쪽의 가장 먼저 사람이 서안을 향해 강의책 1장을 읽고 두 번째 사람이 이어 읽는다. 동쪽이 다 읽으면 서쪽으로 차례를 옮겨 서쪽의 강생들이 이어 읽는다. 그 뒤 반복질문하고 서로 논란을 한다. 동서의 사람들이 읍례를 하고 차례대로 물러난다는 내용이었다.

그러면 조현명의 「권학절목」과 영조 21년의 「권학절목」은 어느 것이 같고 다른가를 알아보기 쉽게 다음과 같은 표로 작성해 보았다.

번호	조현명 권학절목 주제	내용	번호	영조21년 권학절목 주제	내용 비교
1,14	도훈장 선정	명망있는 문학행의자 선정	1	중망학행자	같음
2	교임의 선정	도훈장, 수령 선정			없음
3,14	각면훈장 선정	도훈장, 수령이 文行者로 선정 (면의 대소따라 숫자 조정)	1	端正文識者(면의 대소따라 숫자 조정)	같음
4	거재유생 선정	15세 이상 사족 5-15명 향교 교육	1		유생, 학도 구별 없음
5	각면학도 선정	사족, 중서 면훈장 교육 (서원, 산당)	1,2	면훈장이 8-20세 독서자, 20-40세 자립자 선발	門地 구애 없음
6	유생,학도 명부관리	이름아래 읽은 책, 지은 글 기록하여 수령, 감영에 보고	1	명단 작성하여 도훈장, 수령에 보고	같음
7	교육의 순서	숙사 매일 교육, 면훈장 삭망 교육, 학도 근만 관에 보고	4	가숙에게 매일 교육, 삭망에 면훈장 회강, 월초 도훈장 회강	같음(우수자 보고, 논상, 불량자 벌주고 면훈장 面責은 차이)
8	교재, 회강시 평가 원칙	경서, 수학 가례 등 위주 文義 관통으로 평가	3,5,6,10	경서, 근사록, 가례 등 자립자는 도훈장 회강, 배강으로 고강 (30세 이상은 臨講)	같음(평가 방법에는 차이)
9	삼강이륜행실도 강학	면훈장이 삭망에 교육	17	매달 도훈장이 경민편 兼講	같음(교화서 차이)
10	과거시험 준비	매월 권과, 도훈장, 수령이 평가, 연말에 우수자를 감영에 보고	13,14,15	매달 도훈장 제술 평가 수령 백일장 試才, 상벌	같음
11	낙육재 유생 선발	거재유생을 연말에 감영에 천거, 감영 고시하여 낙육재 입학	16	수령이 춘추로 우수자 영문에 보고	같음(희원당 언급 없는 차이)
12	경전공부 원칙	文義 通解	10	숙독 궁구 문의 통해로 평가	같음
13	유생, 학도 생활지도	면훈장 훈계, 도훈장 초달, 수령 중벌			없음
			7,8,9	강회 절차	새롭게 추가
			11,12	불참자 처벌	새롭게 추가

두 개의 절목을 비교하면 크게 다른 것은 없어 보인다. 도훈장, 면훈장의 선정, 講案으로 유생 관리, 교육의 순서, 교재, 평가, 윤리서 강의, 제술 등의 권과, 감영 양사재 유생 선발, 문의를 이해하도록 하는 공부 등의 거의 같다. 차이가 있다면 학생들을 신분에 따라 거재유생과 각면학도로 구분하던 것은 門地에 관계없이 선발하여 가르친다는 것, 강상 어그러트리는 학생들의 처벌, 그리고 강회 절차를 자세히 한 것 등이다. 결국 두 절목은 내용상 그리 큰 차이는 없다고 할 수 있고, 이를 바탕으로 구례현에서는 고을의 형편을 감안하여 향교를 중심으로 교육활동을 전개하였을 것으로 생각한다.

강학절목대로라면 영조대에 구례현에는 8개의 면이 있다고 하니[48] 여러 명의 면훈장을 선출하였을 것으로 본다. 이들 면훈장은 서당에서 학생들을 모아 가르쳤는데, 서당의 존재를 알려주는 기록이 거의 없지만 다음의 기록이 참고될 수 있을 것이다.

1922년에 편찬된 『속편구례지』 郡政制를 보면 군수 밑에 있는 직임이 열거되어 있다. 첫단에는 향교 齋首, 장의, 색장, 흥학장의, 흥학색장이 있고, 아래 단에는 각면훈장이라는 직임이 보인다. 그리고 훈장의 임무로

> 훈장. 書生의 月講과 旬題를 관장한다. 태황 31년(1905년)에 혁파했다.

고 규정되어 있는 것으로 보아 면훈장을 두었음을 확인할 수 있겠다.[49]

---

48) 『여지도서』 하 구례현 방리

49) 구례향교에 소장되어 있는 『집강안』(신유년 2월, 1801년, 1861년?)을 보면 향교 교임과 양사재 재임의 명칭이 이름이 비어있는 채 기재되어 있는데 안의 맨 끝에 訓長이 직임으로 들어있다.

또한 1895년 구례현 토지면에서 조사된 「乙未家坐冊」에서 가좌호 660호 가운데 면역 탈호 혜택을 받은 가호로 서당 6개가 나온다.[50] 이들 서당의 존재는 교육정책의 일환으로 면내에 여러 곳이 설립되었으며 교육활동 기간에만 활용되었음을 알려주는 사실로 보고 싶다. 서당이 空家, 毁家 등과 같은 사연으로 부세 면제의 혜택을 받았는데 이는 서당에서 항시 교육이 일어나는 것이 아니고 필요한 때에만 교육이 이루어져 현재 사람이 살고 있지 않기 때문일 것이다.

표 6. 구례 공립봉양보통학교(구례공립보통학교) 재원 내력

항목	매도답	금전 액수
향교답	205두락 5승락	1,940원 40전
관재답	23두락	380원
흥학재답	87두락	470원 40전
향중답	32두락	306원
장청답, 소의면 출의산판	29두락	90원
사령청출의답	14두락	140원
학무위원출의답 및 산판		201원 50전
구흥학전		70원 75전
현내면 남내동출의답	28두락	110원
현내면 북외동출의답	8두락	28원
현내면 백련동출의답	5두락	50원
현내면 동내동출의답		20원
계사면 東山書堂出義畓	12두락	79원
토지면 구만리출의산판		8원
송가매입금		28원
각인 의연금		816원 10전
(합계)		4,718원 15전

50) 이종범, 「19세기 후반 부세제도의 운영과 사회구조」, 『동방학지 89,90집, 1995, 403쪽.

구례현에서 서당의 존재를 알려주는 기록으로 하나 더 소개한다면 1908년에 구례에는 신학문을 가르치는 학교로 공립봉양보통학교를 설립하였다. 학교운영을 위한 재원으로 1907년 관찰부령에 의해 향교 등의 전답을 매각하였는데 재원의 내력을 보면 <표 6>과 같다.[51)]

<표 6>에서 보듯 기부된 항목 가운데 계사면 동산서당 출의답 12두락(79원)이 보이는데, 아마도 영조대 권학절목이 반포된 뒤에 마련된 면서당일 가능성이 크다. 이것이 개인이 운영하는 일반서당이라면 굳이 전답을 가지고 있지는 않았을 것이다. 관에서 마련한 서당이기에 운영을 위해 전답을 갖추고 있었고, 근대학교를 설립할 때 향교, 흥학재의 전답과 장청, 사령청 등 관속들의 전답 등 관아와 관계있는 것이 기부될 때 함께 기부된 것으로 보는 것이 자연스러워 보인다. 1905년에 서당이 혁파되었다고 한 기록도 근대학교를 설립하기 위하여 이루어진 조치로 보이며, 따라서 이들 면서당의 전답이 근대학교의 설립 재원으로 이용되었다고 해석할 수 있다.[52)]

이렇게 도훈장(향교) – 면훈장(서당) – 사장(家塾)으로 이어지는 교육체계가 마련되었다면 어떠한 교육과정이 전개되었을까. 영조 21

---

51) 『숙편구례지』 학교

52) 조선시대에 설립되는 서당은 양반사족이 단독으로, 또는 힘을 합쳐 설립하는 사립 서당과 나라에서(명을 받은 수령이) 설립하는 관립 서당으로 대별할 수 있다. 18세기 후반에 수령으로 나가 서당을 설립하는 예를 자주 확인할 수 있는데 이는 개인의 차원에서 나온 흥학책이 아니라 나라의 정책에 따른 것으로 보아야 할 것이다. 조선 후기에 만들어지는 민정서에 도훈장, 면훈장을 선출하여 자치적인 교육을 하도록 권장하고 있는 것도 이러한 교육정책에 따른 것이라 하겠다. (『조선민정자료』「先覺」立教條), 「목민대방」 예전 지속 勤講試 등) 조선 후기 서당에 대해서는 다음의 연구가 참고되나, (정순우, 『18세기 서당연구』, 한국학대학원박사학위논문, 1985) 나라에서 서당을 세우고 면훈장을 두어 교육을 강화한 것으로 연결시키지는 않고 수령 개인에 맡긴 고식적인 운영으로 보고 있다.

년의 「권학절목」 대로라면 어린 유생들은 가숙의 사장에게 매일 교육을 받고 다음날 배운 것을 背講하는데, 이렇게 4일을 공부하고 5일째는 熟讀과 背誦을 한다. 어느 정도 이해되었다고 판단되면 다음 내용으로 진도가 넘어가는데, 이런 식으로 배워 15일이 되면 이때까지 배운 것을 모두 관통하는지를 사장이 점검하게 된다.

보름을 공부한 뒤 하루를 내어 사장이 유생들을 거느리고 지금까지 가르치고 배운 것을 면훈장에 가서 검증받는다. 이를 월말에도 다시 반복하여 교육과 평가를 받는다. 이렇게 매일 사장에게 교육을 받고 5일 간격으로 배운 것을 확인받고, 매월 보름과 그믐에 면훈장에게 나아가 試講을 받으면서 유생들은 공부를 한다.

월초에는 면훈장들이 유생들을 이끌고 향교에 모이는데 이를 會講이라 하고, 향교에서 기다리는 도훈장이 지금까지 사장, 면훈장이 유생들에게 강의한 것을 시험하는데 이를 講會라 부르고 있다.[53)]

강회의 모습을 「권학절목」에 의거하여 정리하면 다음과 같다. 강회할 때 명륜당에 書案을 놓고 도훈장은 북쪽에, 향교 재임과(서원이면 서원재임) 면훈장은 동쪽에(관장이 친히 고강하면 관장이 북쪽, 도훈장은 재임과 면훈장을 이끌고 동쪽, 유생들은 서쪽에 앉는다. 동쪽의 첫째 앉은 이가 서안 앞에서 지금까지 가르치고 배운 책의 章節을 읽고 다른 재임과 면훈장이 계속 이어 읽은 뒤 유생들은 앉은 순서대로 읽는다. 읽기가 다 끝나면 도훈장은 책의 내용을 장절에서 뽑아 30

---

53) 최근에 조선시대 교육기관의 강회에 대한 관심이 높아 교육사 연구자들의 논문이 발표되고 있다.
김대식, 「조선 서원 강학 활동의 성격 -회강과 강회를 중심으로-」, 『논문으로 읽는 교육사』(문음사, 2006)
박종배, 「학규를 통해본 조선시대의 서원 강회」, 『교육사학연구』 19집 2호, 2009. 등

세 이하 유생은 배강하고 30세 이상 유생은 臨講하면서 考講하고, 반복 질문하고 설명을 하면서 유생들이 다 알도록 강의를 한다.

도훈장은 다음 달에 공부할 내용을 정해준 뒤 강회를 마치는데, 도훈장은 매 강회 때에 모인 유생들의 이름 아래, 이를 講案이라 한다, 읽은 곳과 이해 정도를 측정하여 通略粗不으로 평가하고, 1건은 교원에 두고 1건은 관가에 둔다.

이렇게 도훈장은 유생들의 성적을 3개월마다 관에 보고하는데, 수령은 유생들을 面講하여 성적우수자에게는 지필묵을 주고, 성적불량유생은 도훈장이 벌하고 면훈장을 질책하여 교육의 허투름이 없게 한다. 그리고 강회에 불참자는 무고, 유고를 가려 처벌을 하고, 유고불참자는 매달 공부한 내용에서 의문나는 것을 미리 서면질의하면, 도훈장은 答送하여 교육의 누락이 없도록 조치하기도 하였다.

이처럼 강회에는 책을 읽고 내용을 이해하는 것 위주로 되어 있는데, 과거에 응시할 유생들에게는 거접과 제술 공부를 시키기도 하였다. 상으로는 지필묵을 주고 벌은 면책, 손도, 삭적 및 楚撻을 한다.

그리고 수령은 1년에 두 번씩 강의를 잘 받은 유생 가운데 몇 명을 선발하여 감영에 보고하고, 감사가 고을을 순행할 때 이들을 시험보도록 하였다. 감사는 이들 가운데 우수한 사람을 뽑아 감영에 있는 희원당에 보내 계속 공부하도록 하였다. 그리하여 교육체계가 도(희원당) - 군현(향교; 도훈장) - 면(서당; 면훈장) - 리(家塾; 師長)의 행정체계와 결합되어 연계되도록 하였던 것이다.

이후에도 이러한 교육체계가 실행이 되고 있으니 1851년(철종 2년)에 전주 감영에서 각 고을의 향교, 서원에 보낸 「흥학절목」에

> 한 고을에서 나이가 적고 영리하며 재주가 있는 자를 선발하여 교원에 거접하고 경서와 예서를 매일 강론한다. 春夏의 末에 성책하여 보고하고

영문에 불러올려 희원당에 거접을 허락한다.[54)]

고 한 것에서 다시금 확인할 수 있다. 구례도 이러한 조치가 물론 실행되었을 것으로 짐작된다.

권학절목을 만들어 향교에서 도훈장이 유생들에게 강회를 하고, 제술 등을 시키려면 무엇보다도 마련되어야 할 것이 재정이었다. 향교에는 다양한 재정기반이 마련되어 있으나 수입과 지출을 대비해보면, 향교의 2대 기능 가운데 제례에 지출하는 것이 대종을 이루고 있다. 따라서 상대적으로 교육에 지출하는 것은 적은 편인데, 이것 이외에도 향교의 사회적 활동(유회, 소청, 통문)과 교임, 유생들의 활동비에 많은 재정이 지출되고 있었다.[55)]

향교 재정을 교육에 돌리기 위해서는 여러 가지 대책이 필요하였는데, 우선 관에서 조치한 것은 향교를 배경으로 한 양반유생들의 사회적 활동 축소였다. 영조 21년에 전라감사는 8월 10일자 관문에 앞서 7월에 향교, 서원, 양사재, 흥학당 등에 관문을 보내고 있다. 모두 9개 조항으로 구성된 관문의 내용은, 고을의 교원에는 관에서 별도로 조치해 주거나 양반유생들이 스스로 마련한 전세, 노비신공, 보인, 제역촌, 약간의 재곡 등이 있어 불시의 비용과 선비들이 공부할 때 供饋로 쓰도록 한 것인데, 별 의미도 없는 儒會가 열려 경박부잡한 무리들이 酒食으로 탕진하고 있어 수령이 흥학에 뜻을 두어도 양사할 것이 없어 어려움을 겪고 있다고 하였다. 그리하여 이를 시정하는 9개 조항의 내용의 절목을 작성하였는데 정리하면 다음과 같다.

---

54) 능주향교 소장 『능주목유생흥학절목』(1851년)(『전남의 향교』, 288~290쪽)

55) 향교 재정과 운영에 대해서는 윤희면, 『앞의 책』 5장 향교의 경제기반과 그 운영 참조.

표 7. 영조 21년 7월 전라도 감사의 관문 속 9개 조항 절목

번호	문제점 지적	대책
1	잦은 儒會는 무궁한 교원의 폐단	중대 사문 관계 이외의 유회 엄금 수창자 처벌
2	중대한 유회에 불학무식자들의 참석	명단 적어내어 관가에서 試才 고강하여 무식자는 청금록에서 삭제
3	재임의 엄선	재임이 재곡의 출납 담당
4	유회, 유생의 기숙으로 향교 재정 낭비	서재재임이 장부작성, 동재재임이 착서, 관가에 보고하여 검사받도록 함
5	춘추 향사때 선비 접대 비용 과다	접대비용이 전 5~6관 넘지 못하게 함
6	양사재 재곡을 향사에 소용	양사재 재곡은 선비 공궤에 소용
7	제례에 醉飽, 소란 야기	제례전 酒肴 금지, 음복도 3잔 이하
8	삭망 분향 준비를 하인에게 맡김	유생들이 제수, 제기 손수 마련함
9	무식자가 재임 담당	감사가 고강하여 불통자는 청금록 삭제

이상의 내용을 정리해 보면, 사문에 관계되는 중대한 유회가 아니라면 가급적 개설을 금지하고, 유회를 개설해도 재정을 낭비하지 말며, 많은 유생들이 유회에 참석하는 것을 막고자 이들을 일일이 고강하여 낙강하면 청금록에서 이름을 지워버린다는 것이었다. 그리고 향교 재정의 엄정한 운영을 위하여 학식이 있는 유생을 재임으로 엄선하고 재정 장부를 관에 보고토록 하였다. 또한 정기적인 제례에 비용을 과다하게 지출하는 것을 규제하고 양사재의 재정을 향사에 쓸 것이 아니고 공부하는 유생들을 위해 쓰도록 규정하였다. 결국 9개 항목으로 된 절목의 핵심은 유회와 향사에 과다한 지출을 하지 말고 이를 향교 교육에 돌리겠다는 것으로 요약할 수 있겠다. 영조 17년의 서원 정리로 인하여 향교의 중요성이 이전보다 커졌다고 판단되는데 이를 이용하여 유생들이 모여 여론을 형성하고 관의 정치에 시비를 가리는 것을 막아보자는 정치적인 목적과 함께 교육을 향교 재정을 이용하여

진흥하려는 교육적 목적도 아울러 담겨있다고 해석할 수 있다.

그러나 향교의 재정을 교육으로 돌리려는 관의 노력이 어느 정도 효과를 거둘 수 있을지는 의문이다. 향교가 군현의 유일한 관학이고 공적인 학교기관으로서 향교의 보호유지는 수령의 책임이었지만 향교의 실질적인 운영은 어디까지나 양반유생들의 수중에 놓여 있었기 때문이다. 그리하여 영조 41년에는 앞서 영조 21년의 내용을 더 강화한 절목을 발표하기에 이르렀다.

1765년(영조 41년)에 당시 전라도 관찰사였던 沈履之가 향교와 서원의 폐단을 시정하기 위하여 관내의 각 고을에 절목을 보냈다. 이 절목은 「향교서원절목」, 「향교폐단이정절목」, 「교원폐단절목」, 「교원교폐절목」 등의 제목으로 각 향교에 소장되어 있거나 향교지 등에 수록되어 있는데 17개 항목으로 구성된 내용은 크게 세 부분으로 구분할 수 있다. 수령이 향교를 철저히 감독할 것을 촉구하는 총론에 이어 교임, 동재유생, 서재교생의 선발 문제(4개 항목), 향교 재정을 운영하는 문제로 수령이 교임이 보고한 臺帳을 바탕으로 철저히 감독할 것과, 재임과 유생이 무시로 향교에 모여 재정을 낭비되는 것을 금지하는 문제(10개 항목), 재임과 유생의 토색과 私刑을 금지하는 문제(2개 항목) 등으로 정리할 수 있다.[56] 결국 이 교폐절목은 수령이 향교운영에 적극적인 관심을 가질 것과 재임과 유생들이 모여 양반의 위세를 떨치면서 여론을 형성하고 재정을 낭비하는 것을 규제하는 것으로 요약할 수 있다. 특히 재정의 문제에 수령이 관심을 가질 것을 당부하는 내용은 향교 재정을 향교 교육에 쓰도록 유도할 목적이 담겨 있는 것으로 볼 수 있을 것이다.

56) 이 절목에 대한 분석은 전경목, 「향교의 개혁안과 수령권의 강화」『조선은 지방을 어떻게 지배했는가』(아카넷, 2000) 참조.

조정의 향교교육 회복 노력에 대하여 양반유생들은 어떠한 태도를 취하였을까. 중앙에서 교관을 파견하지 않고 군현 자체에서 도훈장, 면훈장 등을 선출하여 교육을 하게 한 것은 양반들이 향교교육에 능동적으로 참여할 것을 유도할 목적이었다고 생각한다. 향교교육을 통해 신분질서를 재확립하고 양반중심의 향촌지배체제를 유지하고자 하는 의도는 양반들로서는 환영할 만한 일이었다. 그럼에도 불구하고 교육을 진흥시키려는 조정과 수령의 노력은 그다지 큰 효과를 거두지 못한 것으로 보인다. 이는 나라의 교육정책에 문제가 있었기 때문이라 생각된다.

「권학절목」 등의 내용에서 도훈장, 면훈장에 대한 교육의 책임과 태만에 대한 문책만이 강도되어 있을 뿐 포상에 대한 배려가 전혀 보이지 않는다는 점이다. 그리고 유생들에 대해서도 불참자에 대한 처벌, 성적불량자에 대한 처벌이 강조되어 있고 성적우수자에게는 겨우 지필묵의 지급과 감영에 보고하는 정도의 배려에 그칠 뿐이었다. 결국 자치적인 교육활동을 유도하였지만 보상없이 양반들의 자발적인 참여를 기대하고 수령의 교육 관장과 흥학 책임만을 강요하는 정도의 흥학책, 권학책은 양반들의 큰 호응을 받지 못하였다. 다만 과거를 준비하는 유생들에 대한 배려는 향교교육에 부분적 참여를 가져왔다. 그것은 우수한 유생들 몇 명을 선발하여 감영에 있는 희원당 등에 보내 공부를 계속하게 하는 일이었다.

그리고 조정에서 계획한대로의 교육체계가 잘 이루어지려면 무엇보다 재정이 넉넉해야 했다. 그러나 만성적인 재정부족을 겪고 있는 향교에서 지속적으로 강회를 열기는 어려운 일이었다. 따라서 강회는 재정적 여유가 있을 때, 또는 교육에 의욕적인 수령이 부임해와 재정을 마련해 줄 때에만 간헐적으로 이루어질 뿐이었다. 그런데 수령의 흥학책에도 문제가 있었으니 그 좋은 예로 고종 6년에 부임해온 구례

현감 方孝涵의 경우를 들 수 있다.

방효함은 고종 3년에 12000량을 납전하고 수령을 제수받았다.[57] 운봉, 보령을 거쳐 구례현감에 제수받은 것은 고종 6년 12월이고 고종 10년까지 재임하였다. 그는 문묘를 중수하고 양사재를 이건하여 흥학재로 이름을 바꾸기도 하였는데 이를 위해 향교의 재정운영을 시정하였다고 한다. 그가 지은 「문묘중수기」에 의하면

> 매달 삭망에 분향하고 알묘할 때 대성전의 모양을 살피니 神門과 제기고가 풍우에 허물어져 거의 넘어질 지경이었다. 이에 향교의 유생들과 함께 1년간의 재곡 운용을 샅샅이 조사해보니 과연 재정을 허투루 소모하고 곡식 거둠에 없어진 것이 않았다. 작년 봄에 齋規를 바로하고 또 양사재에도 立規를 하였다. (향교의)元庫와 양사재 모두 남음이 있는지라 가을에 신문을 중수하고 금년 봄에 庫舍를 수리하였다. …… 향유들의 권장 방법을 생각하여 춘하의 글짓기와 추동의 고강에 포상이 없을 수 없으니 俸廪을 덜고 浦稅를 더해 흥학의 실효를 거두려하였다.[58]

고 하여 향교 재정과 양사재 재정을 조사하여 남은 것을 향교를 중수하고, 봉름을 덜고 관아의 수입인 포세를 합쳐 유생들의 글짓기와 고강을 위해 사용하였다고 하였다.[59]

구례현감 방효함은 향교를 수리하고 흥학을 위한 재정을 마련하면서 흥학전이라는 이름으로 유학전을 거두기도 하였다. 1824년에 명

---

57) 『승정원일기』 2707책 고종 3년 10월 1일

58) 『구례향교지』 「문묘중수기」 현감 방효함 찬(1870년 경)

59) 방효함의 재임 기간 중에 만들었다고 여겨지는 『구례현폐막교혁절목』(동치 9년 6월, 1870년)에 의하면 향교와 양사재 재정이 酒食의 비용으로 탕진되고 있음을 지적하면서 향교는 1년에 350량을, 양사재는 50량을 한도로 지출할 것을 정하고 있다.

륜당을 중수하는데 필요한 비용을 충당하기 위하여 구례현 10개면에서 유학 861명과 교생 29명에게[60] 한사람 당 4전씩[61] 돈을 거두고 있는데, 이와 똑같은 방법으로 유학전을 거둔 것으로 보인다. 그런데 방효함은 재임기간 중에 이러저러한 명목으로 돈을 거두면서 사복을 채웠다고 암행어사가 고발하였다.

> '전 구례 현감 방효함은 3년 동안 관직에 있으면서 일념으로 사욕을 채우기에 힘써서 대동미의 會減米 가운데 進上駄價가 官用으로 들어간 것이 350냥, 대동청의 單闕米의 代錢으로 개인 주머니에 들어간 것이 190냥, 신미년과 임신년 두 해의 還作錢을 고가로 이자를 취한 것이 760냥, 대동청에 記付된 식리의 본전을 강제로 衙錄에 넣은 것이 1780냥, 임신년 겨울에 5냥의 결두전 조항 가운데 남은 결을 거두어들여 사사로이 쓴 것이 1100냥, 경오년에 幼學錢을 더 받아들인 것 가운데 가짜로 기록하여 마구 몰수한 것이 116냥으로, 모두 합해 錢이 4290냥입니다. 그 범한 것이 모두 법을 어기지 않은 것이 없습니다.' 하였으니, 위 두 읍의 전임 수령을 모두 해부(該府)로 하여금 잡아다 문초하여 처벌하도록 하소서.[62]

이렇게 수령이 興學을 빌미로 고을 안에서 유생들에게 유학전을 거두고,[63] 이 가운데 일부를 향교 수리와 유생 교육에 소용하였고 나머지는 자기 사복을 채웠다는 것이다. 아마도 구례뿐만이 아니라 다른 여러 고을에서 세운 수령들의 흥학비도 사정은 마찬가지였을 것으로 짐

---

60) 「유학안」 7책(구례향교 소장)

61) 『속편구례지』 상 학교

62) 『승정원일기』 2809책, 고종 12년 1월 4일

63) 전경목, 「조선말기 어느 요호부민가의 신분상승을 위한 노력 –전라도 구례현 '절골김씨' 고문서를 중심으로–」, 『호남문화연구』 31, 2002. 206쪽을 보면 절골 김씨가 향교원납전을 배정받을 때 높은 등급을 받은 것에 항의하는 所志가 소개되어 있다.

작된다.[64]

도훈장, 면훈장의 교육헌신과 유생들의 자발적인 참여, 그리고 많은 재정이 소요되는 강회를 대신하여 자주 실행된 것이 백일장, 순제와 같은 글짓기 교육이었다.

순제와 백일장의 개설은 관에서 개설하는 것과 유림들이 개설하는 것으로 크게 대별할 수 있다.[65] 관아에서 돈을 대어 개설하는 순제와 백일장은 개설 장소로 관아 근처의 공터를 이용하거나, 아니면 향교, 양사재, 서원 등을 이용하기도 하였다. 유림들도 향교, 양사재, 서원 등 형편이 닿은 곳에서 개설하였다. 그런데 유림들의 개설은 재정적 문제 때문에 주로 관에 크게 의존하는 것이 조선 후기의 각 고을에서의 추세였다. 따라서 관에서 개설하는 것과 유림들이 개설하는 것이 잘 구분이 안 되는 경우가 많았다.

순제와 백일장은 다음과 같은 절차를 거쳐 개설되었다. 교임과 유생들이 유회에서 순제와 백일장의 개설을 결정하면, 이를 回文의 형식으로 고을의 양반들에게 장소와 날짜를 통고하였다. 백일장은 향교든 서원이든, 아니면 관아 앞의 공터이든 장소를 지정하면 되었고, 순제는 제목을 양반들에게 통보하고, 작성된 시부를 언제까지 제출하도록 알려주면 되었다.

순제는 詩와 賦를, 그리고 4서5경의 의문풀기(疑)와 뜻풀이(義)를 문제로 삼아 열흘이나 보름 간격으로 고을 유생들에게 내주었고, 유생들이 기한에 맞추어 제출한 試紙를 교임과 향교에서 위촉한 考官들이

64) 1895년 봄에도 구례현에서는 公錢 명목의 하나로 홍학전(18량3전5푼)을 거두고 있다.(이종범, 「19세기 후반 부세제도의 운영과 사회구조」, 『동방학지 89,90집, 1995, 396쪽)

65) 이하의 서술은 윤희면, 『조선시대 서원과 양반』(2004, 집문당) 9장 서원교육의 전개와 교육효과 참조.

평가를 하였다. 성적은 『경국대전』 예전 諸科에서의 규정처럼 上上은 9分, 下下는 1分으로 하여 9등급으로 평가하거나, 또는 과거시험에서처럼 상, 중, 하, 二上, 이중, 이하, 三上, 삼중, 삼하, 次上, 차중, 차하, 更, 外의 14등급으로 나누고 각 성적에 맞는 점수를 합산하여 석차를 매겼다. 그리고 성적우수자에게는 지필묵을 차등 지급하여 교육효과를 높이려고 하였다. 아울러 마치 과거에서 합격한 유생들의 명단을 기록한 것처럼 순제에서 성적을 거둔 유생들의 명단과 성적을 책자로 작성하여 보관하였다. 이를 순제방목이라고 하였다.

백일장은 공공장소에 일제이 모여 하루나 이틀 정도 글을 겨루는 것이었다. 백일장에 모인 유생들에게 詩와 賦 문제를 출제하고, 간혹 句數, 字數의 제한이 없고 押韻에도 일정한 법칙이 없는 古體의 시를 짓는 古風(古詩라고도 한다)을 따로 출제하기도 한다. 백일장에서 지은 試券을 거두어 교임과 고관들이 평가를 하여 성적우수자에게는 지필묵을, 나머지 방목에 든 사람들에게도 종이 등을 상으로 주었고, 이들의 명단을 백일장방목이라는 이름으로 작성하여 보관하였다.

학교 교육의 중심은 거재와 강학이었고, 순제와 백일장 등의 글짓기 교육은 어디까지나 余業의 하나로 인식하였다. 그러나 재정이 넉넉지 않은 상태에서 많은 유생들에게 교육을 한다는 모습을 보여주는 것으로 백일장이나 순제만한 것이 없었다. 순제와 백일장은 성적우수자에게 지필묵 등을 내리면 되기에 강회처럼 많은 재정이 필요하지 않았기 때문이었다.

실제 구례에서는 19세기말에도 백일장이 자주 이루어졌다.

① 是言 권1. 1887년 7월 6일. 홍학재 시 모임날이다. 城主(수령) 趙正顯은 詩才가 있고 筆策客 홍건은 근체시를 잘 지었다. 그는 시 잘짓는 사람을 봉성산 서편의 홍학재로 초청하였는데 자못 성황을 이루었다.[66]

② 시언 권1. 1898년 5월 1일. 근체시 지을만한 고을 선비를 화엄사로 모아 군수 朴恒來가 모임을 주최했는데 모임이 성황을 이루었다.[67]

③ 시언 권1. 1898년 7월 20일. 저번 달의 화엄사 詩會처럼 군수인 금사(박항래)가 모임을 주관하였는데 역시 성황을 이루었다.[68]

④ 紀語 권1. 1899년 12월 7일 조부님의 명령을 받아 기어를 쓰기 시작하다. 어제 官講에서 백지 1속을 받아오셨다.[69]

⑤ 기어 권2. 1900년 4월 8일 고을수령 李惇恒 씨가 백일장을 보인다하므로 읍내에 갔다가 비가 와서 돌아오지를 못했다.[70]

이렇게 부임해 온 구례현감마다 홍학재, 화엄사, 읍내에서 백일장을 개최하였고, 많은 유생들이 모여 성황을 이루었으며 상으로 종이를 내리고 있음을 기록하고 있다.

양반유생들이 향교 교육을 외면하여 "향교에서 글 읽는 소리가 없다", "글 읽는 소리가 들린 지 오래되었다", "講誦이 폐지된 지 오래다" 등등의 지적이 계속되기도 하였지만 향교의 교육기능 회복을 위한 조정과 지방관의 노력은 여러 면에서 이루어졌다. 특히 1732년 경상감사 조현명의 「권학절목」을 계기로 향교 교육은 다시 소생하는 기미를 보였다. 향교 교육은 조선 전기에는 거접이었지만 후기에는 독서와 의리 탐구하는 강회에 치중하였다. 그리고 재정적인 문제로 강회를 계속할 형편이 안된다면 백일장, 순제 등 글짓기 공부 등으로 대신하여 향교 교육을 외형적이나마 이어나갔다.

양반사족들 가운데 갑오개혁 이후 새로운 학문에 관심을 기울이

66) 『구례 유씨가의 생활일기 상 1851-1915』(한국농촌경제연구원, 1991), 16쪽
67) 『구례 유씨가의 생활일기 상 1851-1915』(한국농촌경제연구원, 1991), 28쪽
68) 『구례 유씨가의 생활일기 상 1851-1915』(한국농촌경제연구원, 1991), 28쪽
69) 『구례 유씨가의 생활일기 상 1851-1915』(한국농촌경제연구원, 1991), 157쪽
70) 『구례 유씨가의 생활일기 상 1851-1915』(한국농촌경제연구원, 1991), 175쪽

는 사람들도 있었지만[71] 대부분은 향교를 중심으로 한 전통교육에 더 치중하였다. 새로운 학문에 관심을 가진 계층은 양반들에게 낮게 취급되던 향리들이었다. 1908년 구례에서 개교된 공립봉양보통학교는 향교 등 관청의 전답을 매각한 재원으로 마련된 것인데, 여기에 다니는 학생들은 10분의 9는 吏族이라고 하였다. 그들은 구학문 대신 신학문을 배웠으며 일본어도 배웠다고 한다.[72] 신학문에 대한 관심의 정도가 앞으로 닥쳐올 새로운 사회에의 적응 능력에 차이를 나타낸 것이 아닐까 하는 생각이 들기도 한다.

4. 맺음말

지금까지 구례향교에 소장되어 있는 청금록과 권학절목을 이용하여 조선후기에 구례향교에서 청금유생으로, 교임으로, 청금계원으로 활동하고 있던 양반사족들은 어떠한 사람들이었으며, 또한 나라에서 연거푸 발표한 권학절목을 바탕으로 어떠한 교육활동을 전개했는가를 살펴보았다. 이상의 내용을 요약하면 다음과 같다.

구례의 양반사족들은 조선 전기에는 액내교생으로 향교에 출입하고 공부하였지만 인조대 이후 교생들에 대한 고강이 강화되자 청금유생이라는 이름으로 청금록을 만들고 평민교생(서재교생)들과 구별하였다. 숙종 초년에 이러한 것이 일단락되었다고 판단되는데, 청금유생이 되는 성관을 조사해보면 제주 고, 해주 정, 청주 한, 김해 김, 전주 이, 구례 장, 전주 최씨, 해주 오씨 등이었으며, 이들 성관은 대부분 구례향안에 이름을 올리고 있었다, 따라서 이들은 구례에서 양반사족으

71) 김봉곤, 「한말지리산권 근대학교 설립운동」, 『남도문화연구』 23집, 2012.

72) 『구례 유씨가의 생활일기 상 1851-1915』(한국농촌경제연구원, 1991), 기어 권10 1908년 4월 7일.

로 위세를 떨친 성관들이었다고 하겠다.

19세기에 이르면 구례향교에서도 다른 향교와 마찬가지로 더 이상 청금록이 작성되지 않았다. 나라의 양역변통논의로 인하여 양반임을 입증하려는 노력에 따라 청금유생의 수는 계속 증가하여 청금록을 작성하는 것이 의미 없는 일이 되고 있기 때문이었다. 또한 청금록에 이름을 올려 양반사족으로 인정받고 싶어 하는 향족, 서출들이 조정에 탄원과 호소를 계속하여 부분적이나마 허용되는 추세에 놓이게 되자 청금록은 더 이상 양반사족임을 대변해주는 도구가 되지 못하고 말았다.

구례의 양반사족들은 변질된 청금록 대신 청금계안을 만들어 향교를 독점하려고 하였다.청금계안은 이전 청금록에 입안된 사람들의 자손 가운데 교임을 역임한, 곧 양반사족임을 자타가 공인한 사람들만이 자격이 있었다. 이러한 경우 사족 이외에 향족이나 서얼들이 참여할 길은 사실상 없는 셈이었다. 19세기 중반 무렵부터 함양 박, 함평 이, 영천 이, 탐진 최씨 등 새로운 성관들이 청금계원으로 참여하고 있어 변화되는 모습을 보이기도 한다. 그런데 과거합격한 사람들을 기록한 입격안을 보면, 진주 강, 장택 고, 김령 김, 수원 백씨 등 이전에 전혀 청금록이나 교임록에서 찾아볼 수 없었던 성관들이 생원 진사에 합격하였지만 제외되어 있다. 이로 미루어 구례향교는 19세기 말까지 구례의 양반사족들의 중요한 활동근거지로 존속해 왔으며 경제력과 학식을 갖추고 새롭게 성장하고 있는 신흥세력에게는 쉽게 참여를 허락하지 않은 향촌기구였다고 할 수 있겠다.

중앙에서 교관을 파견하는 교육정책이 성공을 거두지 못하자 수령의 감독 하에 향교 자체에 교육을 행하자는 방향으로 전환하였고, 이러한 추세 속에서 나타난 것이 儒生居接을 위한 감영의 양사시설로 전주에 희원당이 설립되었다. 이에 구례에서도 1704년(숙종 30년)

에 향교 곁에 양사재를 설립하여 향교의 교육기능을 대신하려고 노력하였다.

영조 7년에 경상감사 조현명이 만든 「권학절목」이 전국에 반포되었는데 이는 도(감영 앙사시설) – 군현(향교, 도훈장) – 면(서원, 산당, 면훈장) – 리(부형, 숙사)의 체계로 교육체계와 행정체계를 결합시켜 교육하는 방향으로의 전환이었다. 그리고 이와 거의 비슷한 내용의 권학절목이 영조 21년에 전라도에 재차 반포되었고, 이에 구례에서는 도훈장, 면훈장으로 이어지는 교육체계를 마련하였다. 그러나 고을 형편에 맞게, 영광의 경우와 비슷하게 향교 장의가 훈장을 겸하고 강학에 보좌할 직월을 두었으며 서원은 없고 사우만 있기에 면훈장이 강학하는 서당과 향교를 직접 연결시켜 교육하였을 것이다.

영조대에 구례현에는 8개의 면이 있으니 선출된 여러 명의 면훈장이 서당에서 학생들을 모아 가르쳤는데, 이들 서당은 토지를 갖고 있는 것으로 보아 관에서 마련한 것으로 보인다.

권학절목대로 강회를 중시하는 교육을 전개하려면 많은 재정이 소요되는데, 영조 21년에 전라감사는 유회와 享祀에 과다한 지출을 하지 말고 이를 향교 교육에 돌리겠다는 9개 조항의 절목을 내려 보냈다. 1765년(영조 41년)에도 전라감사가 17개 조항의 「교원교폐절목」을 향교 등에 내려 보내는데 재정 문제에 수령이 관심을 가질 것을 당부하고, 향교 재정을 향교 교육에 쓰도록 유도할 목적이었다.

양반들의 자발적인 참여를 기대하고 수령의 교육 관장과 흥학 책임만을 강요하는 정도의 교육정책은 양반들의 큰 호응을 받지 못하였다. 그리고 만성적인 재정부족을 겪고 있는 향교에서 지속적으로 강회를 열기는 어려운 일이었다. 그리하여 강회는 재정적 여유가 있을 때, 또는 교육에 의욕적인 수령이 부임해와 재정을 마련해 줄 때에만 간헐적으로 이루어질 뿐이었다. 따라서 훈장의 교육헌신과 유생들의 자발적인 참여, 그리고 많은 재정이 소요되는 강회에 대신하여 자주 실행된 것이 지필묵 등의 상만 있으면 언제나 실행될 수 있는 백일장, 순제와 같은 글짓기 교육이었다. 실제로 구례에서는 19세기말까지 수령이 개설하는 백일장이 자주 이루어져 향교 교육을 외형적이나마 이어나갔다.

(『남도문화연구』 27집(남도문화연구소, 2014. 게재)

|참고문헌|

『전남의 향교』(전남도청, 1987)

『속편구례지』(1922)

『구례 유씨가의 생활일기 상 1851-1915』(한국농촌경제연구원, 1991)

김봉곤, 김아네스편, 『남원노봉서원 고문서』(순천대학교지리산권문화연구원, 2010.

윤희면, 『조선후기 향교연구』, 일조각, 1990.

윤희면, 『조선시대 서원과 양반』, 집문당, 2004.

정순우, 『18세기 서당연구』, 한국학대학원박사학위논문, 1985.

윤희면, 「양사재의 설립과 운영실태」, 『정신문화연구』 57, 1994.

윤희면, 「조선후기 소수서원의 교육사례」, 『역사교육』 92, 2005.

김은영, 「조선후기 구례 개성 왕씨가의 고문서 검토 」『고문서연구』 31, 2007.

전경목, 「향교의 개혁안과 수령권의 강화」, 『조선은지방을 어떻게 지배했는가』(아카넷, 2000)

전경목, 「조선말기 어느 요호부민가의 신분상승을 위한 노력 -전라도 구례현 '절골김씨' 고문서를 중심으로-」, 『호남문화연구』 31, 2002.

이종범, 「19세기 후반 부세제도의 운영과 사회구조」, 『동방학지 89,90집, 1995.

김대식, 「조선 서원 강학 활동의 성격 -회강과 강회를 중심으로-」, 『논문으로 읽는 교육사』(문음사, 2006)

박종배, 「학규를 통해본 조선시대의 서원 강회」, 『교육사학연구』 19집 2호, 2009.

김봉곤, 「한말지리산권 근대학교 설립운동」, 『남도문화연구』 23집, 2012.

3장 ▮ 순천향교의 연혁과 기능

향교는 "성현을 존경하고 유학을 숭상하는 곳(尊聖賢 崇儒學)", "제례를 지내고 글을 읽는 곳(俎豆絃誦之地)"로 표현되듯이 공자 및 여러 선현에 대한 제례와 학생에 대한 교육의 두 기능을 수행해 온 학교 기관이었다. 향교의 구조가 대성전, 동무, 서무의 문묘와 명륜당, 동재, 서재의 학교로 구성된 것은 향교의 두 기능을 나타내는 것이었다. 그 밖에 향교는 양반유생들이 모여서 다양한 정치 사회적 활동을 전개하였던 장소이기도 하였다.

본고에서는 순천향교에 소장되어 있는 자료들을 이용하여 순천향교의 역사를 알아보고, 이어 향교의 기능과 양반유생들의 활동을 교육, 제례, 정치사회적의 세 부분으로 나누어 살펴보려고 한다. 우선 교육에서는 교관 파견과 학생의 구성, 그리고 침체된 향교 교육을 회복시키려는 나라의 노력을 중점적으로 살펴보려고 한다. 이어 제례에서는 문묘제도와 제례의 종류, 그리고 제례의 강화에 다른 여러 가지 폐해를 살펴보고, 끝으로 향교를 배경으로 한 양반유생들의 정치 사회적 활동을 살펴보고 이에 대한 조정과 양반들의 이해를 비교해 봄으로써 향교의 향촌기구로서의 성격을 부각시켜 보려고 한다.

이상의 검토를 통하여 향교가 침체를 거듭해 온 학교기관에 불과하다는 종래의 이해를 시정함을 물론, 나라에서는 향교를 사회체제 유지의 중요한 도구로 이용하였음을, 양반유생들에게는 지배신분으로서의 입장을 대변해 주는 기구로 활용되었음을 나타내 보이고자 한다.

1. 순천향교의 연혁

1) 순천향교의 설립

순천에 향교가 설립된 것은 고려시대이다. 고려는 골품제도의 제한에서 벗어나 유교적 정치이념에 바탕을 둔 중앙집권체제를 지향하였다. 958년(광종 9년)에 과거제도를 처음 실시함에 따라 과거를 준비하는 교육기관이 요구되었고, 성종대에 이르러 흥학책은 활발히 시행되었다. 987년(성종 6년) 8월에는 12목에 경학박사와 의학박사를 각각 1명씩 파견하였다. 그리고 992년(성종 11년) 1월에는 교서를 내려 서재(書齋)와 학사(學舍)를 지어 학교시설을 마련케 하고 또 토지를 주어 교육경비에 충당하도록 조치하였다. 이러한 성종대의 조치로 12목에 교육시설이 설립되고 교관이 파견되어 교육을 시행하게 되었다.

성종대에 설치된 12목은 광주(廣州), 양주, 충주, 청주, 공주, 진주, 상주, 전주, 승주(昇州), 나주, 황주(黃州), 해주였다. 따라서 승주(순천)에도 경학박사와 의학박사 1인씩을 각각 파견되었다. 그리고 성종 11년의 조치에 따라 서재와 학사 등 학교시설이 갖추어졌다. 승주 어느 지역에 학교시설이 마련되었는지, 교육의 대상은 누구였으며 교육 내용은 어떠했는지를 알려주는 구체적 기록이 없지만, 989년(성종 8년)에 나주목의 경학박사 전보인이 교육에 큰 효과를 거두어 포상을 받았던 기록으로 미루어볼 때 승주에서도 활발한 교육이 실시되었을 것으로 짐작할 수 있다.

향교는 인종(仁宗) 때에 이르러 전국적으로 확대되었다. 1127년(인종 5년)에는 15개조의 유신교서를 표시하면서 14번째의 흥학책에서 "제주(諸州)에 향학(鄕學)을 세워 널리 교도(敎導)하라"고 하였다. 인종

대에 설치한 향교는 행정구획의 대소에 따라 주학, 부학, 군학, 현학으로 불리어졌으나 이는 모두 향교로 보아야 할 것이다. 이러한 조치를 가지고 향교의 설치연대를 인종 5년으로 보는 견해가 통설로 인정받아왔지만, 여기서는 인종 5년의 흥학책은 향교가 있는 고을은 시설을 정비하고, 없는 고을은 새로이 향교를 건립하여 교육을 강화하라는 조치로 해석하고자 한다. 1129년(인종 7년)에 쓴 김수자(金守雌)의 「행학기(幸學記)」에 "글 읽는 소리가 중앙에서 외방에까지 이르고 있으니 이는 옛날에 없던 일이다."고 한 것으로 보아 상당수의 군현에 향교가 설치되어 있음을 짐작할 수 있겠다. 성종대에 마련된 승주의 향교도 이때에 이르러 다시 정비되고 시설이 확대되었을 것이다.

고려시대에는 향교의 강당인 명륜당이 별도로 있지는 않은 것 같다. 1346년(충목왕 2년)에 쓴 이곡의 「영해부신작소학기(寧海府新作小學記)」에 "본국향교지제 묘학동궁(本國鄕校之制 廟學同宮)"이라고 한 것으로 보아 문묘와 강당이 한 건물에 있었던 것을 알 수 있다.

고려의 향교는 충렬왕대 이후 흥학책으로 확대되어 갔다. 충렬왕 이후 고려말까지 17개의 향교가 중수되거나 복치되었다는 기록이 확인된다. 공민왕대에 성균관 대사성 이색은 향교 학생을 시험 보아 유능한 자는 12도에 올리고, 12도에서는 또 시험을 보아 성균관생에 올려 수학케 한 후에 과거에 응시하도록 상소하였다. 창왕대에는 공사(貢士)가 액수에 차지 않으면 수령에게 책임을 물어 수령의 지방교육에 대한 책임을 엄히 하였다. 1389년(공양왕 원년)에는 대사헌 조준이 각도에 교수관을 1명씩 파견하여 군현을 돌면서 교육을 독려하고, 시골에 은거하는 선비를 교도(教導)로 뽑아 향교 교육을 담당하게 하자는 내용의 상소를 올리기도 하였다. 그리하여 공양왕 2년에는 개경 5부와 서북면의 주부(州府)에도 교수관을 설치하였다. 이 같은 조치들은 지방향교의 교육에 큰 영향을 주었다. 고려말의 지방교육을 진작시키려는 데 앞장섰던 인물들은 신흥사대부들이었다. 이들은 성리학을 수용하고 교육을 통하여 보급함으로써 새로운 왕조의 사상적 기반을 확립하고자 하였다.

조선시대에 들어와 향교는 급속히 정비되고 발전되어갔다. 새로운 왕조의 통치이념인 유교를 보급시키고 유교적인 소양을 지닌 관리를 양성하기 위하여 관학을 강화하였다. 서울에서는 성균관을, 지방에서는 향교를 정비하고 확충하였던 것이다. 중앙의 권력을 군현 말단까지 미치게 하기 위하여 군현제를 정비하고 강화하면서 군현마다 향교를 세우도록 하였다.

조선 초기에 '一邑一校'의 원칙에 따라 수령이 파견된 군현에는 지방의 유일한 관학인 향교를 반드시 설치하도록 하였다. 군현제의 정비에 따라 군현의 병합, 이속, 치폐가 거듭되었으나 향교는 설치되었다. 그리하여 중앙의 문교정책에 따라 각 고을마다 기존의 향교를 보수하거나 확충하였고, 향교가 없는 고을에서는 신설하였다. 향교의 보수와 신설은 수령, 교관, 지방 양반들의 협력으로 이루어졌다. 수령은 흥학이라는 임무를 수행하기 위하여 향교 설립에 앞장을 섰고, 교관들은 교육적인 관심에서 향교 설립과 운영에 기여하였다. 또한 지방 양반들은 자기 고을의 발전과 안정을 위하여 향교의 보수와 신설에 적극 협조하였던 것이다.

조선시대의 제도 문물이 일단 완성되는 성종대에 편찬된 『동국여지승람』을 보면 모든 고을마다 향교와 문묘가 있음을 기재하고 있다. 따라서 조선시대에 들어와 늦어도 성종 대에 이르러서는 전국의 모든 군현에 향교가 마련되었다고 할 수 있다.

순천향교는 1407년(태종 7년)에 순천부(관아)의 동쪽 7리에 건립되었다고 한다. 고려시대의 향교 위치와 일치하는지는 분명하지 않지만, 고려 때의 향교 구조에서 벗어나 문묘와 학교가 분리하여 새로 건립되었을 것이다. 그 뒤에 순천향교는 여러 차례 이건을 하였다. 순천의 읍지인 『승평지』에는 다음과 같이 기술되어 있다.

> 향교. 옛날에는 성에서 동쪽으로 7리에 있었는데, 뒤에 성에서 서쪽으로 3리로 이건하였다. 가정 경술년(1550년, 명종 5년)에 성의 동쪽 5리로 옮겼고, 만력 경술년(1610년, 광해군 2년)에 또 성의 서쪽으로 옮겼는데 (이곳은) 예전 향교의 북쪽이었다. 모두 풍수지리를 보는 사람들의 말에 따른 것이다. (신사년(1881, 고종18년)에 신증한 것이다) 옛날에는 성에서 서쪽으로 3리에 있었는데 뒤에 성의 남쪽 홍동(鴻洞)으로 이건하였고, 순조 신유년(1801년)에 성의 서쪽 3리로 옮겼는데 이는 옛날 향교의 남쪽으로 청명대(淸明臺)에서 서쪽이다.

이렇게 읍성의 동쪽에 있었던 향교가 서쪽으로, 남쪽으로 모두 다섯 차례나 이건되었다고 한다. 이러한 원인은 우선 전란을 들 수 있다. 임진왜란으로 순천의 향교는 심하게 파괴되었고, 이를 시급해 재건하여야 했다. 1610년(광해군 2년)에 순천부사로 부임한 유영순(柳永詢)이 관청과 향교를 중수하였다는 것이 이를 말한다.(『승평지』 선생안) 이를 기리기 위하여 순천민들은 선정비를 세우기도 하였다.(현재 향교에 있는 선정비가 이를 말한다) 향교가 중건된 뒤에 여러 차례 이건을 거듭한 것은 옥천의 범람으로 향교가 자주 물 피해를 입었기 때문이었다.

1649년(인조 27년)에 순천부사 김종일(金宗一)이 감영에 올린 첩증(牒呈)에서

> 향교를 전란 뒤에 중건하였습니다. 그 때 전란의 피해를 순천부도 심하게 입었고 인민과 물력도 탕진되어 성에서 가까운 곳을 임시로 자리 잡았습니다. 그 터가 물가였지만 일을 시작한 것이라 때를 기다려 다시 지

> 으려고 하였습니다. 갑자년(1624년, 인조 2년) 가을에 불행히도 물난리를 만나 대성전의 서쪽 담장이 유실되고 서재의 뒷면이 무너졌습니다. 그리하여 낮고 저습한 땅이었지만 이건하는 일을 조금도 늦출 수가 없었습니다. …… 올 여름에 또 수재를 만나 허물어진 곳이 더 허물어졌습니다.(『학교등록』 권1 인조 26년 7월 18일)

고 한 것처럼 만성적인 옥천의 범람은 향교의 이건을 재촉하였다. 이러한 부사의 요청에도 불구하고 나라에서는 이건을 허락하지 않았다. 그리하여 부사는 이건하는 대신 순천 양반들의 협조를 받아 그 다음 해에 허물어진 향교를 대대적으로 중건하였다. 중건이 끝난 뒤에 향교에 속공노비 여러 명을 지급하고 또 서책을 마련하여 비치해 주기도 하였다. 이를 기리기 위하여 순천의 양반들은 향교에 흥학비를 건립하였고, 세월이 흘러 비문의 내용이 마멸되자 다시 흥학비를 세워 그의 공적을 기리기도 하였다.(부사김종일흥학비, 1703년)

어쨌든 순천의 향교는 옥천의 범람에 따른 물 피해를 그 뒤에도 자주 겪었고, 1780년(정조 4년)에 성의 남쪽인 홍내동으로 다시 이건한 것도 침수로 인하여 향교 건물이 피해를 입었기 때문이었다. 그리고 현재의 위치인 금곡동으로 옮겨온 것은 그로부터 20년 뒤인 1801년(순조 원년)이었다.

조선 후기에 작성되는 순천부의 지도에 의하면 향교의 위치는 읍성의 서쪽(부서면)으로 나와 있다. 1740년에 만들어졌다고 짐작되는 『해동지도』 순천부지도, 1765년(영조 41년)에 만들어진 『여지도서』, 1872년에 작성된 『전라도지도』에 의하면 모두 향교의 위치를 읍성의 서쪽으로 표시하고 있다. 따라서 조선 후기에 이르면 순천의 향교는 대체로 현재의 위치와 그다지 멀리 않은 곳에 자리잡아 왔음을 알 수 있겠다.

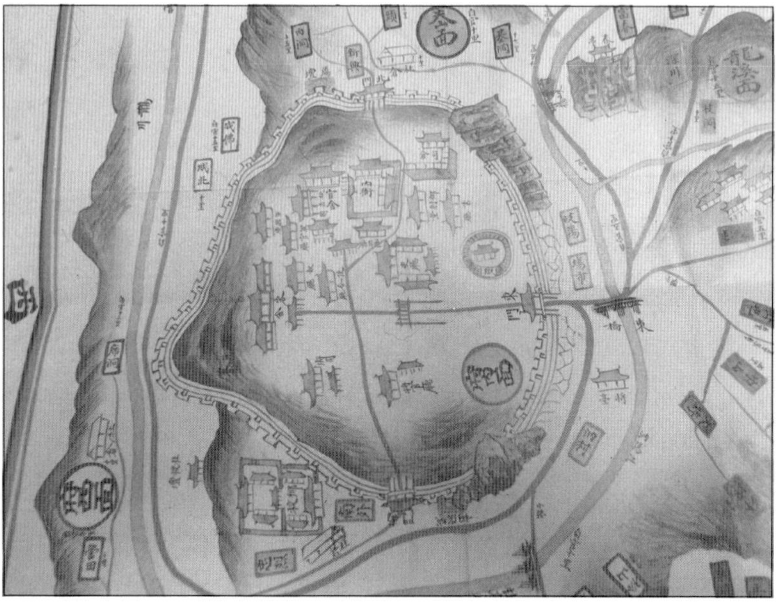

도 1.『전라도지도』(1872년) 순천부지도 (하단 좌측)

향교는 제례와 교육의 2대 기능을 가지고 있다. 향교는 서울에 있는 성균관의 축소형으로 공자를 봉안하는 대성전과 선현들을 봉안하는 동무, 서무의 문묘와 학생들을 교육하는 장소인 명륜당, 기숙장소인 동재, 서재인 학교를 기본 구조로 가지고 있다. 그 밖에 전사청(典祀廳), 고직사(庫直舍)등이 부속 건물로 붙어있다.

고려시대의 "묘학동궁(廟學同宮)" 구조에서 문묘와 학교가 구별되어 갖추어진 것은 조선시대에 이르러서였다. 공자를 주향으로 하는 문묘를 독립시킨 것은 고려와 조선의 유학에 대한 태도의 차이를 반영하는 것이라 하겠다. 아울러 문묘와 강당을 분리하여 교육 장소로 강당인 명륜당과 학생들이 기숙하는 동재, 서재를 따로 마련하였다. 이는 서울의 성균관을 모방한 것이었다.

조선시대 향교 건축의 입지는 주로 읍에서 멀지 않은 곳에 자리 잡았다. 향교가 관학으로 지방 관아의 관할 아래 있었고, 또한 수령이 향교 제례에 참석하여야 하고 교육을 주관하는 일도 수시로 실행하여야했기 때문이었다. 향교는 일반적으로는 구릉지에 자리 잡는데 이는 풍수지리설의 영향으로 양택론에 근거한 것으로 생각할 수 있다.

배치 형식은 대성전과 성균관이 어떻게 배치되는가에 따라 구분하는데 대성전이 명륜당 앞에 위치하는 전묘후학과 대성전이 명륜당

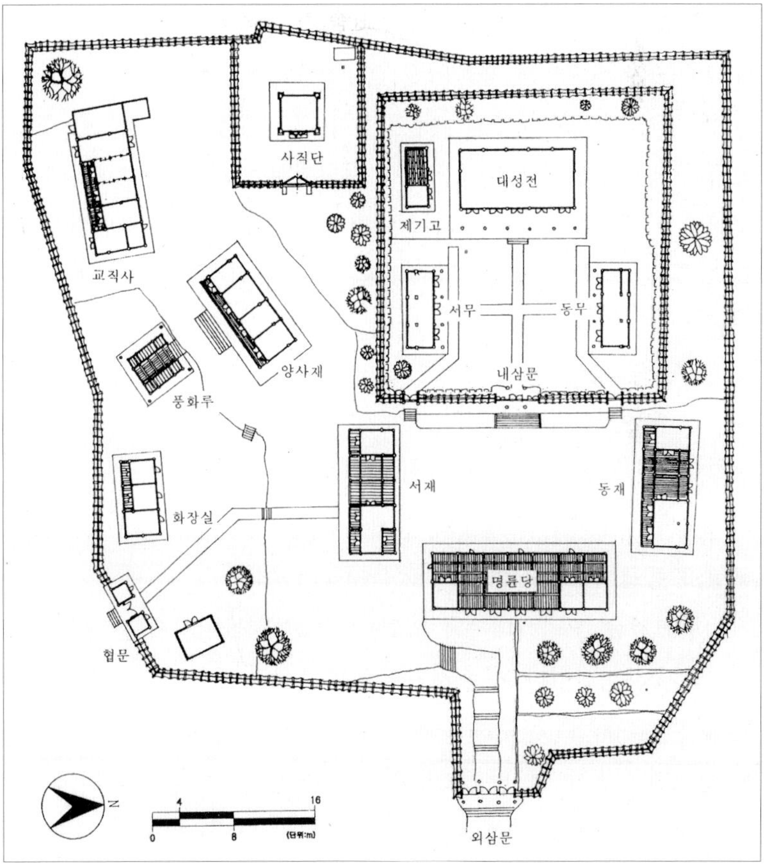

(『순천향교사』 인용)

도 2. 순천향교 건물 배치도

뒤에 배치하는 전학후묘의 구조로 나눈다. 이는 향교를 건립하는데 평지에다 하는가 구릉지에다 하는가에 차이였다. 즉 평지에 둘 경우에는 향교의 가장 핵심 건물인 대성전이 앞에, 경사진 곳에서는 대성전을 제일 높은 곳에 두어 건물의 위계성을 표현한 것이었다.

순천향교의 건물 구조도 다른 고을의 향교와 다름이 없었다. 중간에 여러 차례 이건을 하였지만 향교의 기본 구조에 별다른 변화는 없었을 것이다. 대성전, 동무, 서무의 문묘와 명륜당, 동재, 서재의 학교가 있고, 부속 건물로 교직사(校直舍)가 마련되어 있었다. 양사재와 풍화루는 조선 후기에 만들어진 건물이었다. 양사재는 1718년(숙종 44년)에 부사 황익재가 주선하여 향림사 근처에 설립한 것으로 향교의 교육기능을 대신하였다. 중도에 폐지되었던 양사재는 현재의 위치로 향교가 이건되었을 때 다시 복설되었다. 풍화루는 양사재와 같이 만든 것으로 향교나 양사재의 교육장소로, 고을 유림들의 모임장소로 활용되었다.

2) 순천향교의 경제기반

향교는 원활한 운영과 유지를 위하여 경제적 기반이 필요하였다. 나라에서는 초기부터 향교의 경제적 기반으로 향교전과 향교노비를 군현의 등급에 따라 차등을 두어 지급하였다.

향교전은 고려시대부터 있었다. 조선에 들어와서는 태종대부터 책정되기 시작하였다. 태종 6년에 제향을 위한 제전(祭田)과 교육을 위한 늠전(廩田)으로 구분하여 향교에 지급하였다. 그러다가 이미 책정된 향교전 가운데 제전은 그대로 두고 늠전은 재조정하였다. 이 때 책정된 토지는 몰수된 사원전이었던 것으로 추측된다. 사찰의 토지를 몰수하여 향교에 이속시켰다는 것은 조선시대 억불숭유정책의 한 모습을 보여주는 것이라 하겠다. 1492년(성종 23년)에 완성된 『대전속록』에 학전(學田)은 주와 부에는 10결, 군에는 7결, 현에는 5결로 법제화되었다. 이때의 학전은 교육활동을 위한 늠전과 제향을 위한 제전을 통합한 것으로 생각된다. 향교전은 영조대에 이르러 주, 부의 향교는 7결, 군현의 향교는 5결로 더 감소되었다. 이후 고종때 편찬되는 『대전회통』에 이르기까지 변동은 없었다.

나라에서 향교에 지급한 학전은 소유권이 아닌 수조권만을 준 것이었다. 학전의 조세를 관가에서 수납한 뒤 결수에 맞게 조(租)를 향교에 지급하였다. 이러한 수조(收租) 및 조의 지급은 수령의 주관과 책임으로 이루어졌다. 그런데 향교에는 나라에서 지급한 학전뿐만이 아니라 향교가 소유권을 가진 토지도 있었다. 나라에서 지급한 경제기반으로는 향교의 원활한 운영과 유지가 힘들었다. 이에 따라 향교에 출입하고 있는 양반들은 수령의 협조를 얻거나 여러 가지 방법을 통하여 토지를 마련하였다. 나라에서 일률적으로 지급한 학전과 달리 향교마다 소유한 토지의 규모는 제각기 달랐다. 향교에서는 개인소유지처럼 토지대장을 마련하였는데 오늘날 향교에 남아 있는 양안, 전답안, 수조안(收租案) 등이 그것이다. 향교소유지는 일반 민전처럼 나라에 조세를 납부하여야했다.

순천향교도 여러 가지 방법으로 전답을 마련하고 이를 바탕으로 교육활동, 정치 사회적 활동을 전개하였다. 순천향교에 소장되어 있는 『향교전답병인개량안(鄕校田畓丙寅改量案)』이 순천향교 전답의 지목(地目)과 규모를 기록해 놓은 토지대장이었다. 1912년의 향교재산이 논 249,609평, 밭 8,589평, 대지(垈地) 1,936평, 신종지(新種地) 2,084평에 달하였다는 것으로 보아 조선시대에 순천향교의 전답규모를 짐작할 수 있겠다.

향교노비는 1413년(태종 13년)에 처음 책정되었고, 1417년(태종 17년)에 다시 조정되었다. 그 후 『경국대전』에서 재조정되었고, 『대전회

통』에 이르기까지 변동이 없었다. 향교노비액수는 고을의 등급에 따라 10~30명이었다.

태종대에 책정된 향교노비는 사원 혁파로 생겨난 사노비(寺奴婢)를 전농사(典農寺)에 이속시켰다가 각 향교에 지급한 것이었다. 향교노비는 공천으로 지방관아에서 입역하는 관노비와 같은 성격으로 파악하였다. 이들은 『수교집록』에서 '물허면천(勿許免賤)'이라 하였듯이 향교에 강하게 예속되었다. 향교노비가 각종 잡역을 변함없이 담당하여 향교의 운영과 유지를 원활히 하려는 의도였다.

향교노비의 임무로는 향교수직, 사환, 각종 잡역 담당 등을 들 수 있다. 그 가운데 주요 소임은 수직과 사환이었다. 수직은 일에 따라 향교를 윤번 수직하는 전직(殿直)이나 재직(齋直), 향교 재물을 보관하는 고직(庫子), 향교소유의 산림을 감시하고 땔감을 제공하는 산직(山直), 화직(火直) 등이 있었다.

교비(校婢)는 주로 사환을 맡았는데 이들도 임무에 따라 식비(食婢), 주비(酒婢), 채비(菜婢) 등으로 나눌 수 있다. 이들은 주로 제례 때에 음식과 제수를 마련하고 교임, 유생들의 식사를 위한 주방일을 담당하였다.

그 밖에 노비들이 맡은 일들은 제수 운반, 유생들에 대한 연락, 통문 전달, 교임, 유생들의 사무에 배행 등이었다. 한편 향교 안에서 모든 잡역을 담당하는 노비 이외에 외거하는 노비들은 향교에 직접 사역을 담당하는 대신 향교 근처에 거주하면서 신공을 납부하였다. 결국 향교노비는 향교의 운영과 유지에 절대적으로 필요한 존재라 하겠다.

향교노비는 나라에서 지급한 뒤 생산, 기진(寄進), 매득, 투탁 등의 방법으로 계속 증가하였는데 그 구체적인 내용은 각 향교마다 달랐고, 따라서 향교노비의 숫자도 향교마다 달라질 수밖에 없었다. 이러한 향교노비는 대체로 18세기 중반 이후 신분제 변동에 따라 점차 감소의 추세에 놓이게 되었다. 노비 감소의 주된 원인은 사망, 노제(老除) 등의 자연 감소를 제외하면 도망이었다. 노비도망이 조선후기 노비제 변동에서 노비 감소의 주된 원인이었고 향교노비도 예외는 아니었다. 그밖에 노양처소생종모법, 속량, 매각, 공로 면천 등도 향교노비 감소의 원인이 되었다.

순천향교에 소장되어 있는 『향교노비안』(1801년?)를 보면 노비 21구 가운데 향교에서 일하는 노비는 11구, 낙안, 벌교, 송광에 외거하면서 신공을 바치는 노비는 4구, 도망노비는 6구였다.

그밖에 순천향교의 경제적 기반이 되는 것으로 식리전도 있다. 식리는 일종의 고리대로 입본전만 마련되면 관권이나 향교의 권위를 바탕으로 손쉽게 재정을 보충할 수 있다는 점에서 전국의 거의 모든 향교가 운용하였다. 순천향교에 있는 「향교완감촌연합전식본절목(鄕校完減村捐合錢殖本節目)」이 바로 식리전의 운영을 보여주는 자료라 하겠다.

향교의 교육이 무상인 것에 비해 조정에서 배려한 경제적 뒷받침은 수조권에 불과한 향교전 약간과 향교의 유지를 위한 향교노비 몇 명 정도였다. 따라서 향교는 항상 재정적 어려움에 부딪치고 있었다. 향교 교육은 수령의 지속적인 관심에 절대적으로 의존할 수밖에 없었다. 순천향교 안에 있는 공적비 14기 가운데 흥학비 2기는 향교에 큰 도움을 주었던 수령을 기리기 위하여 세운 것이었다. 이러한 흥학비는 순천뿐만이 아니라 거의 모든 향교에서 볼 수 있는 것이다. 그러나 수령의 잦은 교체 속에서 향교 교육이 지속적으로 진행되기 어려운 실정이었고, 또한 대다수 수령들은 향교 교육에 그다지 큰 관심이 없었다. 다만 의례적으로 향교에 경제적인 협조를 하였을 뿐이었다. 순천향교에 소장된 『보부록(寶裒錄)』은 1608년(선조 41년)부터 1636년(인조 14년)까지 순천향교에 금전과 물품을 기증한 내력을 기록한 것인데 역대 순천부사가 주된 기증자였음을 보여주고 있다. 지방관들은 자기 관할 고을을 원만히 다스리기 위해서는 향교 유림들의 협력을 얻어야만 하였다. 따라서 향교에 대한 경제적 보조를 게을리 하지 않았다. 그리고 향교를 수리하거나 중건할 때에도 앞장서서 재정적 문제를 주선해 주는 노력을 하였다. 그러나 수령 가운데에는 양반들의 요구에 대하여 소홀히 하는 사람들도 있었다. 이럴 경우 관내의 양반들의 반발을 피하기 어려웠다. 숙종대의 일이지만 순천 유림들이 향교 중수에 필요한 자재를 구하는데 협조를 하지 않은 수군절제사를 궁지에 몰아넣는 일도 있었다. 이처럼 양반들은 향교를 정치 사회적 활동의 근거지로 활용하였으니, 향교는 바로 조선시대 양반들의 활동과 이해를 보장해주는 중요한 향촌기구였던 것이다.

고을에 따라서는 수령과 향교가 결탁하여 여러 가지 폐해를 야기하기도 하였다. 향교유림이 공자를 존숭한다는 명목을 내세워 건물을 수리한다고 하면서 하인들을 마을마다 보내 돈을 독촉하기도 하였다. 수령 또한 향교를 책임지고 있다는 명목을 내세워 향교의 교임을 수시로 교체하면서 예전(禮錢)을 받다 챙기기도 하고, 향교의 청금록이나 교생안을 빌미로 돈을 받고 이름을 명단에 올려주는 이른바 매향(賣鄕)을 저지르기도 하였다. 이러한 현상은 수령과 향교 유림들이 결탁하여 저지르는 말기적 현상이었고, 이러한 것이 역설적으로 향교가 유교 이념의 상징임을 상실케 하는 역할을 하기도 하였다.

3) 근대 이후의 순천 향교

고종의 즉위와 함께 벌어진 서원에 대한 규제는 1865년(고종 2년)의 만동묘 철폐, 1868년(고종 5년)의 미사액서원 철폐, 1871년(고종 8년)의 사액서원의 정리로 이어졌다. 순천에 있는 서원, 사우들도 이 때 모두 철폐되었는데, 사액서원이었던 옥천서원과 충민사에 있던 서적과 자료들이 향교로 옮겨져 보관되었다. 그리고 서원이 가지고 있던 전답은 양사재의 별고(別庫)로 돌려져 유생들의 교육활동에 쓰도록 하였다.

서원 철폐에 대한 유림들의 반발을 무마하기 위하여 관학의 진작을 도모하였다. 향교를 개수하라는 명령을 자주 내리고 성균관에 대해서도 지원을 하였다. 그러나 개항 이후의 신문물 유입에 따라 향교는 점점 더 기능을 상실해가고 말았다.

1984년의 갑오개혁은 성균관과 향교의 교육기능을 사실상 상실케 한 조치였다. 1896년에 내부(內部)에서 각 고을에 훈령을 내려 고을에 있는 향교, 학계(學契), 서원 등의 전답과 재산, 식리전 등을 조사하여 보고케 하였다. 이는 이들의 재원을 근대학교의 설립과 운영에 충당하려는 의도였다. 유림들의 반발 등으로 지방마다의 차이는 있었지만 향교의 재산이 점차로 공립소학교의 재원으로 편입되어 갔다.

전남지역에서 최초의 근대학교는 1896년에 설립되었다는 광주공립심상소학교(현재 광주서석초등학교)라고 한다. 그리고 1896년 9월의 『구한국관보』에는 순천에도 학부지정학교로 순천공립심상소학교가 설립되었음을 기록하고 있다.

1908년 4월 공사립학교의 경비를 향교 전답에서 나오는 수입으로 충당한다는 통감부 재무감독국의 방침이 정해진 이래, 향교의 제반 업무에 대한 간섭이 더욱 강화되었다. 향교 재산의 관리, 향교 및 문묘의 사무도 지방관의 지휘와 감독을 받게 되었다.

1910년 일제는 조선에서의 식민지 교육을 강화하였다. 그리하여 1911년 6월에 경학원규정을 발표하여 성균관을 폐지하고 경학원을 설치하였다. 이제 성균관은 교육기관에서 사회교육적인 교화단체로 전락하게 되었다. 성균관과 향교가 구시대의 유물로 격하되는 사태가 일어난 것이었다.

경학원은 총독의 감독을 받으며, 총독의 추천에 의해 각도에 학식과 덕망이 있는 유림으로 대제학 1인, 부제학 2인, 제주 2인, 사성 및 직원 약간 명을 두어 제향과 원무를 처리케 하였다. 경학원의 통제하에 있는 향교도 향교직원에서 문묘직원이라는 이름으로 변경되었고, 이들은 부윤이나 군수의 지휘를 받아 제사와 문묘수직 그리고 서무를 담당하였다. 이제 향교는 종래의 교육기능이 부정되고 문묘향사만을 지내는 일종의 사회교화단체가 되었다. 향교는 향사마저도 비용이 매번 부족하여 정부 보조금에 의존하였고, 문묘의 보수, 수리, 관리는 군수의 감독 하에 놓여 있어 관청의 생색과 지방유림의 기부금으로 겨우 명맥을 유지해나가는 실정이었다.

3. 1운동으로 유림단체들은 향교재산반환운동을 전개하였다. 향교재산반환운동과 더불어 주목할 만한 것은 향교강습소 설립운동이었다. 1922년부터 전개된 이 운동은 민족교육을 열망하는 사회적 분위기에서 나온 것이고, 또한 일제에 의해 왜곡 변질된 향교의 지위와 역할을 다시 회복해 보려는 향교유림들의 자구책이기도 하였다.

향교강습소의 설립은 농민야학이나 노동야학과 같은 사설학술강습회의 전국적 실시와 함께 본격화되었다. 호남에서는 1922년 7월에 영광청년회가 영광향교에서 개설한 영광학원과 1924년 2월에 일어난 순천향교 강습소가 있었다. 순천향교 강습소는 순천의 12개 단체가 보통학교 과정을 설치한 것이었다. 향교 재산으로 강습소를 설치하고 운영하였다.

1931년의 만주사변 이후 일제는 황민화 정책을 전개하여 유교를 윤리도덕의 원천으로 규정하고 향교를 정신훈련의 도장으로 활용하려고 하였다. 향교와 향교 유림들은 관권과 친일유림단체에 의해 지역사회에서 전쟁수행을 선전하는 교화기구로 활용되었다.

1945년 해방과 더불어 그해 10월에 전국 유림들이 서울 성균관 명륜당에 모여 유도회 창립총회를 열었다. 유도회 총본부를 설립하고 위원장에 독립운동가인 김창숙을 선출하였다. 그리고 재단법인 성균관을 설립하여 명륜전문학교를 성균관대학을 승격시키고 전국의 유림재산을 각 도별로 기부하여 재단을 보강하였다. 향교의 직원 명칭도 전교로 개칭하였다. 그리고 문묘에 모셔둔 위패의 수도 조정을 하였다. 중국 선현을 많이 모시는 것은 사대사상의 일종이라 보고 공자와 4성, 송 2현(정이, 주자)이외에는 모두 위패를 없애버리고, 여기에 우리나라 18현만 배향하기로 결정하였다. 그러나 향교마다 제각기 다른 태도를 취해 위패를 없앴다가 다시 환원하는 일을 거듭하기도 하였다.

1964년에 전국유림대표자대회에서 그간 분열과 대립을 일삼던 유도회를 재건하자는 결의를 하였다. 이러한 결과 1964년 10월에 향교직제가 제정되었다. 그 내용은 향교의 임원은 전교 1인과 면별, 인구별로 다수의 장의를 두고, 감사 2인 이내를 둔다, 전교는 향교를 대표하며 향교내의 사무를 총괄하고, 장의는 전교의 지도를 받아 향교 사무를 담당한다는 것 등이었다.

해방 후 1946년에 순천향교는 국비와 유림들의 성금을 모아 대성전을 보수하였고, 1956년에는 향교를 대대적으로 보수하여 면목을 일신하였다. 향교 안에 있는 「순천향교중수기적비」(1957년)가 그때의 공사를 나타내주는 것이다. 그 이후 대성전(2007년), 풍화루(2010년), 내삼문(2012년) 등을 수리하여 향교의 면모를 계속 유지해나가고 있다.

2. 향교의 교육

1) 조선시대 교관의 명칭과 파견

고려시대에는 군현별로 수령이 교관을 임명하여 교육케 하였으나 고려말 공양왕대에 이르러 각도의 목, 부, 군에 유학교수관(儒學教授官)을 파견하였다. 조선에 들어와 고려 때의 수령, 역승과 함께 유학교수관도 신왕조의 관직을 계승하게 되었다. 따라서 조선시대의 교관 제도는 중앙에서 파견하는 고려말의 방법을 그대로 답습하면서 출발하였다.

조선 전기까지의 교관 명칭과 파견 실태를 살펴보면 다음과 같다. 고려말에 파견한 유학교수관 이외에 태조 4년에는 6품 이상 70세 이하의 한량관(閑良官)을 향교 훈도로 임명하였다. 따라서 중앙에서 파견되는 교수관은 유학교수관과 훈도 등 둘로 나눌 수 있는데 이는 향교가 있는 군현의 대소에 따라 구분한 것 같다. 그 후 태종 11년에 6품 이상은 교수, 7품 이하는 훈도로 불러 품계로 교관의 이름을 구분하였다. 그러나 왕조 초창기에 교관으로 파견할 수 있는 사람들이 부족하자 교관의 자격을 확대하였고, 자격에 따라 교관의 명칭도 세분하였다. 그리하여 태종 16년에 문관출신자로 6품 이상을 교수, 참외(參外)를 훈도, 생원이나 진사로 교관이 된 자를 교도(敎導)라 불렀다.

왕조 초창기에 교관의 자원이 부족하여 모든 향교에 파견할 형편이 못되었다. 그리하여 서울은 예조에서 지방은 관찰사가 유교경전을 시험보아 생원과 진사를 교도로 선발하여 파견하였다. 생원 진사를 교도로 임명하여도 그 수는 많지 않았고, 또한 이들은 교도보다는 문과 합격을 위하여 성균관에서 수학하기를 선호하였다. 이러한 실정이기에 세종 원년에 수령이 학식과 덕망이 있는 사람을 학장(學長)으로 임명하여 향교의 교육을 담당케 하도록 하였던 것이다. 그러나 녹봉도 없이 호역(戶役)을 면제받는 정도의 혜택을 받는 학장들이 교육에 열의를 가질리 없었다. 또한 학생들이 관료가 아닌 이들을 경시하여 교육의 효과를 크게 기대할 수 없었다.

국가의 우수 교관 확보노력에도 불구하고 교관은 절대적으로 부족하였고, 이는 교관의 질적 저하로 이어졌다. 성종 대에는 문과출신으로 교수나 훈도를 제수하던 것을 생원, 진사로 훈도를 제수하고, 생원, 진사로 제수하던 교도는 유학(幼學)으로 제수하여 교관의 자격을 한 단계 더 완화하였다. 이로 말미암아 교도와 학장의 차이는 실제 없어지게 되었다. 이와 같은 자격 완화는 교관의 질적 저하를 가져왔고, 학식 있는 사람들은 점점 더 교관직 부임을 회피하게 되었다. 더욱이 문신관료 가운데에서 좌천자를 교관에 제수하게 되자 교관을 한직으로 여겨 더욱 회피하게 되었다.

군현제도가 정비되고 각 고을마다 향교가 하나씩 설치된 성종대에 이르러서는 교관의 명칭을 교수와 훈도의 둘로 정리하였다. 그리고 『경국대전』에 교수는 종6품, 훈도는 종9품으로 정하고, 주, 부에는 교수를 72명, 군, 현에는 훈도를 257명, 모두 329명을 향교 교관으로 파견하였다.

도호부 이상에는 교수를, 군현에는 훈도를 둔다고 하였지만, 군현에는 대체로 유학 출신의 학장을 두는 것이 보통이었다. 교관들의 임기는 900일로 되어 있었다. 이는 관인 교관의 경우였고 비관인인 학장은 종신토록 향교에서 교생들을 교육하도록 되어 있었다.

교관들에 대한 대우는 전반적으로 빈약하였다. 종6품인 교수와 9품인 훈도에게 삭미(朔米), 포(布), 저화 등과 수발에 필요한 관노 1명과 대마(大馬) 1필을 지급하였다. 그리고 교육성과가 큰 교관에게는 품계를 올려주고 일반행정직 서용을 허락하는 등의 사기 진작을 도모하였다. 그러나 교관에 대한 대우는 다른 관직보다 빈약하였다.

학장에게는 원칙적으로 봉록이 없었다. 이들은 생계와 급식을 자기 집에서 해결하였다. 교생 교육의 반대급부로 군역과 호역을 면제받는 정도였다. 간혹 관인교관에 준하여 보수를 지급받거나 또는 향교에서 보수를 지급하는 경우가 있었으나 드문 일이었다. 교관이 고을에서 존경받는 명예직이기는 하지만 교육을 담당하는 학장에게 일정한 봉록을 배려하지 않았다는 것은 향교 교육을 침체케 한 원인이 되었다.

연산군대에는 향교교육에 더 큰 문제를 초래하였으며, 중종대에 교육진흥을 위하여 여러 흥학책을 강구하였지만 큰 효과는 없었다. 교관의 부족은 여전하여 문자를 해득할 정도만 되면 학장으로 임명하였다고 할 정도였으니 향교 교육의 난맥상을 쉬이 짐작할 수 있겠다. 선조대의 향교 교육도 별 변화가 없었으며 임진, 정유재란으로 향교가 파괴되고 소실되어 향교 자체를 유지하기도 어려운 실정이었다. 왜란 이후 향교를 중건, 복구하였지만 교관의 파견은 유명무실하여졌다.

교수, 훈도의 복설 대신에 모색된 것이 제독관(提督官)의 파견이었다. 제독관은 1586년(선조 19년)에 설치되었다. 각 향교마다 교관을 파견하는 것이 어렵자 각 도의 계수관에 제독관을 한 명씩 파견해 각 군현을 순행시키면서 학교교육을 권장한 목적에서였다. 임진란 후 폐지되었던 제독관이 인조대에 이르러 다시 파견이 모색되었다.

1623년(인조 원년) 6월에 교수, 훈도의 파견이 논의되면서 제독관의 파견문제가 함께 거론되었다. 전례를 들어 효과가 없을 것이라는 회의와 적당한 문관을 선발해서 보내면 효과가 있을 것이라는 긍정 속에서 점차 파견 쪽으로 의견이 기울어 제독관의 인원, 자격, 포상 등의 구체적인 문제가 모색되었다. 그러나 제독관의 파견 논의는 계속 이어지지 못하고 자주 중단되었다. 그리하여 1634년(인조 12년)의 「학교권장조목」에서도, 그 후 효종, 현종대에도 제독관의 차출, 자격, 임기문제 등이 새삼 거론되고 있었다.

제독관이 재차 복설된 것은 숙종대였다. 1679년(숙종 5년)에 복설이 거론되었다. 이 때 제독관에게는 순행하면서 교육하는 것보다 더 큰 권한이 부여되어야 실효를 거둘 수 있다는 의견이 제시되었고, 곧 영남과 호남의 네개의 계수관에 제독관을 파견하기 위한 사목이 작성되었다.

「양남제독관사목(兩南提督官事目)」의 내용에서 제독관이 순행되면서 경서의 읽기와 암기, 제술, 백일장 등을 주관하는 것은 이전과 같은 것이었다. 다만 과거에 응시하는 유생의 녹명(錄名)은 수령이 아닌 제독관이 담당한 것이 강화된 권한 내용이었다. 그러나 제독관 순행 권장이 선비들의 권과에는 부족하여 전처럼 실효가 없다는 지적 속에 복설되자마자 곧 영영 혁파되고 말았다.

향교 문제가 지적될 때마다 제독관 파견이 논의된 것을 보면 향교를 유지하고 향교 교육을 정상화시켜 보려는 국가의 노력에도 불구하고 교관을 파견하는 향교 교육은 거의 기대할 수 없는 지경에 놓여 있었음을 반증하는 것이라 하겠다. 그나마 영조대에 편찬되는 『속대전』에는 교관 파견의 규정마저 없어지고 말았다. 이는 조선 후기에 이르면 더 이상 교관을 파견하지 않았음을 의미한다.

순천은 도호부로 순천향교에 파견된 교관은 교수였다. 1407년(태종 7년)에 순천향교가 건립된 이후 중앙에서 교수가 계속 파견되어 향교 교육을 담당하였다. 그러나 다른 향교와 마찬가지로 교관의 부족과 질적 저하, 향교 교육의 부진의 문제에 부딪치게 되었다. 『지봉유설』을 지은 이수광이 순천부사를 지내던 1618년에 편찬한 순천의 읍지인 『승평지』에는 "교수는 1원(員)으로 정유란 뒤부터는 두지 않았다"고 기록되어 있다. 이로 미루어 임진왜란 이후, 늦어도 17세기 이후에는 순천에 향교 교관이 더 이상 파견되지 않았음을 알 수 있겠다. 그 대신 제독관이 파견되어 향교를 순행하면서 교육을 독려하였으나 이도 곧 유명무실해졌다.

교관이 교육과 운영을 책임질 수 없게 되는 상황과 병행하여 고을 양반들이 교임이라 하여 도유사, 장의, 색장 등의 직임을 두고 자치적으로 향교를 운영해 나가게 되었다. 순천향교에 전해지는 『향교집강안』이 바로 순천향교의 역대 교임 명단을 기록해 놓은 것이다. 1801년부터 1900년 사이에 순천향교의 교임을 맡은 사람들을 성씨별로 집계한 통계에 의하면, 순천지역의 저성(著姓)으로 알려진 옥천 조, 경주 정, 제주 양, 목천 장, 양천 허, 광산 이, 양성 이, 상주 박의 7성8문 출신이 전체의 70%를 차지하고 있고, 그 가운데에서 조, 정 두 성관에서 전체의 1/3을 차지하고 있다고 한다. 순천의 향언(鄕諺)에 「조정양장허리박」이라 함은 바로 순천의 유력한 성씨를 가리키는 것이라 하겠다.

2) 교생의 종류와 교육 내용

향교의 학생인 교생의 자격부터 살펴보도록 하자. 향교에 입학할 수 있는 나이는 16세 이상이었다. 『경국대전』에 "부, 대도호부, 목의 유생은 각각 90명으로 하고 16세 이하인 자는 액내에 두지 않는다. 도호부, 군, 현도 같다"라고 한 것에서 알 수 있겠다. 16세 미만인 자들은 동몽이라 하여 교생과 구분하였다.

교생의 상한 나이는 40세였다. 교생은 군역의 면제 특전이 주어졌는데 면학에 뜻이 없는 자들이 향교에 머무는 폐단을 없애기 위해서 40세로 제한하려고 하였다. 교관이 40세가 되어야 임명될 수 있다는 것으로 비추어 교관과의 연령 차이를 고려한 것이기도 했다. 그러나 실제로는 40~60세의 교생도 얼마든지 존재하였다. 인재를 양성한다는 학교에서 연령의 제한을 둔다는 것은 실제로 어려운 일이었기 때문이었다.

교생의 정원은 고을의 격에 따라 차등을 두어 책정하였다. 태종 6년에 유수관은 생도 50명, 대도호부, 도호부, 목은 40명, 군은 30명, 현은 15명으로 책정하였다. 이 규정은 세종 때에도 변동이 없다가 세조대에 이르러 교생을 늘리자는 주장이 꾸준히 계속되었다. 성종 2년에 교생의 수가 너무 적으니 액수를 제한하지 말자는 의견이 제시된 뒤 교생의 수가 대폭 증가하였다. 곧 부, 대도호부, 목은 각 90명, 도호부는 70명, 군은 50명, 현은 30명이었다. 이 액수는 조선 말기까지 변동이 없었다.

교생의 신분에 대하여 법제적으로 자격이 명시된 바는 없었다. 향교에 입학한 목적이 공부를 하여 과거에 합격하는 것이었다면 과거에 응시할 수 있는 신분이 교생이 되었다고 할 수 있다. 조선시대에 과거는 평민 이상이면 모두 가능하였으므로 적어도 평민 이상이면 교생이 될 수 있었다고 볼 수 있다.

표 1. 순천향교 소장 유생안

번호	연대	儒案이름	유생수							
			青衿	額內	上額	中額	下額	童蒙	別額	額外
1	1661년(현종 2)	儒案			37	45	55	58		
2	1664년(현종 5)	別儒案							57	
3	1667년(현종 8)	別儒案							37	
4	1678년(숙종 4)	青衿錄	51							
5	1692년(숙종18)	青衿錄	39							
6	1693년(숙종19)	青衿錄	49							
7	1695년(숙종21)	青衿錄	49							
8	1697년(숙종23)	青衿錄	39							
9	1699년(숙종25)	青衿錄	43							
10	1699년(숙종25)	老儒案	8	17						
11	1701년(숙종27)	青衿隨行案	40							
12	1702년(숙종28)	老儒案	12	28						
13	1715년(숙종41)	別儒案						61		
14	1723년(경종 3)	青衿隨行案	50							
15	1723년(경종 3)	別案						20		
16	1726년(영조 2)	青衿錄	89							
17	1726년(영조 2)	青衿隨行案	38							
18	1726년(영조 2)	青衿赴學案	46							
19	1726년(영조 2)	鄉校儒生案		67						

번호	연대	儒案이름	유생수							
			靑衿	額內	上額	中額	下額	童蒙	別額	額外
20	1735년(영조11)	靑衿隨行案	45							
21	1735년(영조11)	靑衿赴學案	106							
22	1741년(영조17)	靑衿隨行案	81							
23	1742년(영조18)	靑衿隨行案	31							
24	1750년(영조26)	靑衿隨行案	42							
25	1757년(영조33)	靑衿赴學案	62							
26	1761년(영조37)	靑衿隨行案								
27	1774년(영조50)	儒案		68						
28	1780년(정조 4)	鄕校移建願納儒生案								22
29	1813년(순조13)	客舍執事儒生案								40
30	1817년(순조17)	鄕校祭服願納儒生案								5
31	1823년(순조23)	鄕校祭服儒生案								25
32	1828년(순조28)	鄕校祭服願納儒生案								7
33	1840년(헌종 6)	本府客執儒案								24
34	1840년(헌종 6)	鄕校祭服儒生案								14
35	1842년(헌종 8)	鄕校祭服儒生案								12
36	1842년(헌종 8)	鄕校祭服儒生案								13
37	1849년(헌종15)	鄕校西齋儒生案		51						
38	1849년(헌종15)	鄕校祭服儒生案								12
39	1849년(헌종15)	本府客執儒生案								31
40	1855년(철종 6)	鄕校西齋儒生案		55						
41	1870년(고종 7)	水營客執儒生案								10
42	1872년(고종 9)	客舍儒生案								34
43	1873년(고종10)	元案儒生案		36						
44	1873년(고종10)	鄕校祭服儒生案								17
45	1873년(고종10)	客舍儒生案						24		
46	1873년(고종10)	水營客舍儒生案								25
47	1876년(고종13)	鄕校祭服儒生案								16
48	1881년(고종18)	客舍儒生案								27
49	1881년(고종18)	鄕校祭服儒生案								19

그러나 신분제 사회에서 양반과 평민이 함께 교생으로 향교에 입학하였더라도 양반들과 평민들이 함께 공부를 하고 같은 대우를 받았다고는 생각하기 힘들다. 향교에서는 같은 교생이라도 신분의 차이에 따라 서로 구별을 하였다. 이는 향교에 남아 있는 유안으로도 확인할 수 있는데 특히 순천향교에 소장되어 있는 유생안이 적절한 예를 보여주고 있다.

순천향교에는 현종 2년부터 고종 18년까지 220년에 걸쳐 49건의 유생안과 청금록이 남아있다. 숙종 이전의 유생안을 보면 교생들을 상액, 중액, 하액으로 구별하여 이름을 적어놓고 있다. 그리고 상액에 있는 이름들만이 양반유생들의 명단인 청금록, 과거응시자의 명단인 부거안(赴擧案)에서 확인되고 있다. 같은 교생이라도 상액, 중액, 하액으로 구분한 것은 마치 성균관에서 생원, 진사는 상재(上齋), 4학에서 입학한 유생은 중재, 일반 한산유학(寒散儒學)은 하재로 구분했던 것과 같은 것이었다. 곧 교생들의 출신신분과 관계가 있는 것으로 볼 수 있다. 다른 향교의 경우도 마찬가지였으니 전라도 담양향교 「유안」에는 교생을 상액, 중액, 하액으로, 또한 액내와 액외로 구분해 놓았다. 양자를 비교해보면 상액에 들어 있는 이름을 액내에서, 중액과 하액에 들어 있는 이름을 액외에서 각각 확인할 수 있다.

결국 순천향교와 다른 고을의 향교에 남아있는 유생안들을 통하여 알아낸 사실은 교생이 출신신분에 따라 상액, 중액, 하액으로, 또는 액내, 액외로 구별되고 있다는 것, 그 가운데 상액이 액내, 중액과 하액이 액외에 해당한다는 것, 그리고 상액, 액내만이 양반유생들의 명단인 청금록, 과거응시자 명단인 부거안에 들어있다는 것 등이다. 아울러 유생안과 고을의 문벌양반들만이 등재된 향안과 비교하면 상액에 있는 이름들만이 향안에서 확인할 수 있을 뿐이고 중액, 하액 또는 액외에 있는 이름들은 한 명도 확인할 수 없다는 사실이었다. 이로 미루어 볼 때 상액인 액내교생은 양반 신분이었고, 중액, 하액인 액외교생은 양반이 아닌 신분이었다고 할 수 있다.

액내교생이란 정액내의 교생을 말한다. 향교에서는 고을의 격에 따라 30~90명으로 규정된 교생 정액에 따라 교생들을 입학시켰다. 그런데 양반은 액내, 비양반은 액외로 구별하여 놓은 것은 양반들만이 정액규정에 해당할 뿐 비양반들과는 무관하다는 사실이었다. 각 고을의 향교에서는 양반들을 액내교생으로 받아들이되 양반교생들이 부족하여 정액을 다 채우지 못했더라도 양반이 아닌 신분에서 액내를 채우지 않았으며 비양반들은 따로 액외라 하여 엄격히 구분하고 있었다.

성균관 유생은 물론 사학의 학생, 향교의 교생 등 모든 관학의 학생들에게는 군역면제의 특전이 주어졌다. 학교가 나라에 필요한 인재를 길러내는 곳이라는 전제에서였다. 그러나 정원을 규정해 놓지 않으면 군역을 면제받는 학생이 무한히 늘어날 것을 우려하여 정원을 규정해 놓은 것이었다. 그런데 각 고을에서는 이름은 모두 교생이지만 신분에 따라 양반들은 액내교생으로, 비양반들은 액외교생으로 구별하였다. 그리고 설령 정액을 다 채우지 못하더라고 비양반들은 액내교생이 될 수 없었던 것이다. 1661년(현종 2년)의 순천향교 유안에는 상액 37명, 중액 45명, 하액 55명의 이름이 기재되어 있다. 순천은 도호부이기에 교생 정원은 70명이었다. 그런데 실제 액내교생이고 양반신분으로 추정된 상액이 37명이었다는 것은 정원을 채우지 않았다는 것을 의미한다. 그 대신 양반이 아닌 중액, 하액(즉 액외)은 무려 100명 정도 입학시키고 있음을 볼 수 있다.

그리고 이때의 액외교생들은 조선 후기에 군역을 회피할 목적으로 향교에 불법 입속한 액외교생과는 구분되는 존재였다. 중액, 하액의 액외교생들은 같은 교생이면서도 양반신분이 아니기 때문에, 그리하여 정액에서 벗어난 것으로 파악하였기 때문에 액외로 불리었을 뿐이었다. 이들을 향교에 입학시킨 것은 공부를 시키고 과거를 거쳐 관료로 등용하겠다는 목적보다는 교육, 교화를 시켜 체제에 순응하는 백성을 만들고자 한 의도에서였다. 그리고 이들의 숫자가 많아지면 군역을 담당할 사람들이 적어지는 것이기 때문에 숫자가 크게 넘지 않도록 수령들에게 당부를 하였고, 40세까지 나이를 제한하기도 하였으며, 또한 자주 고강을 하여 성적이 나쁘면 군역으로 충당하는 장치를 마련해 두기도 하였다.

결국 양반과 평민들을 향교에 입학시킨 목적은 각기 달랐다고 하겠다. 양반들은 공부를 시키고 과거를 거쳐 관료로 등용시키겠다는 목적이었음에 비해 평민들은 교육과 교화를 시켜 체제에 순응하는 백성을 만들겠다는 의도에서였다. 그리고 왕조 초기부터 이러한 의도는 계속되었으리라 짐작된다. 따라서 양반과 평민이 함께 교생으로 입학하였다 하더라도 신분에 따라 공부하는 장소와 내용, 향교에서의 임무와 역할 등에 차별을 두었다.

교생들에게는 군역면제의 특혜를 주었다. 일강(日講), 월과(月課)의 우등자는 호역(戶役)을 감면해주기도 하였다. 성적이 우수한 교생들에게는 과거에 특혜가 있었다. 매년 6월에 실시되는 도회(都會)에서 성적 우수한 양반교생 3~5인은 생원진사시의 회시에 곧장 나갈 수 있는 특전이 주어졌다. 그밖에 조선 초에 교생들에게 역관직과 기술직에의 천거, 각사 서리로의 보충, 서원(書員), 일수(日守)로의 충원 등의 혜택을 주었으나, 이는 양반신분이 아닌 액외교생을 대상으로 한 것이라 생각한다.

조선초기에는 양반들도 군역을 부담하였다. 따라서 양반들은 이를 모면하기 위하여 교생이 되었다. 교생들에게는 수시로 학업의 수행여부를 확인하기 위하여 고강을 시행하였다. 그리고 낙강(落講)을 하면 교생 자격을 박탈하고 군역을 부과하도록 하였다. 그러나 15세기 후반 이후 방군수포, 중종대의 군적수포법(軍籍收布法) 등으로 양반들의 군역면제가 점차 관행화되어갔다. 양반들로서는 군역면제를 위하여 굳이 교생이 되지 않아도 되었던 것이다. 다만 일정 기간 동안 향교 교생으로 이름을 올려야 과거응시자격을 부여한다는 규정에 따라 공부는 하지 않으면서도 유안에 이름을 올려놓은 것이었다.

그런데 양반들은 점차 액내교생 대신 청금유생이라 이름하고 따로 청금록을 작성하였다. 그 대신 액내교생은 평민, 서얼 등 양반 아닌 사람들이 차지하게 되었다. 이는 여러 가지 원인이 있었을 것이지만 가장 직접적인 것은 인조 때의 교생고강 시행에 있었다고 생각한다.

교생에 대한 고강은 권학(勸學)에 목적을 둔 것으로 조선 초부터 시행되고 있었다. 그러나 향교 교육의 쇠퇴로 점차 유명무실하게 되고 말았다. 그런데 점차 청나라와의 관계가 심각해져 가는 상황에서 군액을 확보하는 것이 중요한 현안문제가 되고 있었고, 논란 끝에 향교의 교생은 액내(상액)이든, 액외이든(중액, 하액) 모두 시험을 보고 낙강하면 신분에 구별없이 3년 동안 벌포(罰布)를 내고 다시 고강을 해서 낙강하면 군역에 충당한다고 결정되었다.

이러한 결정은 양반들의 교생 회피를 초래하였다. 대신 향교에 적을 두지 않으면 과거응시자격을 부여하지 않는다는 규정에 따라 양반들은 청금록을 별도로 작성하고 유생이라 호칭하였다. 이는 서울의 성균관, 사학에서 작성하는 청금록을 모방한 것이고, 아울러 성균관, 사학의 유생들이 고강에서 제외되고 있는 것을 모방한 것이었다. 그리하여 양반들은 동재유생, 청금유생이라 이름하고 교생과 구별하려고 하였다. 이에 평민, 서얼들이 양반 대신 액내교생으로 입학하고, 이들은 서재교생이라 호칭되었다. 이러한 동재유생과 서재교생의 분화, 청금록과 교생안의 별도 작성은 군현마다, 도마다 차이가 있었지만 대체로 인조 때부터 시작되어 늦어도 숙종 전까지는 거의 모든 향교에서 행해지고 있었다. 순천향교에 남아 있는 유안 가운데 숙종 이후의 청금록, 청금수행안 등은 양반유생을, 그리고 향교유생안, 서재유생안 등은 평민교생의 명단을 담은 것이다.

문제는 양반이 아닌 액외교생들이었다. 이들은 정액 이외의 교생이지만 명목은 공부를 위하여 향교에 입학한 존재들이었다. 따라서 엄연히 학생으로 군역면제의 특권을 부여받았다. 액외교생의 입학은 정액과 관계없는 것으로 군현과 향교의 여건에 따라 제각기 다를 수 밖에 없었다. 교육과 교화를 목적으로 설립한 향교에 학생으로 입학하는 것은 환영받을 일이었다. 그러나 평민들은 공부보다는 군역을 모면해보려는 의도에서 향교에 입학하려 하였다. 16세기 이후에는 양반들이 교생되기를 회피한다는 지적과 함께 평민들의 교생 입교가 늘어나고 있다는 기록이 자주 등장하고 있다. 이는 교생들에게 부여된 군역면제의 특전과 관련이 있는 것이다. 순천향교에 남아 있는 유안 가운데 「향교이건원납유생안(鄕校移建願納儒生案)」(1780년), 「향교제복원납유생안(鄕校祭服願納儒生案)」,(1817년, 1828년) 등은 향교를 옮기거나 운영에 부족한 재원을 충당할 목적으로 경제적으로 여유가 있는 사람들을 액외교생을 입속시킨 것을 보여주는 자료이다. 이들은 향교에 입속하여 군역을 면제받는 혜택을 누리고 있었던 것이다.

교생들의 향교에서의 임무는 무엇이었을까. 양반교생들은 향교에서 공부를 하고 과거에 합격하는 것이 임무이고 목표였다. 따라서 이들이 향교에 대한 임무는 별다른 것이 없었다. 평민교생들은 군역을 면제받는 대신 여러 가지 임무를 수행하여야 했다. 우선 평민교생들은 번을 나누어 향교를 수직하였다. 향교의 노비와 같이 수직을 하는데, 궐번(闕番)을 하면 처벌을 받았고, 수직시에 화재, 도난 등의 사고가 발생하면 근무태만의 벌을 받았다. 그리고 교생들은 향교의 제례에서 헌관들을 보좌하고 제례의 원활한 진행을 위하여 여러 가지 시중을 드는 하급집사 역할을 하였다. 그밖에 고을 수령이 공사의 일로 상경할 때 군대지휘권을 표시하는 병부(兵符)를 병영에 전달하는 임무와, 국가에 경사가 있을 때 전국에 사면령을 내리는데 사문(赦文)을 감영에서 받아와 읽는 임무를 평민교생이 담당하였다.

순천향교에 남아 있는 유안을 살펴보면 모두 17세기 이후의 것이지만 청금록, 청금수행안, 청금부거안 등은 양반들의 명단을 담은 것이고, 향교유생안, 서재유생안 등은 평민교생들의 명단을 담은 것이다. 그리고 향교제복유생안, 객사집사유생안, 수영객집유생안 등은 평민교생들의 임무 수행과 관련하여 작성한 유안이다. 향교제복유생안은 향교에서 거행하는 각종 제례에 집사를 담당하는 교생들의 명단이었고, 객사집사유생안은 매달 초하루와 보름에 순천부사가 객사에 모셔져있는 왕을 상징하는 전패(殿牌)에 나아가 예를 올리는 망궐례((望闕禮)에서 집사를 담당하는 교생들의 명단을 담은 것이었다. 그리고 수영객집유생안은 여수에 있는 수영(水營)에서 수사가 망궐례를 거행할 때 집사를 담당하는 교생들의 명단을 담은 것이었다.

조선시대 향교 교육의 목적은 유교를 통치이념으로 하는 중앙집권적 양반관료체제를 유지하기 위하여 관료들을 양성하고 유교윤리를 보급하여 백성들을 교화시키려는 데 있었다. 향교의 교육과정도 이러한 목적에 맞추어 전개되었을 것이다.

우선 향교 교과의 중심은 과거시험에 필요한 경서였다. 고려시대의 과거는 사장(詞章)이 중시되어 명경과보다 제술과가 우위를 차지하였으나, 조선시대의 과거는 경술(經術)과 사장의 겸비를 요구하였기에 폭넓은 공부가 필요하였다. 아울러 주민교화들을 위하여 도덕규범과 관계있는 윤리서도 중요시하였다.

향교의 교과는 시대에 따라 비중의 차이는 있었으나 대체로 소학, 사서오경, 성리대전, 근사록 등의 경서와, 주자가례, 의례경전 등의 의례서, 삼강행실, 이륜행실 등의 윤리서, 통감, 강목, 사략 등의 역사서, 문선, 고문진보 등의 문학서가 되겠다. 그리고 조선 초기부터 향교교육의 기본교재가 된 것은 『소학』이었다. 소학은 주자가 삼대(三代)의 교육 이상을 실현하기 위하여 경사자집에서 뽑아 편집한 것이다. 소학은 삼강오륜을 위시하여 예절, 선행 등 구체적인 내용을 담고 있어 유교적인 이상 실현에 적합한 교과서로 인식되었고, 따라서 양반들의 유학 입문서로, 일반백성들의 생활윤리 교본으로 널리 활용되었다.

조선초기부터 조정에서는 물론 관료들도 학교교육 중에서 소학교육 진흥을 위한 시책을 추진하고 실시하였다. 이에 생원복시, 무과전시, 성균관 입학, 고강 등에 소학을 시험보도록 하였다. 이밖에 취재에도 소학을 시험보도록 하였다. 성종 대에는 소학과 삼강행실을 간행하여 중외에 반포하고 장유를 불문하고 모두 소학을 학습케 하였다. 그리고 사학의 유생, 향교의 교생 모두 반드시 소학을 읽은 다음에 다른 경서들을 읽도록 당부하였다.

소학교육은 연산군대에 일치 침체하였다가 중종대 기묘사림들의 진출과 함께 다시 적극 권장되었다. 선조 대에 이르러서는 향교를 비롯한 모든 학교에서 초학입문서로 반드시 소학을 가르치도록 유도하였다. 이이는 종래의 잡다한 주석들을 종합하여 『소학집주』를 편찬하였다. 그리고 동국의 소학이라고 할만한 『격몽요결』을 편찬하였는데 그 체제와 내용은 소학과 유사하여 후대에 많이 활용되었다.

소학 다음으로 향교에서 중요시한 교과는 효경과 사서오경이었다. 나라에서는 이러한 경서들을 간행하여 반포하기도 하였고, 각도의 감사들이 판각 인쇄하여 향교에 나누어주기도 하였다. 아울러 삼강행실이나 이륜행실, 향약 등 교화를 위한 교재들도 향교에 비치하도록 하였고, 성리학의 심화에 따라 우리나라 유현들의 문집과 저서들도 향교에 반포하였다. 오늘날 향교에 남아있는 많은 옛날 문적들은 교육과정과 관련이 있는 것이었다.

중앙에서뿐만 아니라 감영에서도 책을 판각하고 인쇄하여 향교에 나누어주기도 하였다. 그리고 새로 책을 인쇄하려고 향교에 보관중인 좋은 판본을 이용하기도 하였다. 1744년(영조 20년)에 순천향교에 있는 『성리대전』을 저본으로 삼아 전주 감영에서 다시 인출한 것이 그러한 예의 하나가 될 것이다.

3) 조선후기 향교교육 진흥책의 전개

조선 초기부터 계속 추구해 온 교육진흥책에 따라 전국의 향교가 시설을 정비하고 학교의 면모를 어느 정도 갖추게 된 것은 성종대에 이르러서였다. 교관이 파견되고 양반들이 교생으로 입학하여 교육이 처음에는 자못 활발하게 진전되었다. 그러나 여러 가지의 문제점으로 인하여 향교는 교육기관으로서의 면모를 점차 상실해가고 있었다.

향교 교육의 문제점으로 우선 교관의 질적 저하를 들 수 있다. 군현제도가 정비되고 각 고을마다 향교가 하나씩 설치된 성종대에 이르러서는 교관의 명칭을 교수와 훈도의 둘로 정리하였다. 도호부 이상에는 교수를, 군현에는 훈도를 둔다고 하였지만 문신들은 교관직을 한직으로 여기고 외면하였다. 더구나 향교의 재정 열악에 따른 교육의 어려움과 함께 고을 수령이 교관들을 제대로 대접하지 않는 것도 교관직 회피의 한 원인이 되었다. 교육성과가 큰 교관에게는 품계를 올려주고 일반행정직 서용을 허락하는 등의 사기 진작을 도모하기도 하였다. 그러나 교관에 대한 대우는 다른 관직보다 훨씬 빈약하였다.

부족한 교관을 채우기 위하여 군현에서는 학식있는 인사를 학장으로 임명하여 향교 교육을 담당하게 하였다. 학장이 고을과 향교에서 존경받는 명예직이기는 하지만 교육을 담당하는 이들에게 일정한 봉록을 배려하지 않았다는 것은 향교 교육을 침체케 한 원인이 되었다. 또한 가르치는 교관이나 배우는 양반교생이나 학식에 큰 차이가 나지 않은 실정에서 양반들은 향교에서의 공부를 점차 외면하였다.

다음은 향교 교육의 비효율성이다. 양반들이 향교에 나간 것은 공부를 하고 과거에 합격할 목적에서였다. 그러나 향교의 교육은 이들의 기대를 충족하지 못하였다. 교육과정의 미흡하고 이에 따라 과거합격률이 저조하자 양반들은 향교 교육을 회피하였다. 이는 과거를 거쳐 관료들로 진출한 인물들의 학력을 조사하여 보아도 알 수 있다. 향교에서 공부를 하였다거나 향교의 교관을 역임하였다고 밝힌 사람들은 거의 찾아볼 수 없다. 이는 기록의 편파성에서 기인하는 것이기도 하겠지만, 무엇보다도 당시 양반들이 향교의 교육에 별로 기대를 하지 않고 있음을 반증하는 것이라 하겠다. 그들은 향교와 같은 관학에 의존하기보다는 개인들이 세운 서재나 정사(精舍)에서 공부를 하였고, 과거를 앞두어서는 주로 절에 들어가 공부를 하는 것이 통례였다. 이러한 실정에서 양반들의 향교 교육 외면은 심화되어 갔고, 그 대신 평민들이 액외교생으로 입속하여 군역의 모면을 기도하는 실정에 놓이게 되었던 것이다.

향교 교육의 문제점은 국가의 안이한 교육정책에도 있었다. 조정에서는 기회있을 때마다 흥학을 강조하였다. 수령칠사 가운데 '학교흥'을 넣은 것도 그러한 의도에서였다. 그러나 교육을 진흥시킬 구체적인 시책이 결여되어 있었다. 향교의 교육이 무상인 것에 비해 조정에서 배려한 경제적 뒷받침은 수조권에 불과한 향교전 약간과 향교의 유지를 위한 향교노비 몇명 정도였다. 따라서 향교는 항상 재정적 어려움에 부딪치고 있었다. 향교 교육은 수령의 지속적인 관심에 절대적으로 의존할 수밖에 없었다. 순천향교 안에 있는 공적비 14기 가운데 흥학비 2기는 향교에 큰 도움을 주었던 수령을 기리기 위하여 세운 것이었다. 이러한 흥학비는 순천뿐만이 아니라 거의 모든 향교에서 볼 수 있는 것이다. 그러나 수령의 잦은 교체 속에서 향교 교육이 지속적으로 진행되기 어려운 실정이었고, 또한 대다수 수령들은 향교 교육에 그다지 큰 관심이 없었다. 다만 의례적으로 향교에 경제적인 협조를 하였을 뿐이었다.

향교 교육과 과거제도가 유기적으로 연결이 되어있지 않은 것도 향교 교육 침체의 원인이 되었다. 향교 교육, 소과, 대과가 단계적으로 연결되었더라면 양반들은 향교 교육에 필사적으로 매달렸을 것이다. 그러나 과거응시자는 반드시 향교에서 공부를 하여야 한다는 강제 규정은 없었다. 그저 향교에 적을 두어야 과거응시자격을 부여한다는 정도였다. 따라서 양반들은 향교에 공부를 하지 않으면서도 교생으로 적을 두고 있었다. 이는 서울의 성균관도 마찬가지였다. 대과의 응시자격이 생원진사에게만 있는 것은 아니었다. 일반 유학에게도 응시자격이 똑같이 주어졌다. 따라서 생원진사들은 서울의 성균관에서 머무는 것보다 자기 고향에서 공부하고 과거에 대비하는 것을 선호하였다. 조정의 학교정책은 학교에서 인재를 길러 관료로 등용시키겠다는 것이 아니었다. 공부 장소는 어찌되었든 과거를 통해 필요한 관료를 선발하겠다는 안이한 교육정책이자 과거정책을 지속하였다. 이 때문에 서울의 성균관, 사학, 지방의 향교 등 관학의 침체는 필연적이었다고 하겠다.

성종대에 향교 제도가 정비되면서 향교 교육의 진흥을 위하여 여러 가지 의견이 제시되었다. 교육이 부진한 원인이 교관에 있다고 판단하여 교관의 자질을 높이는 조치를 모색하였으나 제대로 시행하지 못하였다. 더욱이 연산군 대에 들어서 향교의 침체는 더욱 두드러지게 되었다. 연산군은 유생들이 경서를 인용하면서 그의 실정을 비난하자 유학을 억압하였다. 그는 경서를 불사르고, 학자들의 독서를 금지하고, 심지어 성균관을 주연의 장소로 만들기도 하였다. 이 때문에 연산군대에는 관학이 더욱 쇠퇴되기에 이르렀다.

중종반정을 계기로 분위기가 혁신되면서 새로운 정치를 바라는 백성들의 여망에 부응하기 위해서, 관료들의 확보와 유학의 진흥을 위해서 학교교육의 강화에 노력하였다. 그리하여 반정 직후 성균관과 사학을 수리하고 향교의 부흥을 위한 조치를 취하였다. 한때 기묘사림들이 진출하면서 향교 교육이 활발하게 전개되는 듯하였다. 그러나 관학의 필요성만을 표명하였을 뿐 실질적인 대책으로 이어지지 않아 큰 효과를 보지 못하였다.

기묘사림들은 학교가 오로지 과거 위주로만 운영되고 명리만을 추구하여 선비들의 풍습을 저해하고 있다고 보았다. 따라서 이들은 학교의 보수나 교관의 파견 등 외형적인 흥학책보다는 사림 스스로의 수련과 자발적인 흥기를 꾀하게 하는 흥학책을 구상하였다. 그러나 명분만 앞세운 흥학책으로는 한번 어그러진 관학의 교육실상을 올바르게 되돌릴 수는 없었다. 그나마 기묘사화를 거치면서 향교 교육은 더욱 침체되고 말았다. 중종 30년에 경상감사가 "자기가 감사로 있었던 5도의 유생들이 모두 향교의 학생이 되기를 원하지 않고 사숙(私塾)에서 공부하고 있다."고 말한 것은 당시 향교 교육의 실상을 제대로 전한 것이라 할 수 있다.

16세기에 이르러 지방교육에서의 가장 큰 변화는 향교를 대신하여 서원이 지방교육의 중심으로 등장하였다는 사실이다. 이 시기의 서원은 단순히 교육사적인 측면에서 뿐만이 아니라 정치 사회적 변화의 산물이라고 할 수 있다. 관학의 부진은 사학의 발달을 촉진하는 요인이 되었으며, 새로운 교육기관으로 등장한 서원이 확산될수록 향교 교육의 쇠퇴는 더욱 가중될 수밖에 없었다. 이러한 결과 선조대의 문신인 이제신이 「후청쇄어」에서 “서원의 유생들은 과거공부를 하는 사람이 아니면 들어가지 못하였는데, 향교는 생원 진사에 합격한 사람은 가지 않고 거개가 용렬하고 잡되고 군역을 피하려는 무리가 많았다. 때문에 당시 사람들이 향교를 천시하고 서원은 존봉하였으며, 무지한 자들 또한 스스로 서원유생을 가장하여 수령을 헐뜯거나 칭찬하므로 수령들 또한 조심하고 무서워하면서 대접하였다”고 지적한 것은 당시 서원의 위세와 향교의 위축을 잘 보여준다 하겠다. 그리하여 당시의 선비들은 서원에 들어가지 못한 것을 수치로 여겼다고 한다.

숙종대의 제독관 혁파 이후 향교 흥학책으로 주목되는 것은 1732년(영조 8년)의 조현명의 「권학절목」으로 생각한다. 이 권학절목은 조현명이 경상감사로 재임할 때에 도내의 흥학을 위하여 작성한 것으로, 감사 체임때 조정에 알렸고 왕의 재가를 얻어 전국에 하달되었다.

전문 14조로 구성된 「권학절목」에서 중요사항만 요약 정리하면 다음과 같다.

1) 고을 안에서 문학에 올바로 힘쓰고 명망있는 문(文). 남(南). 생원진사. 유학(幼學) 가운데 한 사람을 도훈장(都訓長)으로 초빙하고, 도훈장과 수령이 의논하여 교임 한 명과 면에서 교육을 담당할 면훈장 여러 명을 선발한다.
2) 15세 이상의 사족 5~15명을 도훈장, 교임, 면훈장이 의논, 선발하여 향교에서 교육시키는데 이들을 거재유생(居齋儒生)이라 하고, 각 면의 사족중서(士族中庶)를 액수에 구애없이 면훈장이 교육하는데 이들을 각면학도(各面學徒)라 하여 거재유생과 구별한다. 또한 각면학도 가운데 매일 면훈장에게 왕래하기 불편하면 부형이나 근처 숙사(塾師)에게 배우고 삭망에 서원이나 산당(山堂)에서 면훈장과 강론한다.
3) 거재유생과 각면학도에게는 경서, 외가서(外家書) 등을 강습하고 우수

자는 매년말 감영에 보고한다. 거재유생은 감영에 모여 고시한 뒤 도에서 운영하는 감영의 낙육재(樂育齋)에 입학토록 한다.(『귀록집』 권 19 권학절목)

이상의 권학절목의 특징을 보면 사족 가운데에서 도훈장, 면훈장을 선발하여 교육하도록 한 점, 교육체계가 도(낙육재) - 군현(향교; 도훈장) - 면(서원, 산당; 면훈장) - 리(부형, 숙사)의 행정체계와 결합되어 있으며 특히 면리제와 관련을 맺고 있는 점, 끝으로 학생들을 과거공부를 위주로 한 사족인 거재유생과 권학과 강상윤리에 중점을 둔 시서(士庶) 중심의 각면학도로 나누어졌다는 점 등이다.

1732년(영조 8년)의 권학절목이 각도로 반포된 후 이와 비슷한 내용의 절목이 계속 이어졌다. 1745년(영조 21년)에 감영에서 각 군현의 향교, 서원, 양사재에 보낸 「권학절목」에는 도훈장, 면훈장의 선발, 향교나 서원에서 삭망시강, 우수자 시상, 거접유생의 권과 등 17개조의 내용이 규정되어 있었다. 또한 도훈장, 면훈장을 선발하고 면리제의 조직을 이용하여 향숙-향교-감영-대학의 체계로 된 교육체계의 확립을 요구하는 내용의 상소가 영조, 정조대에 계속 이어지고 있었다.

영조·정조대의 관학을 이용한 교육진흥책은 1741년(영조 17년)의 서원 철폐 조치에 대한 대책으로도 생각할 수 있으나, 그보다는 조선시대에 일관해 온 관학진흥책의 일환으로 보아야 할 것이다. 다만 이때의 진흥책이 이전과 다른 것은 면리제를 바탕으로 행정체계와 교육체계를 결합시킨 점, 면리에서 자치적인 교육을 유도하였다는 점, 그리고 사족들 뿐 아니라 중서인(中庶人)들도 교육대상에 적극적으로 포함시키고 있었다는 점 등이었다. 이는 교육체계에 있어 참으로 커다란 변화라 할 수 있는 것이다.

조선후기의 경제적 변화는 촌락에도 커다란 변화를 가져왔다. 이는 조선 전기의 방위면 체제에서 면리제의 세분으로 나타났고, 이를 바탕으로 농민들에게의 수취는 면리를 단위로 하는 수취체제로 바뀌게 되었다. 이러한 군현의 하부조직의 변화에 따라 교육체계도 군현단위에서 면리 단위로 바꾸지 않으면 안되었을 것이다. 이러한 현실이 사족 가운데에서 선발된 면훈장을 두어 면에서 자치적으로 교육을 하게 되고 다시 이를 향교에서 도훈장이 총괄하게 하는 내용의 교육정책으로 나타나게 되었던 것이다.

그리고 교육정책에서 주목되는 것은 사족과 함께 중서인들도 교육대상에 넣었다는 것이다. 과거공부를 하는 사족인 거재유생 이외에 면훈장에게 교육을 받은 각면학도가 그것이다. 「권학절목」에 사족 이외의 신분을 교육대상으로 넣은 것은 경제적으로 성장하고 있는 서민세력들의 지적욕구를 해결해 주려는 것과 함께 또 다른 현실이 개재되어 있다고 할 수 있다. 조선후기에 교육문제와 관련지어 지적되는 것은 풍속의 피폐, 인재의 결핍, 향강의 괴란 등이었고, 이에 대한 시정책은 향속의 교화, 권학, 권과 등이었다. 이는 유독 조선후기에만 국한되는 것은 아니고 어느 시대에나 보편적으로 지적되는 문제이고 해결방안이었다. 그러나 영조, 정조대에 권학절목에서 중서인을 교육대상으로 넣은 것은 다음과 같은 전제가 들어있었다. 즉 풍속을 바로 잡고 교화를 밝힌다는 의례적인 교육목표 이면에는 신분제 변화에 다른 향촌현실의 변모를 윤리서의 교육을 통해 교화함으로서 상하신분의 명분 확립을 목적으로 한 것이라 하겠다. 따라서 양반사족들은 과거준비를 하는 거재유생으로, 중서인들은 교화를 위한 각면학도로 구분해 놓아 신분에 따른 교육목표를 달리한 것이었고, 또한 교육을 담당하는 면훈장, 도훈장도 사족으로 한 것이었다. 다시 말하면 조정의 향교교육 진흥책 속에는 사회체제를 사족 중심으로 다시 확립해 보려는 보수적 의도가 담겨 있는 것이었다.

조선 후기에 작성되는 각종 민정서에도 영, 정조대의 향교진흥책과 비슷하게 훈장을 선출하여 자치적인 교육을 하도록 하는 방법을 권장하고 있었다.

① 반드시 향소와 부노(父老)에게 물어 각 면에서 나이 많고 덕망과 학식이 있으며 사람들이 모두 따르고 복종하는 사람을 교장(敎長)으로 삼는다.(『조선민정자료』「선각」 입교)
② 경내에서 글과 지식, 나이와 덕망이 가장 높은 사람을 추천하여 도훈장으로 정하고 각면 역시 면훈장 한 사람을 정한다. 면내의 유생거안(儒生擧案)을 가려 뽑아서 경사(經史)를 막론하고 원하는 것에 따라 가르침에 응하게 한다. 매달 삭망에 훈장이 시강하여 관에 보고하면 관장과 도훈장이 등급을 살펴 상벌을 행한다.(『목민대방』 예전지속근강시)
③ 동계인에게 모두 서재를 설립하도록 하고, 훈장을 가려 뽑아 매일 가르침을 감독하게 한다. 매달 초하루에 2, 3인을 윤번으로 선택하여 향교에 나와 수령과 함께 향교에 가서 알성하고 예를 마친 뒤에는 강연(講筵)을 열어 읽었던 책을 시험하며 의리를 강조함으로써 권장하는 방법으로 삼는다.(『임관정요』 교화장)

이러한 민정서의 교육권장은 조정의 의도와 크게 다른 것이 없었다. 백성과 고을의 풍속을 변하게 하려는 목표 속에 교육을 통하여 강상 윤리와 상하 신분질서를 재확립해 보려는 목적이 담겨져 있는 것이었다.

수령들도 향교 교육의 회복을 위하여 노력하였다. 경제적 뒷받침을 하거나 공무의 여가에 향교에 나아가 유생들을 가르치기도 하고. 백일장, 순제 등을 열어 교육 분위기를 고취시키기도 하였다. 그리고 영조대의 「권학절목」 반포 이후에는 훈장이나 학장을 선출하여 유생들을 가르치게 한 사례가 빈번하였다. 그러나 수령들의 흥학책도 기본적으로는 양반 중심의 교육이었다. 그리하여 장유귀천을, 또는 사족과 민의 준수자를 모두 교육대상에 넣은 것은 평민들을 사족과 동등한 입장에서 가르치려는 것이 아니라 교화시켜 기존의 신분 체제에 순응케 할 목적에서였다고 할 수 있다.

조정과 수령의 향교 교육의 회복 노력에 대한 양반유생들의 태도와 활동은 어떠하였을까. 중앙에서 교관을 파견하지 않고 군현 자체에서 도훈장, 면훈장을 선출하여 교육을 책임지도록 한 것은 양반들을 향교교육에의 능동적 참여를 유도하게 할 목적이었다. 그리고 향교 교육을 통해 신분질서를 재확립하고 양반중심의 지배체제를 유지하고자 하는 의도는 양반유생들의 취지에서 크게 벗어나는 것은 아니었고 오히려 환영받을 일이었다. 그럼에도 불구하고 조정과 수령의 노력은 그다지 효과를 거두지 못하였다. 반포를 거듭해 온 「권학절목」이나 비슷한 내용의 상소가 계속 이어져 온 것은 조정의 향교 교육 진흥책이 원활히 수행되지 않았음을 반증하는 것이라 하겠다. 이러한 결과를 초래한 것은 관의 교육정책에 문제가 있었기 때문이었다.

「권학절목」 등의 내용 속에는 도훈장, 면훈장에 대한 교육의 책임과 태만에 대한 문책만이 강조되어 있을 분 포상에 대한 배려가 없었다. 그리고 거접유생이나 각면학도에 대해서도 불참자에 대한 처벌, 성적불량자에 대한 처벌이 강조되어 있고, 성적우수자에게는 겨우 지필묵의 지급과 감영에 보고하는 정도의 배려에 그치고 있을 뿐이었다. 또한 교육에 따른 경제적 지원이나 보조 등의 배려가 전혀 보이지 않는 것도 문제점으로 지적되어야 할 것이다. 결국 자치적인 교육활동을 유도하였지만 보상 없이 양반들의 자발적인 참여를 기대하고 수령의 교육관장과 흥학 책임만을 강요하는 정도의 흥학책, 권학책은 양반유생들의 호응을 그다지 받지 못하였다. 다만 과거를 준비하는 양반유생에 대한 배려는 향교교육에의 부분적 참여를 가져왔다. 그것은 유생들을 향교에 거접시켜 과거공부를 시키고 우수한 유생은 감영에 있는 교육시설에 보내는 일이었다.

흥학에 관심있는 감사나 수령들은 조정의 향교교육 진흥책과는 별도의 교육을 위하여 노력하기도 하였다. 감영에 향교 이외의 교육시설을 세우거나 중수한 것이 그 하나의 예이다. 경상도에는 대구 감영에 낙육재를 세웠고, 전라도에는 전주 감영에 희원당을 건립하였다.

> 숙종 경진년(26년, 1700년)에 관찰사 김시걸이 이 희원당(希願堂)을 창건한 뒤 둔전을 두고 도의 글재주 있는 자들을 선발해 공부하는 곳으로 삼았다. 영조 무오년(14년, 1738년)에 관찰사 이주진이 당을 중수하고 양사(養士)의 규식을 더욱 넓혔다.(「완산지」 학교 희원당)

이는 일종의 양사재와 같은 것으로 공도회에서 우수한 성적을 낸 유생들을 모아 과거공부 시키는 별도의 학교기구였다.

1740년경에 작성된 「해동지도」를 보면 전주 감영에는 동쪽의 전주향교와는 별도로 희원당이 서쪽 읍성문 옆에 건립되어 있음을 볼 수 있다. 그런데 영조대의 행정체계와 결합시킨 「권학절목」의 반포 후엔 전주의 희원당은 공도회에서 합격한 유생 대신 전라도 향교의 거접 유생 가운데에서 선발된 자들을 위한 교육장소로 바뀌기도 하였다. 1851년(철종 2년) 전주 감영에서 각 고을의 향교, 서원에 보낸 「흥학절목」에

> 한 고을에서 나이가 적고 영리하며 재주가 있는 자를 선발하여 교원에 거접하고 경서와 예서를 매일 강론한다. …… 춘추의 말에 성책(成冊)하여 보고하고 영문에 불러 올려 희원당에 거접을 허락한다.

도 3. 『해동지도』 전주부 희원당 지도 (좌측)

고 한 것이 그러한 예이다. 그러나 향교에서의 거접, 희원당에서의 거접도 재정 부족으로 계속 이어지지 못하고 자주 중단되었다. 흥학에 관심이 있는 수령이나 감사가 부임해 왔을 때 간헐적으로 시행될 정도였다.

향교에서의 교육과정을 잠시 살펴보면 다음과 같다. 우선 정원을 정해 일정기간 과거를 준비케 하거나 독서를 하게 하는 거접(居接)이라는 것이 있다.

강회(講會)도 있었다. 매달 삭망에 삭망분향제가 있는데, 분향이 끝나고 유생들이 모여서 경전을 강독하였다. 이를 통독(通讀)이라고도 한다. 춘추의 제례날에도 강회를 거행하였을 것으로 짐작할 수 있다. 그리고 제례날의 통독과 별도로 재정적 여유가 있으면 유명한 학자를 초빙하여 수시로 강회를 개설하기도 하였다.

글짓기 공부로 순제((旬題)와 백일장이라는 것도 있었다. 순제, 또는 순제(巡題)는 유생들에게 문제를 내주면 집에서 시부를 작성하여 제출하는 것이고, 백일장은 시험장에서 시부의 실력을 겨루는 것을 말한다. 백일장과 순제는 봄 여름에 개설하는 것이 보통의 관례였던 것 같다. 날씨가 추울 때는 집안에서 경전을 읽고, 따뜻할 때는 집밖에서 글짓기를 하던(秋冬則 居齋通讀 春夏則 設白居接) 옛날의 공부 방법에 따른 것이기도 하였다.

향교의 교육은 조선 전기에는 거접이었지만 후기에는 독서와 의리 탐구하는 강회에 치중하였다. 그리고 재정적인 문제로 강회를 계속할 형편이 안된다면 백일장, 순제 등 글짓기 공부 등으로 대신하여 향교 교육을 외형적이나마 이어나갔다.

조선 후기에 이르면 향교는 양반유생들의 교육 외면으로 인하여 "향교에서 글 읽는 소리가 없다.", "글 읽는 소리가 들린지 오래되었다", "강송(講誦)이 폐지된지 오래다", "가르치고 키울 장소가 없다" 는 등의 지적을 받고 있었다. 이는 의례적인 수사가 아니라 조선후기 향교 교육의 실태를 그대로 반영하는 것이라 하겠다. 그러나 한편으로는 향교의 교육기능을 회복하기 위한 조정과 지방관의 노력은 여러 면에서 이루어지기도 하였다. 특히 1732년 경상감사 조현명의 「권학절목」을 계기로 면훈장과 도훈장으로 이어지는 향교 교육은 다시 소생하는 기미를 보였다. 아울러 조선 후기에는 향교와는 별개의 임원을 구성하고 경제 기반을 마련한 양사재를 건립하고 과거공부를 위한 거접 활동을 전개하기도 하였다.

3. 향교의 제례

1) 문묘제도

향교의 문묘와 학교의 기본구조가 언제 정식화되었는지는 분명하지 않다. 고려시대에는 「본국의 향교제도는 묘와 학이 같은 건물 안에 있다」(이곡, 『가정집』 5, 영해부신작소학기)고 한 것처럼 아마도 문묘와 강당이 한 건물 안에 있었던 것 같다. 그리고 이러한 구조로 미루어 고려시대의 향교는 선현에 대한 제례가 교육에 부수되어 있었던 것으로 생각되어진다.

조선시대에 이르러 공자를 봉안하는 대성전이 독립되고, 아울러 선현들을 종향하는 동무, 서무가 건립되어 제례만을 위한 문묘가 별도로 확립되었다. 문묘는 문성왕묘의 약칭이다. 문묘가 별도로 설립되는 하나의 예로 연산군 6년에 다시 건립된 전라도 광산현의 향교를 보도록 하자.

> 먼저 대성전을 지어 5성과 10철을 안치하고 또 동무, 서무를 지어 70 제자와 역대의 여러 현인들을 안치했다. 앞에는 명륜당을 두어 강학하는 곳으로 삼고, 동서쪽에 협실이 있으니 동에 있는 것은 교관이 앉는 곳이고 서에 있는 것은 사마재로 했는데 이 고을의 상사(上舍: 생원, 진사)가 우거하면서 학업을 닦는 곳이다. 또 동서에 재가 있으니 여기가 곧 유생들이 거처할 곳이요, 서재 뒤에는 전사청이 있고 동재 뒤에는 교관들의 사무실이 있다. 이밖에 신과 사람들이 모두 편안하고 스승과 학생이 집이 있으며 당과 창고와 부엌과 목욕탕이 각각 있을 곳에 있어 무려 60여 칸이나 되었다. (『신증동국여지승람』 35권 광산현 학교)

공자를 주향으로 하는 문묘를 독립시킨 것은 고려와 조선의 유학에 대한 태도의 차이를 반영하는 것이라 하겠다. 아울러 문묘와 강당을 분리하여 교육 장소로 강당인 명륜당과 학생들의 기숙처인 동재, 서재를 따로 마련하였다. 명륜당이 만들어진 것은 조선시대에 이르러서였고, 이는 서울의 성균관을 모방한 것이었다.

태종대에 마련한 「석전의례」에 의하면 향교는 각도의 계수관, 주부군, 현 등 군현의 격에 따라 3등분하여 각기 대설(大設), 중설, 소설이라 구분하였다. 이는 향교 규모와 그리고 봉안하는 위판의 수에 차이를 둔 것이었다. 그리하여 계수관의 향교는 서울의 성균관과 같이 대성전에 공자를 주향, 4성(안자, 자사, 증자, 맹자)을 배향, 공자의 수제자인 10철과 송나라의 6현을 종향하고 공자 문인 72子, 중국의 유학자, 우리나라 유학자를 동무, 서무에 종사(從祀)하였다. 주부군의 향교는 공자를 비롯한 4성, 10철, 송유 6현을 대성전에, 우리나라 유학자를 동서무에 봉안하였고, 현의 향교는 주부군에서 10철을 제외하였다.

문묘제도와 석전의식도 정비되었다. 유교를 통지이념으로 마련한 조선왕조는 사전(祀典)을 크게 대, 중, 소로 나누었다. 종묘와 사직을 대사에 넣고, 공자에 대한 제례를 중사에 넣어 중시하였다. 향교가 교육기관으로서의 절대적 권위를 가지는 것은 바로 공자를 비롯한 성현들을 봉사하는 문묘를 가지고 있기 때문이었다.

문묘는 유학의 상징이었다. 왕도 향교 앞을 행차할 경우에는 말이나 가마에서 내려야 했으며, 감사가 군현을 순행할 때, 수령이 도임하고 체임할 때에 반드시 행하여야 할 의례가 문묘에서의 알성이었다. 또한 문과나 무과에 급제한 사람은 고향에 돌아와 가묘에 고유하기 전에 먼저 문묘에 들려 고유하는 것이 관례였다. 문묘를 성묘로 신성시하고 문묘에 대한 훼손이나 위판의 도난 등을 각 고을 객사에 봉안한 전패에 대한 모독과 같은 강상의 변고로 간주하여 수령을 파직하거나 심하면 고을을 강읍하기도 하였다. 이러한 것들은 문묘가 공자와 선현에 대한 제례장소였을 뿐만 아니라 유학의 상징이었고 지방민들에게는 유교이념을 보급하는 교화의 중심지였음을 나타내 주는 것이라 하겠다.

2) 제례의 종류와 실행

문묘에 대한 제례는 정기적인 것과 부정기적인 것으로 크게 나눌 수 있다. 정기적인 제례로는 2월, 8월의 상정일에 거행하는 가장 큰 제례인 석전제와, 매달 초하루와 보름에 거행하는 삭망분향제가 있다. 부정기적인 것으로는 향교의 건물을 수리할 때 위패를 다른 곳으로 임시로 옮기면서 전후로 거행하는 이안제와 환안제, 문묘에 불시의 재난, 예를 들면 도난, 화재, 벼락 등을 입었을 때의 위안제, 문묘에 위패를 새로 봉안하거나 제외시킬 때의 예성제(禮成祭) 등이 있었다.

석전제는 공자의 제자가 가르침을 받고자 육포 10다발을 바친 속수례(束修禮)에서 유래한다고 한다. 석과 전은 차려놓는다는 뜻으로 제수를 간단히 차리고 단초롭게 지내는 제사를 석채(釋菜)라 하고, 생폐(牲幣)와 합악(合樂), 헌수(獻酬)가 있는 성대한 제전을 석전(釋奠)이라 구별하기도 한다. 석전제는 국가 사전인 오례 가운데 길례의 한가지로 중사(中祀)에 해당하였다. 중사이므로 성균관은 10변(籩, 대나무로 만든, 마른 제수를 담는 제기), 10두(豆, 나무로 만든, 젖은 제수를 담는 제기)를 사용하고 향교는 8변 8두 사용하는데, 문묘 제사는 생식으로만 모시고 화식은 일체 올리지 않는다. 왜냐하면 성인은 하늘과 같아 생물(生物)로 제사를 지내야했기 때문이었다.

각종 제례의 제관은 헌관과 집사로 대별할 수 있다. 헌관은 공자 이하 여러 선현들에게 잔을 올리는 제관으로 초헌관, 아헌관, 종헌관,

분헌관으로 구분한다. 집사는 헌관을 도와 제례를 원만하게 진행할 수 있도록 보조하는 하급제관이었다.

문묘에 대한 제례는 유교이념과 예의 보급이라는 면에서 중요시 되었고, 따라서 각 제례에는 수령이 친히 행하는 것이 원칙이었다. 『경국대전』에 제사를 몸소 행하지 않는 수령은 벌을 받도록 규정되어 있다. 그러나 모든 제례를 수령이 친히 행하기는 어렵기 때문에 일반적으로 석전제나 예성제 같은 중요한 제례에는 수령이 친행하고, 나머지 삭망분향제, 이안제, 환안제 등은 교임이나 양반유생들이 수령 대신에 제관으로 거행하는 것이 관례였던 것 같다.

헌관 가운데 초헌관은 수령이, 종헌관은 교임 가운데 도유사가 아헌관은 양반유생이 담당하였다. 분헌관은 동서무에 종향된 선현들에게 잔을 올리는 헌관으로 양반유생이 담당하였다. 집사는 제기와 제수를 설치하고 헌관을 보좌하여 제례의 원활한 진행을 돕는 직책이었다. 이는 상급집사와 하급집사로 나누는데 상급집사는 양반유생이, 하급집사는 서재교생이 맡았다.

헌관과 집사는 제례 전에 차임, 차출되었다. 교임과 유생들이 모여 지체와 인망이 뛰어난 사람을 가려 뽑아 수령에게 통보하였다. 통보를 받은 수령은 향교에서 올린 명단을 거의 그대로 인정하는 정도에서 결정을 내려 향교에 하첩(下帖)하였다. 그러면 향교에서는 헌관과 집사에게 차첩지를 보내 통고하고 정식으로 임명하는 절차를 취하였다. 아울러 예비의 인원도 두어 임시에 대비하였다.

조선시대의 향교는 점차 교육기능을 상실해 가는 대신 제례기능이 더욱 두드려지게 되었다. 따라서 향교는 제사를 지내는 기구로 인식될 정도였다. 조선 후기 실학자의 한 사람인 유수원 같은 사람은 그의 저서인 『우서』에서

> 양반 유생들은 재임으로 매달 삭망에 분향이나 하고 춘추의 석전제를 지낼 따름이다. 아, 공자는 학자들의 스승이다. 학교를 세운 뜻이 장차 제자들로 하여금 선사(先師)에 귀의하여 학문을 이루게 하려는 것인가, 아니면 그저 분향이나 하고 제사나 지내게 하려는 것인가. 다만 제사만 지내게 한다면 이것은 곧 공자의 사당이다.

라고 혹평할 정도였다.

조선시대에 향교의 제례기능이 강화되어 간 것은 다음과 같은 이유에서였다고 생각한다. 우선 임진란, 병자란 이후 유학이 사회의 기층까지 보급됨에 따라 공자와 선현에 대한 존경과 숭상이 심화되었기 때문이라고 볼 수 있다. 또한 교육기능이 쇠퇴함에 따라 제례기능이 두드러지게 나타난 것도 한 원인으로 생각할 수 있다.

아울러 정치적 사회적 원인도 생각할 수 있다. 이는 중국 명, 청의 교체에 따른 조선사회의 사상적 변화, 즉 소중화의식의 강조요, 주자의 절대화라는 사상적 경직화였다. 이러한 문화이념적인 면에서 뿐만이 아니라 사회적 동요를 수습하는 데에도 제례의 강화는 필요하였다. 즉 경제적 변화, 사회신분제의 변화에 대처하고자 조정과 양반들은 예속을 강조하였고, 향교의 경우에는 선현에 대한 제례의 강화와 이를 통한 하층민에 대한 교화가 강조되었다.

제례의 강화는 여러 가지 폐해를 초래하였다. 우선 손꼽을 것이 제수 문제였다. 향교 제례에 소용되는 제례는 관에서 지급하였다. 제수의 종류와 물량은 제례마다 따로 정해져 있었다. 관아와 향교에서 작성한 향교등록이라는 별도의 문서에 의거하여 제례 전에 수령이나 좌수의 임석하에 제수를 봉진(封進)하였다. 그러나 '예폐(禮弊)'라고 지적되듯이 정해진 액수보다 지나친 제수는 지방 재정에 큰 부담이 되고 있었다.

제수와 관련된 폐해로서 지적할 것은 향교에서의 지방민 침탈이었다. 이는 숙종 40년에 순천에서 일어난 사건으로도 짐작할 수 있다.

> 순천부의 향교 재임 이용연 등이 석전제에 소용되는 잡물을 아직 거두어들이지 않았다고 면임의 아비를 불러오게 하였다가 납부의 독촉을 하였는데 7일 뒤에 면임의 아비가 사망하였다.(『숙종실록』 55권 숙종 40년 7월 경술)

결국 제례의 강화는 제수의 부담을 가중시켜 관과 지방민 모두에게 어려움을 던져주었다. 이에 대해 관에서는 제수의 종류와 양을 의식(儀式)에 맞게 조정하기도 하고, 또는 제수를 지급할 때 수령이나 향청의 좌수가 반드시 임석하여 남징과 점퇴의 폐단을 막아보려고 노력하기도 하였다. 그러나 제수의 양을 바르게 고쳐보려는 감사에게조차 유생들이 순행길을 막으면서 항의하고, 통문을 돌려 비난을 퍼붓는 사건이 발생하는 예로 미루어 제수 폐단의 시정이 어느 정도 실효를 거두었는지는 의문스럽다.

제례의 두 번째 폐단으로 지적할 수 있는 것은 집사첩(執事帖)의 남발이었다. 서재교생들이 담당하도록 되어 있는 집사의 수와 역할은 제례의 종류에 맞게 각기 정해져 있었다. 그런데 평민들을 마구 집사로 차임하여 차첩을 발급하고 그 대가로 돈을 받았다. 교임과 양반유생들의 개인적 부정도 배제할 수는 없지만 대개는 향교 재정의 보충 때문이었다고 생각한다. 그러나 문제는 집사첩을 받은 사람들이 이를 군역 면제의 빌미로 삼고 있었다는 점이다. 조선후기의 민정서에 집사첩의 남발에 대하여 자주 지적하고 이를 금지할 것을 일반 수령들에게 당부를 하고 있지만. 향교의 권위와 향교의 제례를 명목으로 이용한 집사의 차정 또는 집사첩의 남발은 쉽게 금지될 것이 아니었다. 향교로서는 재정 보충의 한 방법으로, 평민들로는 군역 모면의 한 수단으로 활용되었던 것이다.

향교 제례에 따른 또 다른 폐단으로 지적할 수 있는 것은 참석유생의 과다로 인한 향교 재정의 고갈이었다. 양반유생과 교생은 헌관과 집사로 차정되지 않았더라도 제례에 참석하도록 되어있었다. 향교에서는 헌관과 집사에게는 물론 제례에 참석한 유생들에게도 주식을 제공하였다. 그런데 시대가 내려갈수록 양반 유생의 수는 증가하였고, 이에 따라 제례에 소용되는 재정의 부담은 늘어나게 되었다. 관이나 향교에서는 이러한 폐단을 막기 위해 제례 비용의 지출을 직접 관가에서 관장하거나, 지출비용을 미리 계정해 놓아 재정 낭비를 막아보려고 노력하기도 하였다.

이상 살펴본 향교 제사의 폐단들은 재정적인 문제가 주된 것이었다. 그러나 향교 제례와 관련된 정작 큰 폐단은 제례의 참석을 놓고 벌이는 양반들과 서얼, 향족 등 비양반들과의 대립이었다.

양반들에게는 제례에의 참석은 신분의 과시 수단이었다. 그리고 제례 뒤에 행하는 교임의 선출, 유생의 천거와 가부를 묻는 권점(圈點) 등은 향교 운영에 직접 영향력을 행사할 수 있는 기회였다. 또한 향촌에서의 교화를 주관하는 기회이기도 하였다.

① 교원의 유생들이 평상시에 고을의 상놈으로 혹 싫어하고 분하게 하는 자가 있으면 꼭 제향 입재(入齋)하는 때에 교복(校僕)들을 보내어 재소(齋所)에 붙잡아들여 낭자하게 때리기를 마치 형을 집행하는 아문과 같이 한다.(『교원교폐절목』)

② 백성들의 선악은 관사에서 주관하는 것인데 어찌 학교에서 관계하는가. 지금 먼 지방 향촌에서는 법을 무서워하는 백성들을 출패(出牌)하여 잡아다가 죄가 있다고 하면서 사사로이 위협을 하고 심지어 뇌물

> 을 받아내기도 한다. …… 강상을 범하고 풍속교화에 관계있는 것은 모두 학교의 가르침이 이루지 못하였기 때문에 풍속을 교화할 수 없었던 것이다. 마침 학교의 수치가 되기에 마땅하거늘 어찌하여 관사를 대신하여 사람들을 다스리는가.(최성환, 『고문비략』 권4)

강상의 확립과 풍속 교정을 이유로 행하는 이러한 행위는 단순한 교화에 그치는 것이 아니었다. 새로운 신분 질서의 변화에 대응하여 지배신분으로서의 위치를 공고히 할 수 있는 방법이기도 하였다. 따라서 신분을 지키고 명분을 바로잡으려는 양반유생들에게는 향교의 제례는 중요한 것이었고, 또한 더욱 강화해가야 할 것이었다.

그러나 향족이나 서얼 등 비양반들도 향교제례에의 참석을 열망하였다. 양반 신분으로 인정을 받고 싶었기 때문이었다. 이들은 제례에 참석하고자 양반유생들과 심각한 대립을 벌이곤 하였다. 따라서 양반들은 이들의 참여를 막기 위하여, 장흥향교의 예에서 보듯이

> 춘추의 대제 때에 방외한산(方外閑散)의 무리들이 성군작당(成群作黨)하여 토색하는데 이는 오로지 출표(出標)의 문란에서 연유하는 것이다. 반드시 예를 알고 인망있는 선비로 40명을 인원으로 정해 놓으면 한산의 무리들은 금지하지 않아도 스스로 금할 것이다.(「향교혁폐절목」)

고 하여 양반 스스로도 제례의 참석을 제안할 정도였다.

향교는 석전제, 삭망제 이외에 향음주례, 양노연, 투호례 등을 거행하는 장소가 되기도 하였다. 향음주례는 고을에서 덕행이 있는 사람을 골라 베푸는 주연으로 주례(酒禮)를 통한 예법의 훈련이었다. 그리고 양노연은 경노의 목적으로, 투호례는 간소화된 향음주례로 시행되는 것이었다. 행례는 수령의 주재 하에 대개 향교에서 설행되는데 이때 향교의 교임과 유생들은 양반들을, 서재의 교생들은 양반

이 아닌 사람들을 접대하는 임무를 담당하는 것이 상례였다. 이러한 의례의 목적은 "장유를 구별하고 귀천을 밝히고자 한 것이라"고 하듯이 양반들이 신분적, 계급적 이해를 관철시키기 위한 목적이었던 것이다.

결국 향교는 각종의 예를 거행하는 장소였고, 지방민들을 교화하는 중심지였다. 그리고 양반유생들의 지배신분의 우위를 도모해주는 기구로 활용된 셈이었다.

4. 향교의 정치 사회적 활동

향교의 기본 기능은 교육과 제례이지만 여기에만 그치는 것이 아니었다. 향교는 양반들의 모임장소였고, 또 공론의 소재지로서 정치적, 사회적 기능을 아울러 발휘하고 있었다.

나라에서는 향교를 이용하여 통치의 원활을 기대하였고, 또 그러한 방향으로 실행하기도 하였다. 예를 들면 모반 사건에 대한 수습을 위해 향교를 통해 유문(諭文)을 반포하였다. 또한 윤음을 베껴 향교에 배포하기도 하였다. 또는 『감란록』, 『천의소감』, 『봉교엄변록』, 『명의록』 등 모역과 당쟁의 수습을 위하여 만든 서적, 『열성지장』, 『선원록』 등 왕실과 관련된 서적들을 향교에 반포하기도 하였다. 그밖에 서학을 배척할 목적으로 오륜서를 간행하여 향교에 나누어주기도 하였다. 이러한 일들은 향교가 관학이었기 때문이었을 것이고, 또한 양반들이 모이는 향교를 통하여 조정의 정책과 명분을 홍보하고 민심을 수습하기 위한 목적에서였다고 하겠다.

수령들도 향교를 이용하여 군현 통치의 원활을 하려고 노력하였다. 왜냐하면 양반들이 모여 정치의 시비를 내놓는 곳이 향교였기 때문이었다. 이에 수령을 보좌하는 향청의 좌수, 별감을 선발하는데 향교에 자문을 구하기도 하고, 실제 권점케 하기도 하였다. 그리고 향교를 통하여 관정의 득실에 대한 여론을 수렴하기도 하였다. 따라서 관에서 작성한 각종 절목을 향교에 하나씩 반포하거나 보관케 한 것도 향교의 군현 내에서의 위치나 기능을 이용한 것이라 하겠다.

오늘날 순천향교에 보관되어 있는 절목들을 보아도 이를 확인할 수 있다. 『순영절목』은 1745년(영조 21년)에 감영에서 향교, 서원, 양사재 등에 보내어 각종 폐단을 시정하도록 지시한 내용을 담고 있고, 『순천부교원폐단리정정식절목』은 영조 41년(1765년)에 전라도관찰사인 심이지가 향교와 서원의 폐단을 시정하기 위하여 관내의 각 고을에 보낸 것으로, 교원교폐절목, 교원폐단절목, 향교서원절목, 향교폐단이정절목 등의 제목으로 다른 향교에 소장되어 있거나 향교지 등에 수록되어 있다.

향교나 서원의 폐단을 시정하기 위하여 내린 절목 이외에 관정(官政)과 관련된 절목들이 많이 눈에 뜨인다. 『보민고신변절목(補民庫新變節目)』은 1790년(정조 14년)에 작성된 것으로 좌의정 채제공의 건의로 순천부의 과다한 잡역세 징수를 시정하기 위한 것이다. 『지소절목(紙所節目)』은 1868년에 지소에서 관청과 관내의 향교, 서원, 사우 등에 지물을 공급하는 운영 원칙을 담은 것이고, 1882년에 이를 다시 시정한 『지소구폐절목』도 있다. 그리고 백성들의 과다한 진상과 각종 부담을 덜어주기 위한 목적으로 작성한 『순천부가봉진상절목(順天府加封進上節目)』(정유년), 『순천군민막교이절목(順天郡民瘼矯釐節目)』(1900년)도 있다. 그 밖에 흉년이 들어 굶주리는 백성들을 구제하기 위해 곡식과 돈을 나누어 준 것을 기록한 『기민분진사실성책(飢民分賑査實成冊)』(갑신년)과 『진자전래상용하구별책(賑資錢來上用下區別冊)』(기축년)도 있고, 순천으로 유배를 온 죄인들에게 음식물을 제공하는데 참고하려는 『정배죄인양료이정절목(定配罪人粮料釐定節目)』(1831년) 등도 있다.

이렇게 관청에서 작성된 절목들을 향교에 보내 보관토록 한 것은 바로 관아에서 행하는 여러 시책을 향교에 알려 시행의 원활을 기하려는 목적도 담겨져 있고, 또한 실제 이러한 일들을 시행하는 실무자들인 향리들을 양반들이 나서서 감시해 달라는 의도도 담겨져 있는 것이었다.

조정이나 수령들은 향교를 나라의 정책을 홍보하고 관정에 대해 보조케 하는 등의 주로 수동적인 역할만을 강조하였다. 그러나 관정을 시비하고 공론을 형성하던 향교는 양반유생들의 독자적이고도 다양한 정치, 사회적 활동의 근거지가 되고 있었다.

향교를 통한 양반유생들의 정치, 사회적 활동을 잘 보여주는 것은 통문(通文)이다. 유생들의 통문은 서울의 성균관과 지방의 교원을 이어주는 혈맥과 같은 것으로 인식하고 사문의리에 관계되는 것을 서로 알리는 수단으로 이용하였다. 양반유생 사회에 관계되는 문제가 발생하거나 그러한 소식을 조보나 저보(邸報)를 통하여 접하였을 때 양반유생들은 향교나 서원 등에 모여 의논하였다. 그리고 모아진 의견을 통문의 형식으로 작성하고 성균관, 각 군현의 향교, 서원 등에 발송하여 여론을 불러일으켰다.

통문의 내용은 매우 다양하였다. 불교, 도교, 서학, 동학 등 이단에 대한 배격, 선현의 문묘 배향이나 승출(陞黜)에 대한 찬반, 선현에 대한 변무(辨誣)와 규탄, 복제(服制)에 대한 예론 시비, 명현에 대한 증직, 증시, 신원, 삭직, 추탈 등 사문의리에 대한 것, 조정의 대신이나 감사, 수령 등 관료에 대한 비판과 시비, 향교, 서원의 건립, 철폐, 사액, 주향, 배향, 추향 문제, 향교의 이건, 중건, 중수 등 학교에 대한 것, 그리고 효자, 열녀 등 삼강오륜에 모범이 되는 사람들에 대한 추천, 포상요청 및 강상윤리의 파괴자에 대한 고발과 처벌 촉구 등등이었다. 요약하면 조정의 정치문제로부터 향촌의 교화문제에 이르기까지 모든 사항에 걸쳐 양반유생들의 관심을 표명하고 여론을 환기시키는 수단으로 이용된 것이 통문이었다.

그리고 보다 더 중요한 문제에 대해서는 참여의 폭을 더 넓혀 의논하고 이를 상소하거나 직접 상경하여 직소(直疏)하는 방법도 취하였다.

조정이나 지방관들은 사문의리에 대한 유생들의 통문, 상소에 대해서는 "사류의 공의(公議)", "교원의 혈맥", "학교의 통행지규"라 인정하고 대체로 관용적인 태도를 취하였다. 그러나 사문의리 이외에 관정을 시비하거나 감사나 수령 등을 비난하는 통문에 대해서는 처벌과 규제를 가하려고 하였다. 그 하나의 실례로 1655년(효종 6년)에 순천영장을 성토한 호남 유생들의 통문사건을 소개하고자 한다.

순천영장이 선조의 제일(祭日)에 흥양(고흥)향교 앞에서 속오군을 이끌고 진법훈련을 하고 있었다. 마침 흥양유생들이 석전제에 쓸 제수를 관아에서 받아다가 향교로 돌아오는 도중이었다. 공자에게 올리는 제수이기에 큰길로 가야한다고 하면서 유생들이 진중을 가로질러가자 이에 격분한 순천영장이 군사들을 시켜 예물을 나르던 향리들과 향교의 노비들을 구타하였다. 이에 놀란 일행들이 제수를 길에 버리고 도망을 치는 바람에 석전제에 쓸 제수가 훼손을 당한 것이 사건의 발단이었다.

향교에서 이를 목격한 유생들은 모임을 갖고 순천영장의 죄를 성토하는 내용의 통문을 작성하여 도내의 각 군현에 발송하였다. 이에 맞선 순천영장도 사건의 실상을 조정에 알려 유생들의 처벌을 요청하였다. 그러자 흥양향교의 통문을 받은 도내의 유생들은 광주유생을 중심으로 100여명이 상소를 작성하고 직접 상경하여 상소를 올리는 일로 발전하기에 이르렀다.

효종은 흥양의 유생들이 감사에게 먼저 호소하지 않고 통문을 작성하여 순천영장을 비난한 것, 전라도의 유생들이 이에 부화뇌동하여 상경하여 상소를 올린 것은 "관료들에게 허물을 입혀 쫓아내려는 계책으로 평가하고 통문을 작성하는데 앞장섰던 흥양향교의 유생과 상소를 작성하는데 앞장섰던 광주유생을 처벌하고 과거응시자격을 정지시키도록 명령하였다. 또한 왕의 입장을 옹호하는 일부 대신들의 의견을 좇아 순천영장은 기일(忌日)에 군사훈련을 하였다는 죄목만을 들어 파직조치하고, 흥양 현감은 유생들이 통문을 작성하여 관장을 모욕하는데도 좌시하였다는 죄로 탈고신(奪告身)에 처하였다.

의정부, 대간에서는 흥양유생과 호남유생들의 행동은 공자를 모시는 문묘를 존경한 것에서 나온 행동이기에 사기(士氣)의 배양을 위해서도 처벌을 철회하여 주도록 임금에게 요청하였다. 또한 성균관 유생들은 모임을 갖고 제물이 지나가면 모두 말에서 내리는 것이 관례인데 순천영장은 감히 누각에서 내려다보는 등 선현을 모욕하였으니 벌을 주어야 한다는 것, 통문은 유생들이 모여 논의하고 작성하는 고금의 관례요, 유림의 성사(盛事)이고 학교에서의 통례인데 비록 내용이 과격한 바는 있으니 이를 처벌한다는 것은 전례가 없었던 일이라는 점, 광주유생들의 상소는 문묘를 존경하려는데서 나온 것이지 순천영장에 대한 사사로운 원한 때문은 아니라는 것, 또 유생들이야 공론을 대변한 것인데 과거응시 자격을 정지시킨 것은 지나친 처사라는 점을 주장하였다.

앞장섰던 흥양유생 두 명은 잡혀가기 전에 모친에게 하직인사를 하도록 요청하였다가 거절당하자 압송하러 온 관속들을 구타하고 도주하였다가 체포당하였다. 서울로 압송되어 심문을 받다가 죽었으리라는 소문이 항간에 돌아 효종이 조사케 하였는데, 소문과는 달리 전옥서에서 가벼운 형장(刑杖)을 사용한 것이 발각되었다. 자신의 명령을 충실히 이행하지 않았다는 것을 안 효종은 형조판서 이하 여러 관리들을 파직, 유배 조치하고, 형리들을 처형하였다.

효종의 토로대로 한낱 향교유생의 일로 조야를 온통 여론의 속으로 몰아넣었고, 유생들을 동정하였다는 죄목으로 대신들의 파직과 유배를 초래하였던 이 통문과 상소 사건은 조선시대 양반유생들이 작성한 통문의 성격과 이에 대한 조정과 유림들의 태도를 잘 보여주는 것이라 하겠다. 사문의리, 성묘의 존중을 빙자하여 통문으로 관장(官長)을 쫓아내려 하였다고 파악한 효종과 이에 동조한 일부 대신들의 시각과, 통문을 학교에서 행하는 일반적인 관행으로 보고 이를 처벌한다는 것은 사문의리를 포기하는 것이고 선비들의 기를 꺾어버리는 처사라고 주장하는 조야의 유생들의 입장이 맞선 것이었다. 관정(官政)과 관장에 대한 시비를 주된 내용으로 하게 되는 유생 통문을 규제하고 억압하려는 조정과 지방관의 입장과 태도를 단적으로 보여주는 사건이라고 하겠다.

유생들의 통문을 통한 정치, 사회적 활동을 규제하기 위하여 관에서는 통문 작성의 원천이 되는 유회의 개설을 가급적 금지하려고 하였다. 유생들의 정례적인 유회는 춘추에 거행하는 석전제였다. 석전제가 끝난 뒤에 유생들을 향교를 이끌어 갈 교임을 선출하고, 향교에 적을 둘 유생들을 천거하여 받아들이는 등 향교의 구성에 관한 일을 우선 처리하였다. 그리고 그밖에 향교의 수리, 중건, 이건 등 건물 유지 문제, 그리고 향촌에서의 풍속교화와 관련된 문제들을 토의하였다.

석전제 이외는 거의 대부분 비정례적인 유회였다. 향교와 관련된 긴급한 일 이외에 그때 그때 발생하는 유림사회의 관심사를 대상으로 유생들의 의견을 모으고 통문을 수발하고자 모임을 열었던 것이다.

조정과 수령들이 가급적 설회를 규제하려고 한 것은 비정기적인 유회였다. 1745년(영조 21년)에 호남의 각 교원에 반포한 절목은 그러한 의도가 담겨져 있는 하나의 예일 것이다.

> 근래 소위 유회라는 것은 전혀 긴요하지 않고 뜻이 없는 일이 많다. 경박하고 부잡한 부류들이 모여 술잔과 그릇이 낭자하고 술과 고기가 번지르르하며 논의는 분분하고 행동은 뒤집혀 망령되었다. 그 재력을 조사해 보면 모두 교원의 저축에서 나온 것이었다. 요컨대 귀착하는 것은 자기와 다른 사람을 공박하고 쫓아내고 관장을 비방하는 일이었다. 재력은 이로 말미암아 소모, 고갈되고 풍속을 이를 까닭으로 퇴폐 하였다.(『순영절목』)

이러한 유회의 폐단을 시정한다는 명목으로 사문에 관계없는 유회는 일체 엄금하고 부득이 유회를 열 일이 있으면 먼저 관아에 보고하여 허락을 받아야 한다는 것, 그리고 유회에 참석한 유생들은 파회 뒤에 관정(官庭)에 모여 일일이 고강을 받되 문학이 없는 자는 청금록에서 삭제되는 벌을 받는다고 규정하였다. 1765년(영조 41년)의 「교원교폐절목」에서도 유회의 설회는 관을 허가를 받도록 규제하였다.

유회의 규제는 교원의 재정을 탕진한다는 폐단을 막고, 또 유회를 빙자하여 재물을 강제로 징수하여 피해를 입히는 폐단을 막고자 한 경제적 이유도 있었다. 그러나 그 이면에는 유생들이 사문의리를 빙자하여 관정을 시비하거나 관장을 비판하는 여론을 조성해서 결과적으로 통치를 저해하는 행위를 막아보려는 의도를 담고 있었다.

유회에 대한 규제에도 불구하고 향교를 배경으로 벌이는 양반유생들의 유회와 통문을 막을 수는 없었다. 즉

사림에 일이 있으면 반드시 학궁에 모여 의논하는 것은 예로부터 있어 온 관례였다.(『현종실록』 6권 현종 4년 5월 정해)

는 명분 속에 유생들이 향교에 모여 사문의리라는 명목으로 관정으로부터 향촌의 교화에 이르기까지 논의하고 여론을 불러일으키는 활동을 막을 수는 없는 일이었다. 그리고 현실적으로 유생들이 자의적으로 운영하고 있는 향교에 대한 일방적인 규제는 지방관에 대한 비난을 불러 일으켜 자칫 군현 통치의 어려움을 초래할 우려가 있는 일이기도 하였기 때문이었다.

결론적으로 향교는 양반유생들의 정치 사회적 활동을 보장해주는 활동근거지였고, 양반사족들의 우위를 확인시켜줄 수 있는 향촌기구로 존속해 왔다고 할 수 있겠다. 따라서 전국의 모든 군현에서 유생들이 향교를 원활히 운영하기 위하여 유전(儒錢)을 갹출하고, 재물과 전답을 희사하고. 중수와 중건, 심지어 이건을 끊임없이 계속해 온 것은 향교가 양반유생들에게 절대적으로 필요한 존재였기 때문이었다.

(『순천향교사』(2000년) 수록, 일부 수정)

|참고문헌|

윤희면, 『조선후기 향교연구』(일조각, 1990)

『전남의 향교』(전남도청, 1987)

조원래, 「승평지 해제」(『승평지』 순천대 남도문화연구소, 1988)

윤희면, 『조선시대 서원과 양반』(집문당, 2004)

4장 ▮ 나주향교의 연혁과 구조

1. 나주향교의 연혁

우리나라에서 교육기관을 설치한 것은 삼국시대부터였다. 고구려는 372년(소수림왕 2년)에 태학을 설립하였고, 신라는 삼국통일 후인 682년(신문왕 2년)에 국학을 설립하였다. 서울에 학교를 세운 것과 함께 지방에도 교육기관을 설치하였다. 고구려는 지방 곳곳에 경당을 두고, 신라는 소경에 학원을, 주(州)의 치소에는 학교시설을 두어 지방교육에 관심을 기울였다. 이러한 전통이 고려시대에 들어와 지방 관학의 설립으로 연결되었다고 할 수 있다.

고려는 골품제도의 제한에서 벗어나 유교적 정치이념에 바탕을 둔 중앙집권체제를 지향하였다. 958년(광종 9년)에 과거제도를 실시하자 과거를 준비하는 교육기관이 요구되었다. 987년(성종 6년) 8월에는 12목에 경학박사와 의학박사를 각각 1명씩 파견하였다. 그리고 992년(성종 11년) 1월에는 교서를 내려 서재(書齋)와 학사(學舍)를 지어 학교시설을 마련케 하고 또 토지를 주어 교육경비에 충당하도록 조치하였다. 향교는 지방의 관학이고, 문묘와 학교가 결합한 구조를 갖추고 있다는 특징에 비추어 볼 때, 공자와 그 제자들을 봉사하였는지는 의문이지만, 성종대의 교육시설을 향교의 시초로 보자는 견해가 유력해지고 있다.

12목의 하나인 나주에도 경학박사와 의학박사 1인씩을 각각 파견되었다. 그리고 성종 11년의 조치에 따라 서재와 학사 등 학교시설이 갖추어졌다. 나주 어느 지역에 학교시설이 마련되었는지, 교육의 대상은 누구였으며 교육 내용은 어떠했는지를 알려주는 구체적 기록이 없지만 989년(성종 8년)에 나주목의 경학박사인 전보인이 교육에 큰 효과를 거두어 포상을 받았던 것으로 미루어 활발한 교육이 실시되었을 것으로 짐작할 수 있다.

고려시대의 향교는 인종 때에 이르러 전국적으로 확대되었다. 1127년(인종 5년)에는 15개조의 유신교서를 표시하면서 14번째의 흥학책에서 "諸州에 향학을 세워 널리 교도하라"고 하였다. 인종 대에 설치한 향교는 행정구획의 대소에 따라 주학, 부학, 군학, 현학으로 불리어졌으나 이는 모두 향교로 보아야 할 것이다. 이러한 조치를 가지고 향교의 설치연대를 인종 5년으로 보는 견해가 통설로 인정받아왔으나, 여기서는 인종 5년의 흥학책은 향교가 있는 고을은 시설을 정비하고, 없는 고을은 새로이 향교를 건립하여 교육을 강화하라는 조치로 보고자 한다.

전국적인 규모로 향교가 설치되고 지방교육이 확산됨에 따라 계수관에 있는 향교에서 주변 고을의 학생을 모아 과거에 앞서 모의시험을 치르지도 하였다. 이러한 계수관의 향교 都會로 미루어 볼 때 나주향교가 전라도 지방교육의 중심역할을 하였음을 짐작할 수 있겠다.

성리학이 본격적으로 고려에 전해진 것은 충렬왕 때부터였다. 이후 역대 왕들의 흥학책과 성리학의 전래 등으로 유학교육은 부흥되어 갔으며, 지방의 향교들도 차츰 안정되어 갔다. 이 당시에 여러 향교가 중수 또는 신설되고 있음을 기록을 통하여 확인할 수 있다.

조선시대에 들어와 향교는 급속히 정비되고 발전되어갔다. 새로운 왕조의 통치이념인 유교를 보급시키고 유교적인 소양을 지닌 관리를 양성하기 위하여 관학을 강화하였다. 서울에서는 성균관을, 지방에서는 향교를 정비하고 확충하였던 것이다. 1413년(태종 13)년에는 각 고을의 향교에 학전을 지급하여 향교의 발전과 운영에 커다란 전기를 마련하였다.

중앙의 문교정책에 따라 각 고을마다 기존의 향교를 보수하거나 확충하였고, 향교가 없는 고을에서는 신설하였다. '한 고을에 한 향교(一邑一校)', '향교와 사직이 있어야 고을이 이루어진다(有校有社然後可成都邑)'의 원칙에 따라 수령이 파견된 군현에는 관학인 향교를 반드시 설치하였다. 조선시대의 향교 연혁을 살펴보면 대부분 태조, 태종, 세종 대에 건립되었다고 한다. 혹 선조 때에 창건되었다고 알려져 있는 향교도 있으나 이는 기록의 착오이거나 아니면 중건을 창건으로 잘못 이해한 때문이었다. 조선시대의 제도 문물이 일단 완성되는 성종 대에 편찬된 『동국여지승람』을 보면 모든 고을마다 향교와 문묘(:문선왕묘)가 있음을 기재하고 있다. 따라서 조선시대에 들어와 늦어도 성종 대에 이르러서는 전국의 모든 군현에 향교가 마련되었다고 할 수 있다.

조선시대 향교는 관학이고 지방관아의 관할 아래 있기 때문에 대부분 관아에서 그리 멀지 않은 곳에 자리 잡았다. 그리고 읍성 밖에 두는 것이 일반적이었는데 이는 교육장소이기에 시끄러움을 피하고자 함이었다. 나주향교가 나주읍성의 서문 밖에 자리 잡은 것은 객사를 기준으로 왼쪽에 문묘, 오른쪽에 사직단을 두도록 한 좌사우묘(左社右廟) 제도에 맞춘 것으로 보인다.

나주향교는 풍수를 고려하여 나주 북쪽에 있는 진산인 금성산의 서북쪽 줄기인 장원봉 아래 둥그렇게 감싸고 있는 자리를 터로 잡았다. 지금은 광주–목포간 1번 국도가 장원봉의 허리를 자르면서 지나가고 있어 명륜당 뒷담장이 바로 도로에 접하게 되었고, 또 향교주변에 많은 민가가 들어서 있어 예전의 모습을 많이 상실한 상태이지만, 나주향교는 처음 자리 잡은 곳에서 한번도 옮긴 적이 없이 유지되어 왔다.

향교 배치는 대개 대성전이 명륜당 앞에 위치하는 전묘후학과 대성전이 명륜당 뒤에 배치하는 전학후묘의 구조로 나눈다. 이는 향교를 건립하는데 평지에다 하는가 구릉지에다 하는가에 차이였다. 평지에 둘 경우에는 향교의 가장 핵심 건물인 대성전이 앞에, 경사진 곳에서는 대성전을 제일 높은 곳에 두어 건물의 위계성을 표현한 것이었다. 나주향교는 평지에 자리를 잡아 앞에 문묘가 뒤에 명륜당이 배치되어 있는 전묘후학의 구조를 갖추게 되었다. 이는 서울 성균관을 본따서 지은 것이라고 한다.

조선이 건국되고 새로운 도읍인 한양을 건설하면서 1397년(태조 6년)에 성균관을 짓기로 결정하고, 이듬해인 1398년(태조 7년)에 숭교방(지금의 서울 명륜동)에 성균관 건물을 세웠다. 공자와 성현들의 위패를 모셔놓은 문묘와 강의 장소인 명륜당, 유생들이 거처하는 동재, 서재가 이때 세워졌고, 창건 당시 규모는 대성전과 명륜당을 비롯하여 96칸에 달하였다고 한다. 그러나 1400년(정종 2년)에 화재로 소실되어 1409년(태종 9년)에 중건하였다. 임진왜란 때 대부분의 성균관 건물이 소실되어 그 후에 다시 지을 때 나주향교를 참고하였다는 말이 전해지고 있다. 그렇다면 나주향교는 성균관이 완성된 이후에 성균관의 모습을 본 따 지은 것이라 할 수 있으며, 따라서 태조 7년 이후 적어도 태종 초년 경에는 문묘와 명륜당의 건물이 마련되었다고 볼 수 있겠다.

1872년에 작성된 「나주목지도」를 보면 읍성 서문 밖에 향교가 있고, 앞에 개천(亭子川)이 흐르는 것을 볼 수 있다. 이는 풍수에서 말하는 배산임수의 형세이면서, 또한 성균관 앞에 반수가 흐르는 것을 연상시켜주고 있다. 곧 나주향교가 성균관의 모습을 본 따서 지은 것임을 다시금 확인시켜주는 것이라 하겠다. 나주 선비들도 나주향교 앞으로 흐르는 개천을 성균관 옆에 흐르는 것처럼 반수(泮水)라고 불렀다. 1480년(성종 11년) 나주목에서 나주유생 9명과 당시 목사 김춘경의 아들 등 10명이 함께 사마시에 합격하는 경사가 벌여졌을 때 나주향교 교수로 있던 박성건이 이를 노래로 읊은 「금성별곡」에 나주향교의 전경이 그려져 있으니 "대성전과 명륜당이 있어, 앞은 문묘요 뒤는 정침(正寢)으로, 동재 서재의 마루와 좌우의 협실 반수는 양양하다"고 한 것에서 이를 확인할 수 있다.[1] 그리하여 나주의 유생들은 "교궁의 배치가 한결같이 성균관에 의거하였고, 대성전은 더욱 웅장하여 규모가 성균관과 비교하여도 손색이 없다"[2]고 하였던 것이다.

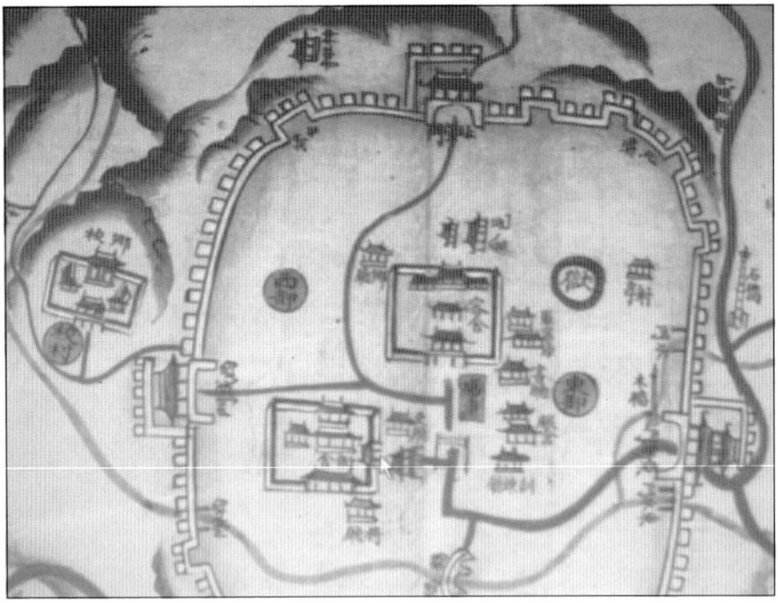

도 1. 『전라도지도』(1872년) 나주목지도

1) 나세찬(1498~1551), 『송재선생유고』 권4 추록 詠錦城慶事

2) 「향교중수기」 기해년(1839년) 지주 이현호 기(『나주향교지』 1993년, 232쪽)

나주향교는 전라도 계수관의 향교답게 호남의 중심 교육기관으로 존속해 왔으며, 교육에 관심이 깊은 나주목사들과 양반사족들의 관심을 받으며 끊임없이 보수되고 유지되어 왔다. 세조 때에는 목사 김계희가 향교를 크게 수리하였고[3], 선조 때에는 목사 유몽정이 재임 중에(1581년) 향교를 수리하였으며, 목사 김성일은 교육에 힘을 기울였다.[4]

정유재란으로 나주향교가 크게 파괴되자 1630년(인조 8년) 장유가 나주목사로 있을 때 교육에 힘을 쓰고 향교를 수리하였다.[5] 이때에는 대성전을 개건하고 명륜당과 동재, 서재를 중수하는 등 대대적인 공사였다. 마침 장유와 사마시 동방이었던 나해봉이 앞장을 서서 주관한 것 같다.[6]

그 이후에도 1670년(현종 11년)에 문묘를 중수하였고[7], 1839년(헌종 5년)에는 문묘 중수, 외삼문 개건, 동재, 서재의 개건, 담장 수리 등 대대적인 공사였다.[8] 이때의 모습을 당시 나주목사 이현호(1837~1840년 재임)가 쓴 「향교중수기」에 다음과 같이 전하고 있다. 곧 대성전의 서까래가 낡아 수리하기로 결정하고 중앙에 보고하여 허락을 얻어낸 다음 4월 17일에 문묘의 위판을 명륜당으로 옮기고, 4월 18일에 대성전을 시작으로 공사를 시작하여 다른 곳까지 손을 보아 6월 그믐에 완공하였다는 것이다. 관아에서 돈을 대고 나주 유생들이 주관하여 72일을 소용한 공사가 마무리되면서 7월 1일에 위판을 다시 문묘에 봉안하

---

3) 『신증동국여지승람』 35권 전라도 나주목 名宦
4) 『동국여지지』 권5 상 전라도 나주목 명환
5) 『동국여지지』 권5 상 전라도 나주목 명환
6) 나해봉(1584~1638), 『남간집』 나주향교동재상량문, 또는 「동재상량문」(『나주향교지』 219쪽)
7) 「문묘중수상량문」, 해남 김만영, (『나주향교지』 212쪽)
8) 『승정원일기』 2365책 헌종 5년 3월 15일

는 것으로 공사를 끝맞쳤다고 한다.[9]

2. 나주향교의 구조와 활동

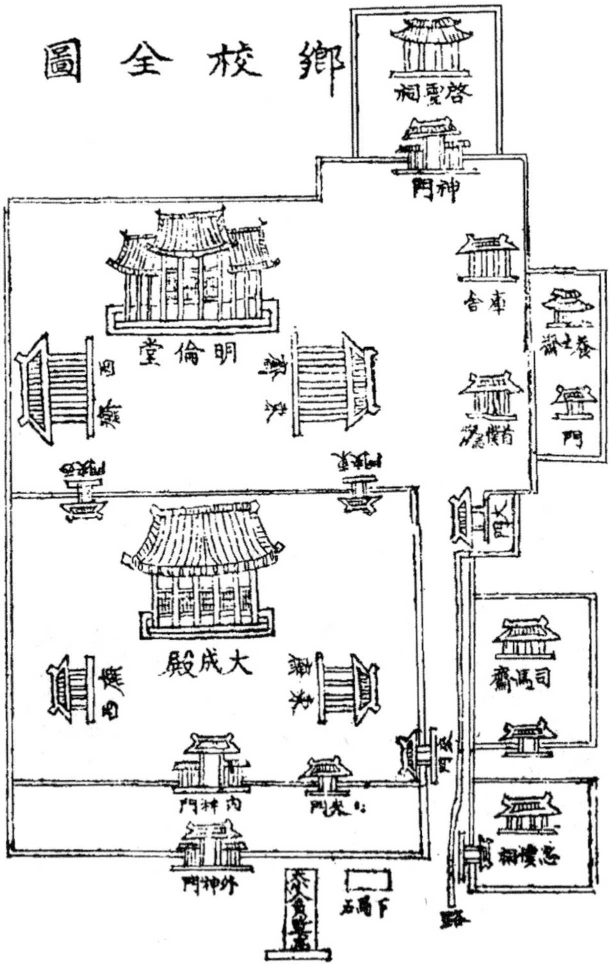

도 2. 나주향교 전도(20세기 초 추정)

9) 「향교중수기」 기해년(1839년) 지주 이현호기(『나주향교지』 232쪽)

1) 제향 공간

향교는 제례와 교육의 2대 기능을 가지고 있다. 향교는 서울에 있는 성균관의 축소형으로 공자를 봉안하는 대성전과 선현들을 봉안하는 동무 서무의 문묘와 학생들을 교육하는 장소인 명륜당, 기숙장소인 동재 서재인 학교를 기본 구조로 가지고 있다. 향교가 문묘와 학교라는 기본구조를 언제 갖추게 되었는지는 분명하지 않으나, 고려시대에는 본국의 향교제도는 「묘와 학이 같은 건물 안에 있다(廟學同宮)」고 한 기록으로 미루어 문묘와 강당이 한 건물 안에 있었던 것 같다. 따라서 제례가 교육에 부수되어 있었던 것으로 생각되어진다. 그런데 조선시대에 이르러 공자를 봉안하는 대성전이 독립되고, 선현들을 종향하는 동무 서무가 건립되어 제례만을 위한 문묘가 별도로 확립되었다. 향교에서 공자를 주향으로 하는 문묘를 독립시킨 것은 고려와 조선의 유학에 대한 태도의 차이를 반영하는 것이라 하겠다. 문묘와 강당을 분리하게 되니 교육 장소로 명륜당과 동재 서재를 따로 마련하였던 것이다. 명륜당이 만들어진 것은 조선시대에 이르러서였다.

학교제도를 정비하면서 문묘제도와 석전의식도 함께 정비되었다. 유교를 통치이념으로 마련한 조선왕조는 사전(祀典)을 크게 대, 중, 소로 나누었다. 종묘와 사직을 대사에 넣고, 공자에 대한 제례를 중사에 넣어 중시하였다. 향교가 교육기관으로서의 절대적 권위를 가지는 것은 바로 공자를 비롯한 성현들을 봉사하는 문묘를 가지고 있기 때문이었다. 문묘는 유학의 상징이었다. 왕도 향교 앞을 행차할 경우에는 말이나 가마에서 내려야했다. 그리고 감사가 군현을 순행할 때, 수령이 도임하고 체임할 때에 반드시 행하여야 할 의례가 문묘에의 알성이었다. 문묘를 신성시하고 문묘에 대한 훼손이나 위판의 도난 등을 각 고을 객사에 봉안한 전패에 대한 모독과 같은 강상지변(綱常之變)으로 간주하여 수령을 파직하거나 심하면 고을을 강읍하기도 하였다.

문묘와 동무, 서무에는 위패가 모셔져있다. 734년(신라 성덕왕 16년) 9월에 당에 갔던 대감 수충(守忠)이 돌아오면서 공자, 10철, 72제자의 도상(圖像)을 가져와 국학에 비치한 적이 있었고, 983년(고려 성종 2년)에는 박사 임노성이 송에서 돌아오면서 4도(大廟堂圖, 社稷堂圖, 文宣王廟圖, 祭器圖)와 72賢贊記를 가져와 989년(성종 8년)에 大廟 등을 건립한 것 등으로 미루어 조선시대 이전에는 문묘에 공자와 선현들의 도상을 그려 벽에 걸어놓고 석전제를 지냈던 것 같다. 『고려사』에 여러 고을 문선왕묘에서 석전제를 지낸다는 기록이 보이는 것으로 보아 향교에도 도상을 걸어놓고 제례를 지낸 것으로 볼 수 있다. 다만 국학과 향교는 건물의 규모와 봉사하는 선현의 수에 차이가 있었을 것이니 향교에는 공자를 위시한 5성 10철만 모신 것이 통례였던 듯싶다.

고려 말에는 문묘에 불상처럼 소상(塑像)을 만들어 사용하기도 하였다. 이는 지방의 향교에도 영향을 미쳤다. 그 뒤 성리학이 보급되면서 도상이나 소상이 위판으로 바뀌어 나갔다. 그러다가 조선 초기에 이르러 문묘제도의 정비에 따라 모두 밤나무로 만든 위패로 대체되어 갔다.

태종대에 마련한 「석전의례」에 의하면 향교는 각도의 계수관, 주부군, 현 등 군현의 격에 따라 3등분하여 각기 대설(大設), 중설, 소설이라 구분하였다. 이는 향교 규모와 봉안하는 위판의 수에 차이를 둔 것이었다. 그리하여 계수관의 향교는 서울의 성균관과 같이 대성전에 공자를 주향, 4성(안자, 자사, 증자, 맹자)을 배향, 공자의 수제자인 10철과 송나라의 6현을 종향하고, 동무와 서무에 공자 문인 72子, 중국의 유학자, 우리나라 유학자를 종사(從祀)하였다. 주부군의 향교는 공자를 비롯한 4성, 10철, 송유 6현을 대성전에, 우리나라 유학자를 동서무에 봉안하였고, 현의 향교는 주부군에서 10철을 제외하였다. 군현의 격에 따라 문묘종사자에 차등을 두는 것은 계속 논란이 이어졌다. 또한 조선 초기부터 중국 유현 가운데 부분적인 승출(陞黜)이 있었고, 특히 양명학은 수입될 당시부터 배척을 받았기에 육구연, 왕수인 등은 문묘에서 제외되었다. 그리고 우리나라의 유현은 조선 말기까지 모두 18명으로 늘어나게 되었다.(동국 18현) 나주향교는 물론 대설이었다.

나주목은 중간에 여러 차례 금성현으로 강읍이 된 적이 있었다. 1645년(인조 23년)에 나주목사가 진상품을 빼돌린 향리를 처벌하다가 칼에 찔리는 사건이 발생하여 금성현으로 강읍이 되었다.[10] 1654년(효종 5년)에 나주목으로 환원이 되었으나 이듬해에 객사에 모신 전패가 파손되는 변고가 일어나 다시 금성현으로 강등되었다가[11], 1664년(현종 7년)에 다시 나주목으로 승격하였다.[12] 영조 4년에 일어난 이인좌난의 여파로 1735년(영조 11년)에 나주가 금성현으로 강읍되었다가[13], 1737년(영조 13년) 11월에 다시 복구되었다.[14] 목에서 현으로 강등이 되면 문묘에 모신 위패의 수도 조정이 되어야 했다. 즉 대설에서 소설이 되는 셈이었기에 격에 맞게 위패를 치워 땅에 묻어야 했다. 그러다가 현에서 목으로 다시 승격하면 위패를 다시 만들어 격에 맞게 봉안하였던 것이다.

문묘에 대한 제례는 정기적인 것과 부정기적인 것으로 크게 나눌 수 있다. 정기적인 제례로는 음력 2월과 8월의 상정일에 거행하는 가장 큰 제례인 석전제와, 매달 초하루와 보름에 거행하는 삭망분향제가 있다. 부정기적인 것으로는 향교의 건물을 수리할 때 위패를 다른 곳으로 임시로 옮기면서 전후로 거행하는 이안제와 환안제, 문묘에 불시

---

10) 『인조실록』 권46 23年 7月 11日(경신)

11) 『효종실록』 권14 6년 1월 17일(임인)

12) 『현종실록』 권7 5년 1월 9일(임신)

13) 『영조실록』 권40 11년 5월 1일(경자)

14) 『영조실록』 권47 14년 9월 20일(기사)

의 재난, 예를 들면 도난, 화재, 벼락 등을 입었을 때의 위안제, 문묘에 위패를 새로 봉안하거나 제외시킬 때의 예성제 등이 있었다.

석전제는 공자의 제자가 가르침을 받고자 육포 10다발을 바친 속수례에서 유래한다고 한다. 석전제는 국가 사전인 오례 가운데 길례의 한가지로 중사에 해당하였다. 중사이므로 성균관은 10변(대나무로 만든 마른 제수를 담는 제기), 10두(나무로 만든 젖은 제수를 담는 제기)를 사용하고 향교는 8변 8두 사용하는데, 문묘 제사는 생식으로만 모시고 화식은 일체 올리지 않는다. 성인은 하늘과 같아 생물로 제사를 지내야했기 때문이었다.

문묘에 대한 제례는 유교이념과 예의 보급이라는 면에서 중요시 되었고, 따라서 각 제례에는 수령이 친히 거행하는 것이 원칙이었다. 향교가 관아 가까이 자리 잡은 이유이기도 하였다. 『경국대전』에 제사를 몸소 거행하지 않는 수령은 벌을 받도록 규정되어 있다. 그러나 모든 제례를 수령이 친히 거행하기는 어렵기 때문에 석전제나 예성제 같은 중요한 제례에는 수령이, 나머지 삭망분향제, 이안제, 환안제 등은 교임이나 양반유생들이 수령 대신에 제관으로 거행하는 것이 관례였던 것 같다.

각종 제례의 제관은 헌관과 집사로 대별할 수 있다. 헌관 가운데 초헌관은 수령이, 종헌관은 교임 가운데 도유사가, 아헌관은 양반유생이 담당하였다. 분헌관은 동서무에 종향된 선현들에게 잔을 올리는 헌관으로 양반유생이 담당하였다. 집사는 제기와 제수를 설치하고 헌관을 보좌하여 제례의 원활한 진행을 돕는 직책이었다. 이는 상급집사와 하급집사로 나누는데 상급집사는 양반유생이, 하급집사는 서재교생이 맡았다.

조선후기에 향교는 점차 교육기능을 상실해 가는 대신 제례기능이 더욱 두드려지게 되었다. 따라서 향교는 제사를 지내는 기구로까지 인식될 정도였다. 향교의 제례기능이 강화되어 간 것은 우선 임진란, 병자란 이후 유학이 사회의 기층까지 보급됨에 따라 공자와 선현에 대한 존경과 숭상이 심화되었기 때문이라고 볼 수 있다. 아울러 정치적 사회적 원인도 생각할 수 있다. 이는 중국 명, 청의 교체에 따른 조선사회의 사상적 변화, 즉 소중화의식의 강조요, 주자의 절대화라는 사상적 경직화였다. 이러한 문화이념적인 면에서 뿐만이 아니라 사회적 동요를 수습하는 데에도 제례의 강화는 필요하였다. 즉 경제적 변화, 사회신분제의 변화에 대처하고자 조정과 양반들은 예속을 강조하였고, 향교의 경우에는 선현에 대한 제례의 강화와 이를 통한 하층민에 대한 교화가 강조되었다.

제례의 강화는 여러 가지 폐해를 초래하였다. 우선 손꼽을 것이 제수 문제였다. 향교 제례에 소용되는 제례는 관에서 지급하였다. 제수의 종류와 물량은 제례마다 따로 정해져 있었다. 그러나 '예폐(禮弊)'라고 지적되듯이 정해진 액수보다 지나친 제수는 관과 지방민 모두에게 어려움을 던져주었다. 제례의 두 번째 폐단으로 지적할 수 있는 것은 집사첩의 남발이었다. 서재교생들이 담당하도록 되어 있는 집사의 수와 역할은 제례의 종류에 맞게 각기 정해져 있었다. 그런데 평민들을 집사로 차임하여 차첩을 발급하고 그 대가로 돈을 받았다. 교임과 양반유생들의 개인적 부정도 배제할 수는 없지만 대개는 향교 재정의 보충 때문이었다고 생각한다. 그러나 문제는 집사첩을 받은 사람들이 이를 군역 면제의 빌미로 삼고 있었다는 점이다. 향교로서는 재정 보충의 한 방법으로, 평민들로는 군역 모면의 한 수단으로 활용하였던 것이다. 향교 제례에 따른 또 다른 폐단으로 지적할 수 있는 것은 참석유생의 과다로 인한 향교 재정의 고갈이었다. 향교에서는 헌관과 집사에게는 물론 제례에 참석한 유생들에게도 주식을 제공하였다. 그런데 시대가 내려갈수록 양반 유생의 수는 증가하였고, 이에 따라 제례에 소용되는 재정의 부담은 늘어나게 되었다.

향교 제사의 폐단들은 재정적인 문제가 주된 것이었다. 그러나 향교 제례와 관련된 정작 큰 폐단은 제례의 참석을 놓고 벌이는 양반들과 서얼, 향족 등 비양반들과의 대립이었다.

양반들에게는 제례에의 참석은 신분의 과시 수단이었다. 그리고 제례 뒤에 행하는 교임의 선출, 유생의 천거와 가부를 묻는 권점 등은 향교 운영에 직접 영향력을 행사할 수 있는 기회였다. 또한 향촌에서의 교화를 주관하는 기회이기도 하였다. 향족이나 서얼 등 비양반들도 향교제례에의 참석을 열망하였다. 양반 신분으로 인정을 받고 싶었기 때문이었다. 이들은 제례에 참석하고자 양반유생들과 심각한 대립을 벌이곤 하였다. 따라서 양반들은 이들의 참여를 막기 위하여 양반 스스로도 제례의 참석을 제한할 정도였다.

향교는 석전제, 삭망분향제 이외에 향음주례, 양노연, 투호례 등을 거행하는 장소가 되기도 하였다. 향음주례는 고을에서 덕행이 있는 사람을 골라 베푸는 주연으로 주례를 통한 예법의 훈련이었다. 그리고 양로연은 경노의 목적으로, 투호례는 간소화된 향음주례로 시행되는 것이었다. 행례는 수령의 주재 하에 설행되는데 의례의 목적은 "장유를 구별하고 귀천을 밝히고자 한 것이라"고 하듯이 양반들이 신분적, 계급적 이해를 관철시키기 위한 목적이었던 것이다. 결국 향교는 각종의 예를 거행하는 장소였고, 지방민들을 교화하는 중심지였다. 그리고 양반유생들의 지배신분의 우위를 도모해주는 기구로 활용되었다.

향교 제례와 관련있는 시설로 명륜당의 담장 너머에 계성사(啓聖祠)가 있다. 공자와 4성의 부친 위패를 모신 사당이다. 계성사는 1701년(숙종 27년) 성균관의 대성전 서북쪽에 처음 세운 것을 시작으로 1739년(영조 15년)에 큰 고을에 세워지게 되었다. 계성사의 건립 이유는 아들과 아버지의 위패가 함께 있어 아들이 아버지보다 먼저 제사를 받는 일이 발생하니, 예절에 어긋난다하여 5성의 아버지만을 모시는 별도의 건물을 건립하고 제사를 지내려고 하였기 때문이다. 나주향교의 계성사는 명륜당 뒤로 광주–목포간 1번 국도가 나면서 헐어버린 것으로 보인다. 다른 향교 계성사들은 해방 후 성균관을 시작으로 모두 헐리게 되었으나 전주향교와 제주향교 두 곳만 현재 남아 있다.

그리고 나주향교에는 특이하게도 충복사(忠僕祠)가 있었다. 정유재란 때에 향교노비 김애남이 공자의 위패를 등에 업고 도망을 하였다가 난리가 지난 뒤에 안전하게 다시 모신 공을 기려 춘추제향 때 마다 남은 제수를 지급하여 후손들이 기리도록 한 것이 관례가 되었다. 이후 오래전 일이라 기림이 중단되었다가 1798년(정조 22년)에 향교노비들의 요청과 성균관에 있는 호성복사(扈聖僕祠)의 비슷한 사례, 유생들의 주선과 나주목사 임육(1795～1800년 재임)의 도움으로 향교 옆에 사당을 지었고, 이름을 임육의 제안대로 충복사라 하였다.[15]

2) 강학 공간

대성전 뒤는 강학 공간으로 교육장소인 명륜당과 유생들의 기숙사가 되는 동재와 서재가 있다. 나주향교의 명륜당은 다른 고을에서는 잘 볼 수 없는 협실이 좌우로 붙어 있다. 서울 성균관을 본 딴 것이기는 하지만, 협실이 붙어 있는 이유는 향교를 지을 때 나주향교의 건물을 모방하였을 것으로 보이는 이웃고을 광산현의 향교 모습에서 찾을 수 있다. 즉 "앞에는 명륜당을 두어 강학하는 곳으로 삼고, 또 동쪽과 서쪽에 협실을 두었으니, 동쪽에 있는 협실은 교관이 앉는 곳이고, 서쪽에 있는 협실은 사마재라 했는데 이 고을의 上舍(생원, 진사)가 우거하면서 학업을 닦는 곳이며, 또 동쪽과 서쪽에 재를 두었으니 여기가

---

15) 「충복사기」(『나주향교지』 241쪽)

곧 유생들이 거처하는 곳이다"[16] 라고 하였듯이 좌우 협실은 향교교육을 위하여 중앙에서 파견된 교수(종6품)가 있을 곳과 생원진사시에 합격하였으나 여러 가지 사정으로 서울 성균관에서 공부하지 못하고 고을로 내려온 생원 진사가 있을 곳으로 마련된 것이었다.

고려시대에는 군현별로 수령이 교관을 임명하여 교육케 하였으나 고려 말 공양왕대에 이르러 각도의 목, 부, 군에 유학교수관을 파견하였다. 조선시대의 교관제도는 중앙에서 파견하는 고려 말의 방법을 그대로 답습하면서 출발하였다. 그 뒤 군현제도가 정비되고 각 고을마다 향교가 하나씩 설치된 성종 대에 이르러서는 교관의 명칭을 교수와 훈도의 둘로 정리하였다. 그리하여 『경국대전』에 교수는 종6품, 훈도는 종9품으로 정하고, 주, 부에는 교수를 72명, 군, 현에는 훈도를 257명 등 모두 329명을 향교 교관으로 파견하였다.

교수와 훈도에게 삭미, 포, 저화 등과 수발에 필요한 관노 1명과 큰말 1필을 지급하였다. 그리고 교육 효과가 큰 교관에게는 품계를 올려주고 일반행정직 서용을 허락하는 등의 사기 진작을 도모하였다. 그러나 교관에 대한 대우가 다른 관직보다 빈약하여 향교 교육을 침체케 한 원인이 되었다. 임진왜란, 정유재란으로 향교가 파괴되고 소실되어 향교 자체를 유지하기도 어려운 실정이었다. 그리하여 이후 향교를 중건, 복구하였지만 교관의 파견은 유명무실하여졌다. 교관이 교육과 운영을 책임질 수 없게 되는 상황과 병행하여 고을 양반들이 교임이라 하여 도유사, 장의, 색장 등의 직임을 두고 자치적으로 향교를 운영해 나가게 되었다.

향교의 학생은 교생이라 하는데, 입학할 수 있는 나이는 16세 이상이었다. 16세 미만인 자들은 동몽이라 하여 교생과 구분하였다. 교

16) 『신증동국여지승람』 권35 전라도 광산현 학교

생의 상한 나이는 40세였다. 교생은 군역의 면제 특전이 주어졌는데 면학에 뜻이 없는 자들이 향교에 머무는 폐단을 없애기 위해서 40세로 제한하려고 하였다. 그러나 실제로는 40~60세의 교생도 얼마든지 존재하였다.

교생의 정원은 고을의 격에 따라 차등을 두어 책정하였다. 교생을 늘리자는 주장이 꾸준히 계속되었고, 성종 2년에 교생의 수가 대폭 증가하였다. 곧 부, 대도호부, 목은 각 90명, 도호부는 70명, 군은 50명, 현은 30명이었다. 이 액수는 조선 말기까지 변동이 없었다. 나주향교의 동재와 서재가 11칸이나 되는 이유는 상대적으로 교생의 수가 많았기 때문일 것이다.

교생의 신분에 대하여 법제적으로 자격이 명시된 바는 없었다. 조선시대에 과거는 평민 이상이면 모두 가능하였으므로 적어도 평민 이상이면 교생이 될 수 있었다고 볼 수 있다. 그러나 신분제 사회에서 양반과 평민이 함께 교생으로 향교에 입학하였더라도 양반들과 평민들이 함께 공부를 하고 같은 대우를 받았다고는 생각하기 힘들다. 향교에서는 같은 교생이라도 신분의 차이에 따라 서로 구별을 하였다.

조선시대에는 교생을 액내와 액외로 구분해 놓았다. 액내교생은 양반 신분이었고, 액외교생은 양반이 아닌 신분이었다. 액내교생이란 정액내의 교생을 말한다. 향교에서는 고을의 격에 따라 30~90명으로 규정된 교생 정액에 따라 교생들을 입학시켰다. 그런데 양반은 액내, 비양반은 액외로 구별하여 놓은 것은 양반들만이 정액규정에 해당할 뿐 비양반들과는 무관하다는 사실이었다. 향교에서는 양반들을 액내교생으로 받아들이되 양반교생들이 부족하여 정액을 다 채우지 못했더라도 양반이 아닌 신분에서 액내를 채우지 않았으며 비양반들은 정액에서 벗어난 것으로 파악하여 따로 액외라 하여 엄격히 구분하고 있었다. 액외교생들은 같은 교생이면서도 양반신분이 아니기 때문에,

그리하여 정액에서 벗어난 것으로 파악하였기 때문에 액외로 불리었을 뿐이었다. 결국 양반과 평민들을 향교에 입학시킨 목적은 각기 달랐다고 하겠다. 양반들은 공부를 시키고 과거를 거쳐 관료로 등용시키겠다는 목적이었음에 비해 평민들은 교육과 교화를 시켜 체제에 순응하는 백성을 만들겠다는 의도에서였다. 따라서 양반과 평민이 함께 교생으로 입학하였다 하더라도 신분에 따라 공부하는 장소와 내용, 향교에서의 임무와 역할 등에 차별을 두었다.

동재가 양반교생들이 공부하고 기숙하는 곳이었고, 서재는 평민교생들이 공부하고 기숙하는 곳이었다. 교생들의 향교에서의 임무를 알아보면, 양반교생들은 향교에서 공부를 하고 과거에 합격하는 것이 임무이고 목표였다. 따라서 이들이 향교에 대한 임무는 별다른 것이 없었다. 평민교생들은 군역을 면제받는 대신 여러 가지 임무를 수행하여야 했다. 평민교생들은 번을 나누어 향교를 수직하였다. 향교의 노비와 같이 수직을 하는데, 궐번(闕番)을 하면 처벌을 받았고, 수직시에 화재, 도난 등의 사고가 발생하면 근무태만의 벌을 받았다. 그리고 교생들은 향교의 제례에서 헌관들을 보좌하고 제례의 원활한 진행을 위하여 여러 가지 시중을 드는 하급집사 역할을 하였다. 그밖에 고을 수령이 공사의 일로 상경할 때 군대지휘권을 표시하는 병부(兵符)를 병영에 전달하는 임무와, 국가에 경사가 있을 때 전국에 사면령을 내리는데 사문(赦文)을 감영에서 받아와 읽는 임무를 평민교생이 담당하였다.

조선초기에는 양반들도 군역을 부담하였다. 따라서 양반들은 이를 모면하기 위하여 교생이 되었다. 교생들에게는 수시로 학업의 수행 여부를 확인하기 위하여 고강을 시행하였다. 그리고 낙강을 하면 교생 자격을 박탈하고 군역을 부과하도록 하였다. 그러나 15세기 후반 이후 방군수포, 중종 대의 군적수포법 등으로 양반들의 군역면제가 점차 관행화되어갔다. 양반들로서는 군역면제를 위하여 굳이 교생이 되지 않아도 되었던 것이다. 다만 일정 기간 동안 향교 교생으로 이름을 올려놓아야 과거응시자격을 부여한다는 나라의 방침에 따라 유생안에 이름을 올려놓은 것이었다.

그런데 조선후기가 되자 양반들은 점차 액내교생 대신 청금유생(青衿儒生)이라 이름하고 따로 청금안(청금록)을 작성하였다. 그 대신 액내교생은 평민, 서얼 등 양반 아닌 사람들이 차지하게 되었다. 이는 여러 가지 원인이 있었을 것이지만 가장 직접적인 것은 인조 때의 교생고강 시행에 있었다.

교생에 대한 고강은 공부를 권장할 목적으로 조선 초부터 시행되고 있었다. 그러나 향교 교육의 쇠퇴로 점차 유명무실하게 되고 말았다. 그런데 점차 청나라와의 관계가 심각해져 가는 상황에서 군액을 확보하는 것이 중요한 현안문제가 되었고, 논란 끝에 향교의 교생은 액내이든, 액외이든 모두 시험을 보고 낙강하면 신분에 구별 없이 3년 동안 벌포를 내고 다시 고강을 해서 낙강하면 군역에 충당한다고 결정되었다.

이러한 결정은 양반들의 교생 회피를 초래하였다. 대신 향교에 적을 두지 않으면 과거응시자격을 부여하지 않는다는 규정에 따라 양반들은 청금안을 별도로 작성하고 교생이라 하던 것을 유생이라 호칭하였다. 이는 서울의 성균관, 사학에서 작성하는 청금록을 모방한 것이고, 아울러 성균관, 사학의 유생들이 고강에서 제외되고 있는 것을 모방한 것이었다. 그리하여 양반들은 동재유생, 청금유생이라 이름하고 교생과 구별하려고 하였다. 이에 평민, 서얼들이 양반 대신 액내교생으로 입학하게 되었고, 이들은 서재교생이라 호칭되었다. 이러한 동재유생과 서재교생의 분화, 청금록과 교생안의 별도 작성은 군현마다, 도마다 차이가 있었지만 대체로 인조 때부터 시작되어 늦어도 숙종 전까지는 거의 모든 향교에서 행해지고 있었다. 액내교생이 청금유생으로, 액외교생이 액내교생으로 이름이 바뀌어도 그들이 하는 일과 임무는 예전과 조금도 다를 바가 없었다. 양반인 청금유생은 공부를 하여 과거에 합격하는 것이 목표였고, 양반이 아닌 액내교생은 군역을 면제받는 대신 수직, 하급집사, 병부와 사문의 전달 등이 임무였던 것이다.

문제는 조선 전기이든 후기이든 액내교생이 아닌 액외교생들이었다. 이들은 정액 이외의 교생이지만 명목은 공부를 위하여 향교에 입학한 존재들이었다. 따라서 엄연히 학생으로 군역면제의 특권을 부여받았다. 액외교생의 입학은 정액과 관계없는 것으로 군현과 향교의 여건에 따라 제각기 다를 수밖에 없었다. 교육과 교화를 목적으로 설립한 향교에 학생으로 입학하는 것은 환영받을 일이었다. 그러나 평민들은 공부보다는 군역을 모면해보려는 의도에서 향교에 입학하려 하였다. 그리고 청금유생과 액내교생으로 구분된 조선후기에는 관아와 향교의 재정 보충의 하나로 액외교생이 증가하였고, 이에 부유한 평민들은 군역 면제를 노려 돈을 내고 액외교생으로 입속하였다. 양반들이 교생되기를 회피한다는 지적과 함께 평민들의 교생 입교가 늘어나고 있다는 기록이 조선후기에 계속 나타나는 것은 바로 액외교생 때문이었던 것이다.

조선시대 향교 교육의 목적은 유교를 통치이념으로 하는 중앙집권적 양반관료체제를 유지하기 위하여 관료들을 양성하고 유교윤리를 보급하여 백성들을 교화시키려는 데 있었다. 향교의 교육과정도 이러한 목적에 맞추어 전개되었다.

향교의 교과는 시대에 따라 비중의 차이는 있었으나 대체로 소학, 사서오경, 성리대전, 근사록 등의 경서와, 주자가례, 의례경전 등의 의례서, 삼강행실, 이륜행실 등의 윤리서, 통감, 강목, 사략 등의 사서, 문선, 고문진보 등의 문학서가 되겠다.

향교에서의 교육과정을 잠시 살펴보면 다음과 같았다. 우선 정원을 정해 일정기간 과거를 준비케 하거나 독서를 하게 하는 거접(居接)이라는 것이 있다. 거접 유생을 가르치는 사람들은 향교에 파견된 교수나 훈도 등이 맡았으며, 때대로 지방관이 직접 가르치기도 하고, 유명한 학자를 초빙하는 경우도 있었다.

강회(講會)도 있었다. 향교에서 벌어지는 강회는 매달 두 차례가 열리는 것이 원칙이었다. 즉 매달 삭망에 교관(뒤에는 교임)과 유생들이 문묘에 나아가 향촉을 밝히는 삭망분향제가 있는데, 분향이 끝나고 유생들이 모여서 경전을 강독하였다. 이를 통독(通讀)이라고도 한다. 강회의 절차와 모습을 설명하면 다음과 같다. 우선 삭망강회일이 다가오면 강장(講長)을 위촉하였다. 강장은 교관이 맡는데, 혹 수령에게 부탁을 하거나 고을의 학덕 높은 학자를 모셔오기도 하였다. 분향이 끝나면 유생들은 뜰에 정렬한 뒤 차례로 명륜당에 오른다. 명륜당에 좌우로 정렬하고 강장이 오르면 배례를 하고, 유생들도 서로 읍례를 한 다음 자리에 정좌한다. 강장이 경전(소학, 사서삼경, 가례, 근사록 등) 내용을 설명하는데, 유생 한 사람을 뽑아 곁에서 강의 내용을 적도록 한다. 강장의 강의가 끝나면 유생들을 한 사람씩 불러 강장이나 원임들 앞에서 읽은 책들을 암송하거나 설명하도록 하고, 통략조불(通略粗不)의 네 등급으로 나누어 장부에 적어 참고자료로 삼는다. 그리고 성적이 나쁜 유생은 회초리로 때리거나(楚撻) 면박을 주고(面責), 계속 성적이 나쁘면 강회에 참석하지 못하도록 쫓아낸다. 그리고 이유 없이 여러 번 강회에 불참하는 유생들도 강회에서 쫓아내고 각종 모임에 일체 참석하지 못하도록 조처한다. 강회의 끝 무렵에는 강장이 유생들에게 다음 번 강회에서 읽은 경전이나, 분량을 정해주어 공부해오도록 당부하고, 서로 읍례를 거행한 다음에 헤어진다. 이처럼 강회는 정례적인 향교 교육으로 유생들에게 경전공부를 권장할 목적이었다. 그리고 춘추의 제례날에도 강회를 거행하였을 것으로 짐작할 수 있다. 아울러 유생들의 공부를 권장할 목적으로 재정적 여유가 있으면 유명한 학자를 초빙하여 수시로 강회를 개설하였음은 조선후기에 볼 수 있는 모습이었다.

향교 교육 가운데에는 거접과 강회 이외에 순제와 백일장이라는 것이 있다. 순제(旬題, 또는 巡題)는 유생들에게 문제를 내주면 집에서 시부를 작성하여 제출하는 것이고, 백일장은 시험장에서 시부의 실력을 겨루는 것을 말한다. 백일장과 순제는 봄여름에 개설하는 것이 보통의 관례였던 것 같다. 날씨가 추울 때는 집안에서 경전을 읽고, 따뜻할 때는 집밖에서 글짓기를 하던 옛날의 공부 방법에 따른 것이기도 하였다.

중앙에서 교관이 파견되고 여러 가지 교육과정을 갖춘 향교의 교육은 점차 침체되어 갔다. 향교 교육의 가장 큰 문제점은 국가의 안이한 교육정책에 있었다. 향교의 교육이 무상인 것에 비해 조정에서 배려한 경제적 뒷받침은 충분하지 못하여 향교는 항상 재정적 어려움에 부딪치고 있었다. 향교 교육은 수령의 지속적인 관심에 절대적으로 의존할 수밖에 없었다. 고을마다 있는 공적비 가운데 흥학비(興學碑)는 향교에 큰 도움을 주었던 수령을 기리기 위하여 세운 것이었다. 그러나 수령의 잦은 교체 속에서 향교 교육이 지속적으로 진행되기 어려운 실정이었다. 그리고 향교 교육과 과거제도가 유기적으로 연결이 되어있지 않은 것도 향교 교육 침체의 원인이 되었다. 향교 교육, 소과, 대과가 단계적으로 연결되었더라면 양반들은 향교 교육에 필사적으로 매달렸을 것이다. 그러나 과거응시자는 반드시 향교에서 공부를 하여야 한다는 강제 규정은 없었다. 그저 향교에 적을 두어야 과거 응시자격을 부여한다는 정도였다. 따라서 양반들은 향교에 공부를 하지 않으면서도 액내교생(또는 동재유생)으로 적을 두고 있었다. 조정의 학교정책은 학교에서 인재를 길러 관료로 등용시키겠다는 것이 아니었다. 공부 장소는 어찌되었든 과거를 통해 필요한 관료를 선발하겠다는 안이한 교육정책이자 과거정책을 지속하였다. 이 때문에 서울의 성균관, 사학, 지방의 향교 등 관학의 침체는 필연적이었다고 하겠다.

16세기에 이르러 지방교육에서의 가장 큰 변화는 향교를 대신하여 서원이 지방교육의 중심으로 등장하였다는 사실이다. 이 시기의 서원은 단순히 교육사적인 측면에서 뿐만이 아니라 정치 사회적 변화의 산물이라고 할 수 있다. 관학의 부진은 사학의 발달을 촉진하는 요인이 되었으며, 새로운 교육기관으로 등장한 서원이 확산될수록 향교 교육의 쇠퇴는 더욱 가중될 수밖에 없었다.

조선 후기에 나라에서는 초기 이래 쇠퇴해 온 향교교육을 회복하기 위하여 여러 가지 방법을 모색하였다. 조선 초기처럼 각 향교에 교수, 훈도 등의 파견을 모색하였고, 숙종 6년에는 제독관을 파견하여 순행하면서 학업을 권장하도록 하였으나 모두 실패하고 말았다. 중앙에서 교관을 파견하는 흥학책이 성공을 거두지 못하자 군현 자체적으로 교육중흥을 하도록 정책을 전환하였다. 이러한 추세 속에서 우선 나타난 것이 유생 거접을 위한 감영의 양사재였다. 1677년(숙종 23년)에 함경도 관찰사 이광하가 양사청을 설립하고 都會에서 선발된 유생을 모아 과거공부를 시켰으며, 대구의 낙육재(樂育齋)는 경종대에 건립되었다가 영조 8년에 경상도 관찰사 조현명이 다시 건립하고 도회에서 선발된 유생을 거접시켰다. 전라도에서는 "숙종 경진년(26년, 1700년)에 관찰사 김시걸이 희원당(希願堂)을 창건한 뒤 둔전을 두고 도의 글재주 있는 자들을 선발해 공부하는 곳으로 삼았다. 영조 무오년(14년, 1738년)에 관찰사 이주진이 당을 중수하고 養士의 규식을 더욱 넓혔다."[17]고 하였다.

조선시대 각 군현에는 양사재(養士齋)라는 것이 있었다. 양사재는 이름 그대로 '선비를 기르는 재'라 하겠는데 지역에 따라 다른 이름을 지니는 경우도 있었다. 양사재는 조선 전기에는 보이지 않던 것이었다. 그런데 후기에는 거의 모든 군현에서 설립되고 있었다. 양사재가 조선 후기에 이르러 각 군현에서 세워지고 있었던 것은 나라의 교육 정책과 군현의 향교실태와 관련이 있다고 생각한다. 곧 양사재는 조선 후기에 향교의 교육기능 상실이라는 배경 속에서, 숙종 대에 감영에 세워진 도회 유생의 거접시설과 관련지어 등장한 교육기관이었다. 이후 "양사재는 열읍(列邑)의 통규(通規)"라는 지적처럼 거의 모든 고을에서 설립되었다. 곧 양사재는 양반들의 주요한 활동장소였던 향교의 기능 확대라 할 수 있고, 궁극적으로 신분제 변화에 대응하는 양반사족들의 보수화 노력의 한 표현이었던 것이다. 나주에도 향교 바로 옆에 양사재가 있었다. 언제 세워졌는지는 기록이 없어 모르겠으나 전주 희원당이 나타난 시기에서 그리 멀지 않을 숙종대나 영조대로 짐작할 수 있다.

나주향교에는 속표지 안에 『향교도(鄕校都)』라는 제목의 전답안 1책이 전해지고 있다. 본문은 일반양안과 달리 축약된 형태로 향교의 토지 소유 실태를 일목요연하게 알려주고 있다. 면 이름 아래에 필지별로 자호, 지번, 지목, 결부수, 두락수만을 간단하게 기재하였다. 향교의 토지는 곡강면 등 18개면에 산재되어 있는데 전 10석 11두락, 답 12석 10두 2승락이었다. 향교 전답 기록 끝에 병신년에 청교 趙等 때 척량을 하였다고 되어있다. 청교 조등이란 영조 52년부터 정조 3년까지 나주목사로 재직한 조시만을 가리키는 것으로 병신년은 바로 1776

17) 「완산지」 희원당

년(정조 즉위년)이었다. 그런데 전답안에는 양사재의 전답안이 함께 수록되어 있다. 양사재의 토지는 금안면 등 12개면에 산재되어 있는데, 모두 전 15두 5승락, 답 49두락이다. 양사재 토지에는 "필동 박등 별비", 후동 조등 별비, 전동 김등 별비, 낙원동 박등 별비라는 4가지의 표시가 있어 나주목사로 왔던 인물들이 양사재 교육활동을 위해 토지를 마련해 주었던 것을 나타내 주고 있다. 그리고 양사재 토지 끝부분에는 『좌전』 10권, 『주자백선』 책판 105立이 보관되어 있다고 기록되어 있다. 이로 미루어 나주 양사재는 나주목사들의 관심 속에 나름대로 활발한 교육활동을 전개한 것으로 짐작할 수 있겠다. 양사재는 양반사족들의 관심 속에서 중수, 중건되어 명목을 유지해 오다가 구한말에 이르러 근대학교가 설립되는 경우가 있으면 경제기반이 그곳으로 흡수되기도 하였다. 나주 양사재는 관련 기록이 없어 이후의 일들을 알 수 없으며, 갑오개혁으로 과거제도가 폐지되자 건물만 유지해 오다가 1920년대에 이르러 유명무실하다는 이유로 헐리고 말았다.

향교 교육과 관련된 시설로는 사마재라는 것도 있다. 생원, 진사에 합격하면 서울에 있는 성균관에 입학하여 문과시험을 준비하는 것이 보통이었다. 그러나 여러 가지 사정으로 인하여 자기 고을로 내려온 생원, 진사들의 교육장소로 마련된 것이 사마재(사마소)였다. 사마재의 건립은 모든 고을마다 일률적인 것이 아니고, 그 지역에서의 생원, 진사 배출 정도에 따라 제각기 달랐다. 사마소에 적을 둔 생원, 진사들의 명단을 기록한 것이 사마안(사마록)이었다. 따라서 사마재는 지방의 학교기관이라 할 수 있으며, 향교와도 밀접한 관계를 맺고 있었다. 나주향교의 사마재는 언제 어떻게 건립되었는지 정확한 창건 연대를 알기는 어려우나 나주향교 옆에 자리하였다.

『금성연계방안』은 나주 사마재에 출입하거나 관계를 맺고 있던 생원 진사 명단을 담은 것으로 453명을, 『나주상재청금록』은 455명을 수록하고 있다. 내용은 거의 같으나 끝에 약간의 차이가 있는데, 수록된 이름과 합격연대로 미루어 1894년 이후에 이전의 사마안을 모아 일괄 작성된 것으로 보인다. 『나주상재청금록』에는 1651년(효종 2년)에 쓴 발문이 붙어 있는데 내용을 보면 사마안이 정유재란 때 불타버렸다는 것, 자료들을 모아 다시 작성하였는데 자료가 불충분하여 영락 정유년(1417, 태종 17)부터 시작을 한다고 하였다. 이로 보아 나주에서는 생원 진사의 모임을 앞서 설명한대로 명륜당 옆의 협실에서 가졌다가 어느 때인지 향교 밖에 따로 사마재 건물을 지었다고 할 수 있다. 정유재란 때 건물과 사마안이 불에 타버렸고, 1630년(인조 8년) 장유가 나주목사로 있을 때 향교를 수리하면서 사마재도 함께 재건을 한 것으로 보인다. 혹은 1623년(인조 1년)에 나주목사 남이공의 도움으로 사마재가 재건된 가능성도 있어 보이기도 한다.18)

사마재에서 하는 일은 생원, 진사들이 모여 과거 준비를 하는 것 이외에 상호간의 친목을 도모하고 길흉에 상부상조하는 일 등이었다. 그리고 생원, 진사들의 교육과 여러 활동에 필요한 전답, 노비 등의 재정기반이 마련되어 있고, 운영, 유지에 필요한 인적 기반도 갖추고 있었다. 사마재의 생원, 진사들은 자기가 사는 고을 일에 깊은 관심을 가지고 있고, 자신들의 이해에 저촉되는 일이 생기면 간여하기 마련이었다. 이러한 관심과 간여가 나라의 입장에서는 수령을 매개로 하는 지방통치를 저해하는 요소로 비춰지기도 하였다. 따라서 나라에서는 사마재를 규제대상으로 삼기도 하였는데, 이러한 중앙의 규제와 더불어 사마재는 서원의 등장, 발달과 함께 점차 침체되어 갔다. 그 후 사마재는 조선 후기에 삼남지방의 거의 모든 고을에서 다시 만들어지고, 사

---

18) 「사마재상량문」(『나주향교지』 224쪽)

마안이 다시 작성되고 있었다. 신분제의 변화 속에 양반사족들이 자신들의 신분적 우위를 나타내고, 지배신분으로서의 사회적 위치를 굳건히 해보려는 목적이었다고 할 수 있다.

나주도 예외는 아니어서 1836(헌종 2년)에 사마재가 개건되기도 하였다. 나주목사가 30량을 내고, 예전 생원 진사의 자손들과 지금 있는 생원 진사들이 갹출을 하여 공사를 하였으며, 공사가 끝나자 목사 이해연의 건의로 사마재 이름을 연계소로 하였다.[19] 앞서의 『금성연계방안』이라는 이름도 기존의 사마안에다 문과 급제자 명단인 계안(桂案)을 합친 것에서 연유한다고 하겠다.

사마재는 1906년에 나주군수 민영채의 주선으로 문묘가 중수될 때 함께 중수되기도 하였으나[20] 과거가 폐지된 이후 유명무실해져 생원 진사의 후손들이 관리를 하다가 1920년대에 이르러 훼철하고 말았다.[21]

3) 양반유림 모임 공간

향교의 기본 기능은 교육과 제례이지만 여기에만 그치는 것이 아니었다. 향교는 양반들의 모임장소였고, 또 공론의 소재지로서 정치적, 사회적 기능을 아울러 발휘하고 있었다.

나라에서는 향교를 이용하여 통치의 원활을 기대하였고, 또 그러한 방향으로 실행하기도 하였다. 조정이나 수령들은 향교를 나라의 정책을 홍보하고 관의 정치에 대해 보조케 하는 등의 주로 수동적인 역할만을 강조하였다. 나주향교에 나주고을의 재정상태를 보여주는 관아 문서인 중기 2건이 보관되어 있고[22], 목사의 통치를 보좌하는 좌수

---

19) 이해연, 「사마재개건기」(『나주향교지』 238쪽)

20) 「사마재중수기」(『나주향교지』 240쪽)

21) 「충복사유허비(1924년)」

별감 등 향청 임원 148명의 명단을 담은 『수향』[23], 그리고 향약 관련 문서(『병진년 향약약안』) 등이 보관되어 오는 것은 이 때문이었다.

그러나 또 한편 향교는 관정을 시비하고 공론을 형성하던 곳으로 양반유생들의 독자적이고도 다양한 정치사회적 활동의 근거지가 되고 있었다. 향교를 통한 양반유생들의 정치사회적 활동을 잘 보여주는 것은 통문이다. 유생들의 통문은 서울의 성균관과 지방의 교원을 이어주는 혈맥과 같은 것으로 인식하고 사문의리에 관계되는 것을 서로 알리는 수단으로 이용하였다. 양반유림 사회에 관계되는 문제가 발생하거나 그러한 소식을 조보(朝報)나 저보(邸報)를 통하여 접하였을 때 양반유림들은 향교나 서원 등에 모여 의논하였다. 그리고 모아진 의견을 통문의 형식으로 작성하고 성균관, 각 군현의 향교, 서원 등에 발송하여 여론을 불러일으켰다.[24]

향교의 유생이 된다는 것은 그 고을에서 양반사족으로 인정받는 일이었다. 그러기에 향교 유생 명단인 청금안을 둘러싸고 양반간의 또는 양반과 비양반들의 갈등이 일어나고 있었다. 이를 향전이라고도 하는데, 나주향교도 예외는 아니었다.

청금안에 이름을 올리는 유생의 숫자는 시대가 지나갈수록 증가하고 있었다. 특히 18세기에 걸쳐 각 향교에서 공통적으로 나타나는 현상이기도 한데, 이는 당시 활발하게 논의되고 있던 양반에게 군역을 부과하려는 호포, 정포, 구전론 등과 관련이 있었다. 양반들은 군역을 모면할 대책을 모색하면서 청금안에 이름을 올려 양반임을 나타내려는 의도였다고 할 수 있다. 청금록에 1,000명 이상의 이름이 오르게 되

---

22) 1868년, 1873년 重記 (『전남의 향교』 182쪽)

23) 『전남의 향교』 168쪽

24) 「병자창의통문」(『전남의 향교』 180쪽), 金容球(1862~1918), 『後隱金先生新謄錄』 羅州鄉校通文 등.

는 것이 이를 반증한다고 할 수 있다. 그러나 청금안 유생의 증가는 오히려 청금록 작성의 의미를 퇴색시켰다. 입록하는 절차를 엄격히 유지하기가 힘들었을 뿐만 아니라 수많은 유생들의 명단을 매번 작성하는 것 자체가 의미없는 일이었기 때문이다.

그리고 청금안의 성격변화를, 궁극적으로 폐기를 가져온 것은 청금안에 이름을 올리는 문제를 둘러싸고 양반들간의 대립이, 또한 청금안에 제외되었던 신흥양반과 서얼들이 양반들과 대립하였기 때문이기도 하였다. 나주향교에는 3종류의 조선시대 청금안이 현존하고 있다. 이는 1753년(영조 29년)에 모두 등사(謄寫)한 것이어서 원형을 알 수는 없는 실정이다. 그런데 청금안을 등사할 때 마련한 범례를 보면 향전의 일단을 엿볼 수 있다. 곧 "청금안 안에 혹 협서(挾書)와 도흔(刀痕)이 있고, 책자가 오래 되어 좀이 슬었기에 붉은 도장이 더럽혀졌다. 향론에 따라 협서와 도흔을 모두 없애고 謄出한다"[25]고 한 것이 눈에 뜨인다. 협서란 이름과 이름 사이에 새로운 이름을 끼워 넣었다는 것을, 도흔이란 이름을 칼로 베어내어 삭제하였다는 것을 말한다.

나주는 호남의 큰 고을답게 당색간의 대립이 심각한 곳이었다. 서인(뒤의 노론)과 남인간에 향권의 주도권을 놓고 치열하게 대립하였는데 이런 모습이 뚜렷하게 나타나는 서원뿐만 아니라 향교도 마찬가지였다. 협서란 자기와 같은 당색의 유생 이름을 청금안에 끼워놓은 것이고, 도흔이란 반대 당색의 유생 이름을 지워버린 것을 말한다. 그러나 향교는 관학이기에 서원과는 달리 양반사족간의 당색 분열이 지나치게 나타나지는 않았다. 오히려 청금록을 둘러싸고 양반과 갈등을 불러일으킨 것은 양반이 아닌 신분들이었다.

25) 「계사청금안」(1713년)(『전남의 향교』 154쪽)

향교 유생들의 명단인 청금안은 신분과 권위의 상징이었다. 청금안에 이름이 있으면 바로 그 고을에서 당당한 양반으로 인정을 받았던 것이고, 또한 후손들도 양반임을 자처할 수 있었다. 그러기에 조선후기에 이르면 신흥양반(新班)이라 할 수 있는 향족과 서얼들이 양반으로 인정을 받고자 청금록에 이름을 올려줄 것을 요구하였고, 여의치 않으면 양반들 몰래 청금안에 이름을 끼워넣기도 하였다. 그리고 나중에 이것이 발각되어 양반들이 이들의 이름을 지우는 일이 자주 일어나고 있었다. 이러한 협서와 도흔을 아예 막아버리고자 18세기 말, 19세기에 이르면 양반들은 향교에서 청금안을 더 이상 작성하지 않았다. 또한 1,000여명에 달하는 유생들의 명단을 작성한다는 것도 쉽지 않은 일이였다. 19세기에 작성되는 청금록이 나주뿐만이 아니라 다른 고을에서도 거의 없는 이유는 여기에 있었다.

나주향교도 사정은 마찬가지여서 1753년에 기존에 있던 청금안을 일괄해서 등서하면서 협서와 도흔을 모두 지워버렸고, 등서가 마무리되자 다음과 같은 규식을 만들어냈다. 곧 "1. 이번 청금안을 등출하여 서랍 속에 존봉하고, 궤는 나무로 짠 곳에 넣고 자물쇠로 단단히 봉해 동재의 대들보 위에 올려놓는다. 향회 이외에는 일체 봉해놓고 열쇠는 관가에 납부할 것."[26] 이라 하여 더 이상의 분쟁의 소지를 아예 방지하고자 하였다. 이에 따라 나주향교에서는 다른 향교와 마찬가지로 청금안을 더 이상 작성하지 않았던 것이다. 다만 이전의 청금안을 향교나 관아에 잘 보관하여 고을에서 양반의 후예임을 입증해 주는 증거로 이용되었다. 따라서 19세기 이후에 작성되는 청금안은 대개 일시적으로 만든 명단에 불과한 것이고, 1893년에 작성되는 233명의 유생 이름을 담은 『임진청금안』은 나주목사가 향교를 알성할 때 참여한 유생

26) 「병진청금안」(1736년, 영조 12)(『전남의 향교』 159쪽)

들의 명단으로 보이며, 1733년에 작성된 246명의 명단을 담은 『계축수행안』과 같은 성격이라 할 수 있겠다.

결론적으로 향교는 양반유생들의 정치 사회적 활동을 보장해주는 활동근거지였고, 양반사족들의 우위를 확인시켜줄 수 있는 향촌기구로 존속해 왔다고 할 수 있겠다. 따라서 전국의 모든 군현에서 양반유생들이 향교를 원활히 운영하기 위하여 돈을 갹출하고, 재물과 전답을 희사하고, 중수와 중건, 심지어 이건을 끊임없이 계속해 온 것은 향교가 양반유생들에게 절대적으로 필요한 존재였기 때문이었다.

3. 근대 이후의 나주 향교

고종의 즉위와 함께 벌어진 서원에 대한 규제는 1865년(고종 2년)의 만동묘 철폐, 1868년(고종 5년)의 미사액서원 철폐, 1871년(고종 8년)의 사액서원의 정리로 이어졌다. 서원 철폐에 대한 유림들의 반발을 무마하기 위하여 관학의 진작을 도모하였다. 향교를 개수하라는 명령을 자주 내리고 성균관에 대해서도 지원을 하였다.

나주향교도 1869년(고종 6년)에 대대적으로 수리를 하였다.[27] 이때 문묘, 동재와 서재, 동무와 서무, 명륜당의 동서익사 중수를 하였는데 당시 나주목사인 김병우(1868~71년 재임)가 쓴 「성묘중수기」에 의하면 향교수리를 위하여 전임 목사가 모아둔 200량과 자신이 보탠 비용과 함께 나주 유생들이 갹출하여 재물을 모으고 목재 등을 마련하여 늦봄부터 시작하여 한여름에 공사를 마치었다고 한다.[28]

27) 『승정원일기』 2735책 고종 6년 1월 29일

28) 「성묘중수기」(『나주향교지』 236쪽)

그러나 개항 이후의 신문물 유입에 따라 향교는 점점 더 기능을 상실해가고 말았다. 1894년의 갑오개혁은 성균관과 향교의 교육기능을 사실상 상실케 한 조치였다. 갑오개혁으로 여덟 아문을 두었는데 이 가운데 교육을 담당한 것은 학무아문이었다. 여기에는 근대학교 교육의 시행을 위한 소학교, 중학교, 전문학교, 사범학교, 대학교, 기예학교 등의 직제를 설치함으로서 종래 성균관과 향교의 교육기능을 무시하였다. 이와 더불어 향교에 소속되어 있는 재원을 근대학교의 설립과 운영으로 돌리려는 계획도 수립하였다. 1896년에 내부에서 각 고을에 훈령을 내려 고을에 있는 향교, 서원 등의 전답과 재산, 식리전 등을 조사하여 보고케 하였다. 이는 이들의 재원을 근대학교의 설립과 운영에 충당하려는 의도였다. 유림들의 반발 등으로 지방마다의 차이는 있었지만 향교의 재산이 점차로 공립소학교의 재원으로 편입되어 갔다.

일부 유림들은 근대학교의 재원으로 충당되는 향교재산을 되찾고자 집단 움직임을 보이기도 하였다. 1899년에 전라도 유생들이 중추원에 향교 재산을 되돌려줄 것을 청원하기도 하였다. 그러나 광무내각으로서는 근대학교의 운영 재원을 마련할 길이 없었기에 향교의 재원을 학교비로 충당하지 않을 수 없었고, 유림들로서도 시대의 대세에 순응하지 않을 수 없는 일이었다. 전국 대부분의 공립소학교가 향교재산과 원토를 기본 재원으로 하고 여기에 지방관과 고을 유지들의 보조금으로 운영되는 실정이었다.

1906년에 나주군수 민영채의 주선으로 문묘를 중수하고 사마재도 중수를 하기도 하였다.[29] 그리고 향교 수리하고 남은 돈 1100량을 각 면에 할당하여 나누어 주고 이자를 받아 향교 운영과 유지에 보태도록 조치하였다.[30]

---

29) 「사마재 중수기」(『나주향교지』 240쪽)

그 후 1908년 4월 공사립학교의 경비를 향교 전답에서 나오는 수입으로 충당한다는 통감부 재무감독국의 방침이 정해진 이래, 향교의 제반 업무에 대한 간섭이 더욱 강화되었다. 그리하여 1909년 5월에는 향교 전답에 대한 조사가 실시되었다. 향교의 전답과 재산은 학부의 관리를 받았으나 점차 지방관의 통제를 받게 되었다. 향교 재산의 관리, 향교 및 문묘의 사무도 지방관의 지휘와 감독을 받게 되었다.

1910년 일제는 조선에서의 식민지 교육을 강화하였다. 1911년 6월에 경학원규정을 발표하여 성균관을 폐지하고 경학원을 설치하였다. 이제 성균관은 교육기관으로서의 명목을 상실하고 사회교육적인 교화단체로 전락하게 되었다. 성균관과 향교가 구시대의 유물로 격하되는 사태가 일어난 것이었다.

경학원은 총독의 감독을 받으며, 총독의 추천에 의해 각도에 학식과 덕망이 있는 유림으로 대제학 1인, 부제학 2인, 제주 2인, 사성 및 직원 약간 명을 두어 제향과 사무를 처리케 하였다. 경학원의 통제 하에 있는 향교도 향교직원에서 문묘직원이라는 이름으로 변경되었고, 이들은 부윤이나 군수의 지휘를 받아 제사와 문묘수직 그리고 서무를 담당하였다.

경학원의 유지비는 일본왕이 주는 하사금 명목의 25만원을 기본금으로 하고 여기에 약간의 기부금이 보태졌다. 향교는 하사금을 할당받아 제향비로 사용하였으나, 그 대신 향교의 재산을 일제에 넘겨주는 대가를 치러야했다. 이제 향교는 종래의 교육기능이 부정되고 문묘향사만을 지내는 일종의 사회교화단체가 되었다. 향교 수입의 대부분은 지방재정으로 전용되어 60% 이상이 공립보통학교의 비용으로 충당되었다. 따라서 향교는 향사마저도 비용이 매번 부족하여 총독부 보조금

30) 「향교구폐절목」(『전남의 향교』 180쪽)

에 의존하였고, 문묘의 보수, 수리, 관리는 군수의 감독 하에 놓여 있어 관청의 생색과 지방유림의 기부금으로 겨우 명맥을 유지해나가는 실정이었다.

비록 향교가 예전의 모습을 잃고 관의 간섭과 통제를 받고 있었지만 여전히 유림들의 관심 대상이 되었다. 유림들은 향교의 유지를 위하여 계를 묶고 돈을 모아 향교의 관리와 건물 수리를 하였다. 나주향교도 예외는 아니어서 1914년에 춘추계를 묶고 계원들에게 기부금을 거두었다. 원안에는 229명이, 추안에는 177명의 이름을 올린 『춘추계출의안』을 작성하기도 하였는데 이들 계원들이 낸 기금을 바탕으로 1919년에 향교를 개수하였다.[31] 그러나 향교의 존재의미는 날로 축소되어 1920년대에 이르러 사마재, 양사재, 충복사, 동재, 서재 등이 훼철되고 말았다.[32]

1945년 해방과 더불어 그해 10월에 전국 유림들이 서울 성균관 명륜당에 모여 유도회 창립총회를 열었다. 유도회 총본부를 설립하고 위원장에 독립운동가인 김창숙을 선출하였다. 그리고 재단법인 성균관을 설립하여 명륜전문학교를 성균관대학을 승격시키고 전국의 유림재산을 각 도별로 기부하여 재단을 보강하였다. 향교의 직원 명칭도 전교로 개칭하였다. 그리고 문묘에 모셔둔 위패의 수도 조정을 하였다. 성균관과 향교에 중국 선현을 많이 모시는 것은 사대사상의 일종이라 보고 공자와 4성, 송 2현(정이, 주자)이외에는 모두 위패를 없애버리고, 여기에 우리나라 18현만 배향하기로 결정하였다. 향교마다 제각기 다른 태도를 취해 위패를 없앴다가 다시 환원하는 일을 거듭하기도 하였으나, 대부분의 향교에서는 중국 선현을 대성전에 모시는데 반

31) 「향교기적비」(『나주향교지』 246쪽)

32) 「충복사유허비」(1924년)

해 우리나라 선현을 동서무에 모시는 것은 차별이라 하여 우리나라 선현들의 위패도 대성전 안으로 옮기기도 하였다. 나주향교도 동무와 서무에 있는 우리나라 선현 18분의 위패를 대성전 안으로 옮겼고, 아무것도 모시는 것이 없이 텅 비워버린 동무와 서무 건물을 1958년에 허물어 버리는 우를 범하고 말았다.

향교에 대한 나주 유림들의 관심은 여전하여 모성계를 구성하여 의연금을 모은 뒤 1959년에 대성전, 명륜당를 개수하고 없어져버린 동재와 서재를 이전보다는 작은 4칸 건물로 복구하였다.[33]

1964년에 전국유림대표자대회에서 분열과 대립을 일삼던 유도회를 재건하자는 결의를 하였다. 이러한 결과 1964년 10월에 향교 직제가 제정되었다. 그 내용은 향교의 임원은 전교 1인과 면별, 인구별로 다수의 장의를 두고, 감사 2인 이내를 두고, 전교는 향교를 대표하며 향교내의 사무를 총괄하고, 장의는 전교의 지도를 받아 향교 사무를 담당한다는 것 등이었다.

1970년에 나주향교의 원활한 운영을 위하여 존성계를 조직하고 유림의 협조를 받아 5000여평의 향교논을 매입하는 한편, 국가의 보조를 받아 대성전을 크게 보수하였다.[34] 이후의 나주향교 연혁을 조사해 보면 1976년에 명륜당 중수, 동익사 중수[35], 1979년, 1980년 대성전 개수, 서익사 중수[36], 1983년에 대성전 후면 보수, 동재 서재 개보수[37], 1992년에 충효관 건립[38] 등이 이어졌다.

---

33) 「나주향교모성계규약」, 「동서재 중건상량문(김기현 찬)(『나주향교지』 228쪽)
34) 「향교기적비」(『나주향교지』 246쪽)
35) 「명륜당 중수 상량문」, 「명륜당 중수비」(『나주향교지』 217쪽)
36) 「명륜당 중수비」(『나주향교지』 217쪽)
37) 「교궁정화기적비」
38) 「충효관기」(나주향교지』 244쪽)

1994년에는 1958년에 없애버린 동무와 서무를 각각 3칸 건물로 복원하였고, 2003년에는 동재, 서재의 옛 터를 발굴 조사하여 2005년에 이르러 11칸으로 복원하였다. 이로서 나주향교는 외형적으로는 예전의 모습을 거의 되찾은 셈이 되었다. 그리고 사마재도 다시 복원하였다.

나주향교 대성전은 보물 394호로 지정되었다.(1963년 9월 2일) 나주향교는 전라남도 지방유형문화재 128호로 지정되었고(1985년 2월 25일), 향교를 둘러싼 일원이 국가사적 483호(2007년 7월 31일)로 지정되어 있다.

향교가 가지고 있던 선현봉사의 기능은 지금까지도 나주향교 유림들의 노력으로 유지되고 있다. 삭망분향 때나 춘추의 석전이 가까워지면 반드시 명륜당에 모여 예행연습을 하고 엄숙한 분위기 속에서 제례를 거행하고 있다.[39)]

나주향교에서는 교육기능의 현대적인 지속을 위해 다양한 교육을 실시하고 있다. 나주향교재단이 방학 기간을 통해 열고 있는 '충효예절교실'은 지역의 어른은 물론 어린이를 대상으로 무료 운영하고 있다. 천자문, 한문입문 등 한자, 한문을 비롯해 붓글씨와 전통예절 등을 가르친다.

노인 공경을 위하여 기로연을 열고, 전통문화의 전승을 위하여 전통혼례식의 장소제공을 하고, 사회교화 등을 위해서는 효행 및 선행자를 선발해 시상을 하고 있다. 조선시대의 향교가 현대에 이르러 이전의 모습을 재현하여 존속을 도모하는 노력의 일환으로 생각할 수 있다.

(『향교석전-나주향교, 밀양향교, 상주향교-』(국립무형유산원, 2014년) 수록)

---

39) 국립문화재연구소, 「나주향교 석전」 기록본, 2012년

|참고문헌|

『전남의 향교』(전남도청, 1987)

『나주향교지』(나주향교, 1993)

『나주목 관아와 향교 종합보존정비계획』(나주시, 2009)

윤희면, 『조선후기 향교연구』(일조각, 1990)

윤희면, 『학교등록』 해제(『국역 학교등록』, 세종대왕기념사업회, 2010)

박정해, 『조선 유교건축의 풍수 미학 -서원과 향교건축을 중심으로-』(민속원, 2013)

박진철, 「조선후기 향교의 청금유생과 재지사족의 동향 -나주 청금안 분석을 중심으로-」, 『한국사학보』 25, 2006.

부표 1. 나주향교 소장 (고)문서 목록(『전남의 향교』, 『나주향교지』)

번호	제목	연대	내 용
01	癸巳청금안	1713년(숙종 39)	1,122명의 유생 명단 수록
02	癸丑수행안	1733년(영조 9)	246명의 유생 명단 수록
03	丙辰청금안	1736년(영조 12)	987명의 유생 명단 수록
04	금성연방계안	1836년(헌종 2)	453명의 생원 진사 명단 수록
05	나주상재청금안	1836년(헌종 2)	04번과 동일한 것인데 약간의 출입이 있음
06	壬辰청금안	1893년(고종 30)	232명의 명단 수록
07	隨鄕 (수행안의 약칭)	임진년 4월	148명의 좌수, 별감 명단
08	鄕校都	연대 미상	전답안(향교, 양사재)
09	校宮庄土還屬節目	병자년(1876년)	자라도에 있는 장토 환속문제
10	丁丑鄕校庄土節目	1877년(고종 14)	반월도, 박지도에 있는 장토 이속문제
11	통문	1636년(인조 14)	병자 창의 통문
12	鄕約約案	병진년/ 290쪽	향약안
13	향교구폐절목	1906년/ 587쪽	향교 수리하고 남은 돈 1,100량을 각 면에 할당하여 取息
14	나주목 重記 2건	1868년, 1873년	나주목 재정 실태
15	유림안	1943년	936명의 명단 + 임원록 명단
16	청금안		향교 임원 명단
17	기부록	1944년	기부자, 기부액 명단
18	춘추계안	1910년대	원안, 추안
19	춘추계 序	1911년	춘추계안 서문만 따로 모음
20	出義錄		춘추계 기부자, 기부액 명단
21	춘추계출의안	1914년	춘추계원 기부자, 기부액 명단. 원안 229명, 추안 177명
22	나주향교모성계규약	1959년	

5장 ▌『학교등록』 해제

1. 머리말

조선시대 각 관서들은 일기 기록을 가지고 있다. 이를 일기라 하기도 하고 등록이라고 하기도 한다. 우리가 알고 있는 『승정원일기』라든가 『비변사등록』이라든가 하는 것이 대표적인 일기 기록들이라 하겠다. 『학교등록』은 예조에서 다룬, 주로 향교에 관련된 일들을 모아 정리한 일기체 기록이다. 현재 남은 책은 모두 7책, 연대는 1629년(인조 7년)부터 1724년(경종 4년)까지이고 월일순으로 정리해 놓고 있다. 책 표지에 예조라 크게 쓰여 있고, 또한 표지에 또는 책 본문 첫머리에 계제사상(稽制司上)이라 표시되어 있다. 조선시대 예조는 『경국대전』에 의하면 의식, 조회, 학교, 과거, 책명(冊命) 등을 맡는 계제사, 연회와 제사 등을 맡는 전향사, 사신 영접과 조공을 맡는 전객사 등의 속사(屬司)가 있는데, 이 가운데 학교와 관련된 일을 맡은 부서는 물론 계제사이다. 따라서 예조 계제사에서 이 『학교등록』을 작성했음을 곧바로 알 수 있게 해준다.

『학교등록』의 구성을 정리하면 <표 1>과 같다.

인조 7년부터 경종 4년까지의 기록이 연대순으로 담겨있다. 조선시대에 향교가 모든 군현에 설치된 것은 성종대에 이르러서였는데, 조선 초기부터 학교와 관련된 기록을 예조에서 작성해 왔을 터이지만 임진왜란, 이괄의 난, 정묘호란의 여파로 없어졌는지 인조 7년부터 기

표 1. 『학교등록』의 구성

책번호	연대	비고
1책	인조 7년 - 효종 4년	인조 9년 - 인조 14년까지 누락
2책	효종 5년 - 현종 3년	
3책	현종 4년 - 현종 9년	
4책	현종 10년 - 숙종 5년	
5책	숙종 6년 - 숙종 8년	
6책	숙종 9년 - 숙종 15년	
7책	(숙종 16년 - 숙종 37년)	缺冊
8책	숙종 38년 - 경종 4년	

사가 시작되고 있다. 그리고 병자호란 때문인지 인조 9년부터 14년까지의 기록이 1책에서 빠져있다. 또한 『학교등록』은 원래는 8책으로 보이는데, 숙종 16년부터 37년까지 기사를 담은 7번째 책이 결본으로 되어 있어 모두 7책만이 남아있는 실정이다. 아마도 8책으로 정리하였지만 보관 잘못으로 7책은 중간에 망실된 것으로 생각된다.

『학교등록』의 편찬연대는 확실하지는 않으나 경종 때까지 기사가 수록되어 있는 것으로 보아 아마도 영조 때에 이루어진 것으로 생각할 수 있다. 『학교등록』과 관련지어 편찬된 기록으로는 『서원등록』(8책이나 6, 7책이 결책), 『祠宇改修謄錄』(1책), 『교생고강등록』(1책) 등을 들 수 있다. 『서원등록』은 예조에서 1642년(인조 20)부터 1742년 (영조 18)까지 서원, 사우의 설립, 사액, 혁파, 치제(致祭) 등의 사항들을 편년순으로 엮은 등록으로, 숙종 40년 이후에 나라에 허가없이 설립하거나 향사한 서원과 사우 180여개를 철폐하거나 출향(黜享)한 영조 17년의 후속 조치로 편찬된 것으로 보인다. 『사우개수등록』는 예조 전향사에서 1637년(인조 15)부터 1736년(영조 12)까지 전국 각지에 있는 명산대천의 山堂과 神堂, 사직단의 개수와 치제 사실을 모아 연대순으로 수록한 등록이다. 그리고 『교생고강등록』은 인조 22년부터 효종 9년, 현종 6년, 숙종 7년, 숙종 31년에 이르기까지 7차례에 걸친 교생고강에 관한 규제와 원칙을 정하고 그 시행을 각도의 수령에게 하교한 사실을 등록한 것이다. 이들 등록들은 연대 하한으로 보아 영조 임금의 명령에 따라 예조에서 학교나 서원에 관한 기록들은 편집하여 따로 일괄 정리한 것으로 생각된다. 그런데 기록들은 꼼꼼히 분류하지 않은 부분도 눈에 많이 뜨인다. 예를 들면 『학교등록』에는 학교와는 직접 관련이 없는듯한 전패 작변, 객사 화재, 절에 모셔져 있는 선왕들의 위패 매안(埋安) 문제 등이 간간히 들어 있고, 『사우개수등록』에 실려야 할 사직단 문제라는가, 『서원등록』에 실려야 할 것으로 보이는 사우 건립, 사액 문제 등도 일부 들어있기 때문이다.

『학교등록』 7책에 실려 있는 기사들은 왕별, 내용별로 대강 분류해 보면 다음 <표 2>와 같다.

『학교등록』에 실려 있는 연대 기록은 815개이다. 그리고 한 날짜에 여러 기록이 실려 있는 경우가 있어 이를 일일이 나누어 계산하면

표 2. 『학교등록』 기사 분류

왕별	수리	이건	위판	고강	경제	성균관	四學	사직단, 사우 등	殿牌	기타	(계)
인조	25	24	15	36	3	2	5				110
효종	15	16	21	11	3	2	5		3	2	78
현종	63	28	76	3	7	14	7	34	29	8	269
숙종 1 (즉위-15년)	78	45	127	9	8	9		28	7	8	319
숙종 2 (38-46년)	45	16	31	5	1	12		3	7	1	121
경종	65	13	12	2	1	7	1	3	2	2	108
(계)	291	142	282	66	23	46	18	68	48	21	1,005

모두 1,005개의 기사에 달하고 있다. 1,000여개 되는 기사에서 가장 많은 것은 향교 건물이나 집기 등의 수리, 개비 등에 대한 것이다. 그 다음은 향교 문묘에 모셔져 있는 위판과 관련된 것으로 위판의 개재(改題), 투실(偸失), 새로이 봉안(陞配), 그리고 출향(黜享) 등에 대한 내용들이다. 세번째로 많은 기사는 향교의 이건 기사로 이건을 요청하거나 실행한 내용들이다. 그 다음 순서로는 교생 고강과 관련된 것, 성균관에 대한 것으로 주로 권당(捲堂)과 공관(空館)에 대한 것, 향교의 경제적인 것으로는 노비와 향교전 지급 요청에 대한 것에 불과하고, 마지막으로 사학과 관련된 것으로는 어전 지급 등 주로 경제적인 것에 집중되어 있다. 학교 행정과 관련이 없는 전패의 투실 등 전패작변이나 사직단 위판 관련 기사, 사우 건립과 사액 등은 예조에서 편찬할 때 잘못 분류하여 집어넣은 것으로 내용으로 보면 앞서 말한 『사우개수등록』이나 『서원등록』 등에 넣어야 할 부분이라고 생각한다.

<표 2>를 보면 기사의 수는 왕별로 차이가 있음을 알 수 있다. 인조대 가장 많은 기사는 교생고강과 관련된 기록이다. 이는 청나라와의 긴장 관계와 관련되어 군역 확보를 위하여 교생 고강을 강화하는 정책이 추진되었기 때문이다. 효종, 현종대에는 향교 수리와 위판과 관련된 기사가 많고, 숙종대에는 위판과 이건 기사가 많다. 특히 숙종 8년에 이이와 성혼의 문묘 종향 문제, 주자에게 성리학을 전수한 송나라 학자 3현의 종향에 대한 논의가 집중되었기 때문이고, 이 문제는 숙종 40년에 주자 등 송나라 6현의 문묘 배향 논의로 이어지고 있었다. 경종대의 기사는 향교 수리와 관련된 기사가 많다.

본 해제에서는 『학교등록』을 이해하는데 조그마한 도움이 되고자 『학교등록』 기사들 가운데 가장 많은 수리, 이건 등 향교 시설과 관련된 문제, 위판 봉안과 관련된 개제, 분실, 승향, 출향 등의 문제, 그리고 향교 교생에 대한 고강과 낙강 교생의 처리 문제 등 세 가지로

논의를 좁혀 살펴보려고 한다.

2. 향교의 설치와 관리

우리나라에서 교육기관을 설치한 것은 삼국시대부터였다. 고구려는 소수림왕 2년에 태학을 설립하였고, 신라는 삼국통일 후인 신문왕 2년에 국학을 설립하였다. 서울에 학교를 세운 것과 함께 지방에도 교육기관을 설치하였다. 고구려는 지방 곳곳에 경당을 두어 經史와 習射를 가르쳤다고 한다. 신라는 소경에 학원을, 주의 치소에는 학교시설을 두어 지방교육에 관심을 기울였다. 이들 지방학교기관에 대해서는 단편적인 자료만이 보여 교육시설의 규모, 교관의 파견 여부, 교육대상, 교육과정 등에 대해서는 이렇다 할 지식을 갖지 못하고 있다. 어쨌든 이러한 전통이 고려시대에 들어와 지방 관학의 설립으로 연결되었다고 할 수 있다.

고려는 골품제도의 제한에서 벗어나 유교적 정치이념에 바탕을 둔 중앙집권체제를 지향하였다. 태조 왕건은 국초부터 숭유흥학책을 정책의 주요 과제로 삼았다. 그 하나가 학교의 설치였다. 태조는 919년(태조 2년)에 개경을 5부로 나누면서 개경에 국학을 설치하였다. 930년(태조 13년)에는 서경에 행차하여 학교를 설치하고 博士官을 두어 생도들을 모아 가르치도록 하였다. 고려시대에 서울이 아닌 지방에 처음으로 관학이 세워진 것이었다.

고려 초의 흥학책은 성종대에 이르러 활발히 시행되었다. 유능한 인재 양성을 위하여 국학을 국자감으로 이름을 바꾸면서 시설과 교육내용을 정비하였고, 성종 6년(987)에는 12목에 경학박사와 의학박사를 각각 1명씩 파견하였고, 11년(992)에는 교서를 내려 書齋와 學舍를 지어 학교시설을 마련케 하고 또 토지를 주어 교육경비에 충당하도록 조치하였다. 향교는 지방의 관학이고, 문묘와 학교가 결합한 구조를 갖추고 있다는 특징에 비추어 볼 때, 공자와 그 제자들을 봉사하였는지는 의문이지만, 성종대의 교육시설을 향교의 시초로 보자는 견해가 현재는 유력한 실정이다.

고려시대의 향교는 인종 때에 이르러 전국적으로 확대되었다. 인종 5년(1127)에는 15개조의 유신교서를 표시하면서 14번째의 흥학책에서 "諸州에 향학을 세워 널리 敎導하라"고 하였다. 인종대에 설치한 향교는 행정구획의 대소에 따라 주학, 부학, 군학, 현학으로 불리어졌으나 이들은 모두 향교로 보아야 할 것이다. 인종대에 전국적인 규모로 향교가 설치되고 지방교육이 확산됨에 따라 계수관에 있는 향교에서 주변 고을의 학생을 모아 과거에 앞서 모의시험을 치르지도 하였다. 이러한 계수관 鄕校都會로 미루어 볼 때 계수관이 관할하는 예하 군현에 상당수의 향교가 설치되어 있음을 짐작할 수 있겠다.

무인집권기에는 지방의 관학교육이 쇠퇴하였지만, 신진사대부들의 성장과 이들에 의한 성리학 수용은 유학교육의 발달에 새로운 전기를 가져왔다. 충렬왕대에는 대성전을 확장하고 원나라로부터 공자와 72제자의 圖像을 그려오고 많은 서적을 구입하여 국학에 비치하였다. 충선왕은 10여년간 원의 수도에 머물면서 만권당을 열고 고려의 문신들을 불러 원의 학자들과 교유하도록 하였다. 원 간섭 이후 역대 왕들의 흥학책과 성리학의 전래 등으로 유학교육은 부흥되어 갔으며, 지방의 향교들도 차츰 안정되어 갔다. 충렬왕 이후 고려말까지 17개의 향교가 중수되거나 復置되었다는 기록이 확인된다. 원 간섭 이후 향교의 부흥은 중소지주층이나 향리의 자손들이 향교에서 교육을 받고 과거를 통하여 관료로 진출하는데 크게 이바지하였을 것이다.

향교에는 강당인 명륜당이 있다. 고려시대에는 명륜당이 별도로 있지는 않은 것 같다. 1346년(충목왕 2)에 쓴 이곡의 「영해부신작소학기」에 “本國鄕校之制 廟學同宮”이라고 한 것으로 보아 문묘와 강당이 한 건물에 있었던 것을 알 수 있다. 이처럼 고려시대에는 문묘와 강당이 한 건물에 있어 제례가 교육에 부수되어 있었으나, 조선시대에 들어와 공자를 모시는 대성전이 독립되고 아울러 선현을 봉안하는 동무, 서무가 건립되어 제례를 위한 문묘체제가 확립되었다. 공자를 주향으로 하는 문묘를 독립시킨 것은 고려와 조선의 유학에 대한 태도 차이를 반영하는 것이라 하겠다. 아울러 교육적 기능에 부수되었던 제례적 기능이 더 커져갔던 것을 말해주고 있다.

조선시대에 들어와 향교는 급속히 정비되고 발전되어갔다. 새로운 왕조의 통치이념인 유교를 보급시키고 유교적인 소양을 지닌 관리를 양성하기 위하여 관학을 강화하였다. 서울에서는 성균관과 사학을, 지방에서는 향교를 정비하고 확충하였던 것이다. 중앙의 권력을 군현 말단까지 미치게 하기 위하여 군현제를 정비하고 강화하면서 군현마다 향교를 세우도록 하였다.

태조는 즉위교서에서 인재 양성을 위하여서는 성균관과 향교의 교육을 강화하여야 한다고 강조하였고, 태종은 지방관이 힘써야 할 수령칠사 가운데 하나로 ‘修明學校’를 넣어 수령 근무평가의 기준으로 삼기도 하였다. 그리고 태종 13년(1413)에는 각 고을의 향교에 학전을 지급하여 향교의 발전과 운영에 커다란 전기를 마련하였다.

중앙의 문교정책에 따라 각 고을마다 기존의 향교를 보수하거나 확충하였고, 향교가 없는 고을에서는 신설하였다. 향교의 보수와 신설은 수령, 교관, 지방 양반들의 협력으로 이루어졌다. 수령은 흥학이라는 임무를 수행하기 위하여 향교 설립에 앞장을 섰고, 교관들은 교육적인 관심에서 향교 설립과 운영에 기여하였다. 또한 지방 양반들은 자기 고을의 발전과 안정을 위하여 향교의 보수와 신설에 적극 협조하였던 것이다.

조선 초기에 '一邑一校' 또는 '有校有社然後 可成都邑'이라는 원칙에 따라 수령이 파견된 군현에는 향교를 반드시 설치하였다. 군현제의 정비에 따라 군현의 병합, 이속, 치폐가 거듭되었으나 향교는 설치하도록 하였다. 어쨌든 고려시대 이래 향교가 있던 고을에서는 향교를 보수하거나 확충하였고, 향교가 없는 고을에서는 향교를 신설하였다.

조선시대의 향교 연혁을 살펴보면 대부분 태조, 태종, 세종대에 건립되었다고 한다. 혹 선조 때에 창건되었다고 알려져 있는 향교도 있으나 이는 기록의 착오이거나 아니면 중건을 창건으로 잘못 이해한 때문이었다. 조선시대의 제도 문물이 일단 완성되는 성종대에 편찬된 『동국여지승람』을 보면 모든 고을마다 향교와 문묘가 있음을 기재하고 있다. 따라서 조선시대에 들어와 늦어도 성종 대에 이르러서는 전국의 모든 군현에 향교가 마련되었다고 할 수 있다. 그리고 고을이 중간에 혁파되거나 병합되면 한 고을에 향교가 여러 개 있을 수 없으니까 혁파된 고을 향교의 위판을 매안하도록 하였다.

향교는 대개 관아 근처에 세웠다. 향교가 관학이었기 때문이었다. 그리고 향교의 교육과 관리를 위하여 나라에서는 교수와 훈도를 파견하였다. 『경국대전』을 보면 부, 목, 대도호부에는 종6품인 교수를, 군과 현에는 종9품인 훈도 등 모두 329명을 파견하는 것으로 되어 있다. 이렇게 파견된 교관들은 향교의 교육과 운영을 책임지고 있었다. 그러나 향교 교육이 점차 쇠퇴하고 교수, 훈도의 지위도 낮아지게 되자 17세기 이후에는 교관을 파견하지 않게 되었다. 이에 향교의 운영은 양반 유생 가운데에서 선출된 교임들이 담당하고 되었다. 하지만 향교는 관학이기에 향교 운영과 관리의 모든 책임은 수령과 감사에게 맡겨져 있었으며, 향교에 관하여 아주 사소한 일이라도 발생하면 수령이 직접, 또는 수령의 보고를 받은 감사가 예조에 보고하도록 되어 있었다.

『학교등록』에서 가장 많이 나오는 기사는 향교 건물의 관리 문제였다. 향교 수리와 관련된 기사는 다양하였다. 대성전, 동무, 서무, 명륜당, 동재, 서재, 신문(神門) 등 향교 부속건물이 낡아 일부를 수리하거나 대대적으로 중수하고자 할 때 수령에게 보고하고, 수령은 이를 감사에게 상신하거나 예조에 보고하여 허락을 얻어내야만 하였다. 또한 위판 개조, 벼락이나 태풍으로 인한 건물 손상, 위판을 담는 궤(櫃), 탁자, 의자나 지의(地衣)와 같은 집물f의 개비, 향교 근처 나무 베기 등등 아무리 사소한 일이라도 일일이 예조에 보고하여야만 했다. 이는 물론 향교가 관학이었기 때문이기도 하였지만, 무엇보다도 그때마다 문묘에다 제례를 올려야 했기 때문이었다. 즉 향교를 수리하거나 중수하거나 집물 개비 등을 할 때에는 반드시 대성전에 이러한 일들을 하게 된 이유를 보고하는 고유제를 지내야 했다. 그리고 수리를 위해 문묘에 모셔져 있는 위판을 잠시 명륜당이나 동서재로 옮겨야 되는데 위판을 옮기면서 이안제를 지내야 했고, 수리가 끝나 위패를 다시 원래대로 되돌리고자 할 때에는 무사히 옮겼다는 환안제를 지내야 했다. 또한 문묘에 불시의 재난(도난, 화재, 뇌우 등)을 입었을 때에는 위안제(慰安祭)를 지내 모셔진 위판을 달래는 제사를 지내야만 했다. 이처럼 향교에서 거행하는 모든 제례에는 향과 축문(香祝이라 한다)이 필요하였는데 이를 제공해 주는 것이 바로 예조였다. 그러하기에 향교와 관련하여 아주 사소한 일이라도 발생하면 반드시 관을 통하여 예조에 보고하여야 했고, 보고받은 예조에서는 제례날에 맞추어 향실(香室)이라고 부르는데서 향축을 급속히 작성해 해당 고을의 향교에 내려 보냈던 것이다.1)

만약 향축을 내려 보냈는데 공사가 늦어져 제례가 늦추어지거나, 또는 국상을 당해 제례가 일시 정지되기도 하면 향축에 쓰여 있는 날

1) 『학교등록』 6, 을축(숙종 11) 2월 21일

자와 어긋나기에 향교에서는 축문을 다시 작성해 달라고 요청을 하였다. 그러면 예조는 축문을 다시 작성해 내려 보내면서 이전에 보낸 축문을 다시 반납하도록 조치하였다(監封上送). 향축은 신성한 것이었기에 중간에 오염이라도 될 경우에는 관련자를 처벌하고, 오염된 향축을 예조에 다시 올려 보내도록 하고 재차 작성하여 내려 보냈다. 그리고 감봉상송된 향축은 향실에서 소각 처리하였다. 향축을 보냈는데도 제례를 이유 없이 연기하거나, 아예 제례를 하지 않으면 향교 유생들과 수령은 처벌을 받았으며, 향축이 필요한 일인데도 예조에 보고하지 않고 고을에서 임의로 일을 처리하였다면 수령이나 향교 유생들이 더 큰 처벌을 받았다.

향교 건물은 세월이 지나면 낡게 마련이고, 수령과 양반들은 향교 수리를 하기 위해서는 예조에 보고를 해서 허가를 받아야만 했다. 그런데 건물 수리에 그치지 않고 향교를 옮기려고 하는 것도 자주 요청되는 일이었다. 향교를 이건하려는 이유는 관아와 너무 멀다, 지형이 부적합해 건물이 기울거나 수재가 빈번하다, 위판은 늘어나는데 건물은 협소하다, 심지어 향교에 변고가 자주 발생한다는 등 다양하였다. 이러한 이건 요청에 대하여 예조에서는 향교를 처음 건립할 때 지형을 잘 고려하였을 터인데 고을 유생들이 학업은 생각 않고 풍수에 현혹되어 공연한 일을 추진하는 것으로 판단하고 있었다. 따라서 가급적 허락을 안하려고 하였고, 이건이 정말로 필요한가를 수령이나 감사에게 살펴보도록 하고 결과를 중앙에 보고하라고 명령하였다.

간혹 예조에 보고도 하지 않고 사사로이 이건을 추진하는 향교도 있었다. 이에 대해 적절히 관리하지 못한 감사는 추고, 수령은 파직하고 주동한 유생들은 중죄를 입어 감옥에 갇히고, 이건중인 향교는 철거되기도 하였다.[2] 그만큼 유교국가인 조선에서 향교의 존재를 중요시하고 있음을 엿볼 수 있겠다.

3. 문묘 위판의 봉안

조선시대 향교 건축의 입지는 주로 읍에서 멀지 않은 곳에 자리 잡았다. 향교가 관학으로 지방 관아의 관할 아래 있었기 때문이었다. 일반적으로는 구릉지에 자리 잡는데 풍수지리설의 영향으로 양택론에 근거한 것으로 생각할 수 있다.

향교는 공자를 비롯한 선현에 대한 제례와 지방의 자제들을 교육하는 두 가지 기능을 가지고 있었다. 따라서 향교에는 제사를 지내기 위한 문묘와 교육을 위한 강당(명륜당)이 기본구조로 갖추어져 있어야 한다. 배치 형식은 대성전과 명륜당이 어떻게 배치되는가에 따라 구분하는데 대성전이 명륜당 앞에 위치하는 전묘후학과 대성전이 명륜당 뒤에 배치하는 전학후묘의 구조로 나눈다. 이는 향교를 건립하는데 평지에다 하는가 구릉지에다 하는가에 차이였다. 즉 평지에 둘 경우에는 향교의 가장 핵심 건물인 대성전이 앞에, 경사진 곳에서는 대성전을 제일 높은 곳에 두어 건물의 위계성을 표현한 것이었다.

문묘는 공자와 제자 및 선유들의 위패를 모셔놓고 제사를 지내는 사당을 말한다. 문묘제도가 성립한 것은 중국 한대 이후이고, 국가적 규모로 격상된 것은 위진남북조시대, 후대와 같은 본격적인 제도가 확립된 것은 당나라 때라고 한다. 당 태종대에 공자와 수제자 및 후대의 학자 21인을 종사하였고, 현종 대에는(739년) 공자에게 문선왕이라는 호를 내리고 10철, 공문제자 70인, 선유 21인을 모두 종사하여 문묘제도의 틀을 이루었다. 송대에 이르러 문묘제도는 더욱 중시되었는데 공문제자 72인을 확정하여 안연 이하 10철을 공(公)으로, 증삼 이하 62현을 후(候)로, 선유 21인을 백(伯)으로 봉작하고 공자를 지성문선왕(至聖

---

2) 『학교등록』 1, 정해(인조 25) 정월 10일(충청도 회인향교), 2, 무술(효종 9) 5월 25일(전라도 장성향교), 4, 을묘(숙종 1) 8월 27일(전라도 여산향교) 등

文宣王)으로 시호를 고쳤다. 그리고 새로운 인물들을 계속 종사하여 송대 성리학자들이 대거 편입되었고, 동무, 서무의 제도가 채택되었다. 이후에 공자의 시호는 더하여져서 원나라 대에는 대성지성문선왕(大成至聖文宣王)이 되었다.

중국의 문묘제도가 우리나라에도 도입되어 신라 성덕왕 16년(734년) 9월에 당에 갔던 대감 守忠이 돌아오면서 공자, 10철, 72 제자의 도상을 가져와 국학에 비치한 적이 있었다. 『삼국사기』 직관지에 '孔子廟堂大舍'라는 관직이 있는 것으로 보아 아마도 국학에서 석전제를 올렸으리라 짐작된다.

고려시대에 문묘가 언제 설치되었는지는 모르겠지만 태조가 서경과 개경에 학교를 세우고, 983년(성종 2년)에 박사 임노성이 송에서 돌아오면서 4圖(대묘당도, 사직당도, 문선왕묘도, 제기도)와 72賢 찬기를 가져왔으며, 989년(성종 8년)에 大廟 등을 건립한 것 등으로 미루어 성종 대에 유교적 의례가 갖추어지면서 서울의 국학에 문묘가 마련되었을 것이다. 지방의 향교에 문묘가 언제 갖추어졌는지는 확실하지 않다. 아마도 성종대, 늦어도 인종대에 서울과 같은 문묘가 「묘학동궁」이라 하지만 향교에도 마련된 것이 아닐까 한다. 『고려사』 예지 제주현문선왕묘에 문묘석전제에 관한 기록이 보이는 것이 이를 말하는 것이라 하겠다. 다만 국학과 향교는 건물의 규모와 봉사하는 선현의 수에 차이가 있었다. 향교에는 공자를 위시한 5聖 10哲만 모신 것이 통례였던 듯싶다. 그 밖에 현종 11년(1020)에는 최치원을, 현종 13년(1022)에는 설총을, 충숙왕 6년(1319)에는 안향을 각각 문묘에 從祀하였는데, 지방의 문묘에도 이들을 종사하였는지는 분명하지 않다.

유교를 통치이념으로 표방한 조선왕조는 사전(祀典)을 크게 대, 중, 소로 나누었다. 종묘와 사직을 대사에 넣고, 공자에 대한 제례를 중사에 넣어 중시하였다. 향교가 교육기관으로서의 절대적 권위를 가지는 것은 바로 공자를 비롯한 성현들을 봉사하는 문묘를 가지고 있기 때문이었다. 문묘는 유학의 상징이었다. 왕도 향교 앞을 행차할 경우에는 말이나 가마에서 내려야했다. 그리고 감사가 군현을 순행할 때, 수령이 도임하고 체임할 때에 반드시 행하여야 할 의례가 문묘에의 알성이었다. 문묘를 신성시하고 문묘에 대한 훼손이나 위판의 도난 등을 각 고을 객사에 봉안한 전패에 대한 모독과 같은 강상의 변고로 간주하여 수령을 파직하거나 심하면 고을을 강읍하기도 하였다. 그런데 위판의 분실이나 도난 등이 빈번하게 일어나고 이를 수령에 대한 모함으로 간주하여 수령을 그대로 재임시키고 관리를 소홀히 한 재임과 노비 등을 엄히 다스리는 추세로 바뀌어가기도 하였다.

문묘에는 2월과 8월의 상정일에 석전제를 지냈다. 서울과 지방이 모두 같았다. 문묘에는 공자와 선현들의 도상을 그려 대성전의 벽에 걸어놓았고, 원 간섭기에는 불상처럼 塑像을 만들어 사용하기도 하였다. 이는 지방의 향교에도 영향을 미쳤으니, 경상도 성주군 향교에 "소상은 개경의 대성전을 모방하여 만든 것이다"라고 한 것이 한 예라 할 수 있다.

또한 고려 말에는 일부 향교에서는 위판을 만들어 사용하기도 하였다. 성리학이 보급되면서 도상이나 소상이 위판으로 바뀌어 나간 것이었다. 그러나 일률적으로 바뀐 것은 아니었다. 단종 2년(1454)에 경상도 성주목 교수로 부임한 김숙자가 쓴 「謁夫子廟賦」에 의하면 大成 이하 4성 10철이 모두 흙으로 만든 소상으로 되어있다고 하였다. 이로 미루어 향교에서는 도상과 위판, 소상 등이 병행해서 사용되었던 것으로 볼 수 있다. 그러다가 조선 초기에 이르러 문묘제도의 정비에 따라 밤나무로 만든 위판으로 대체되어갔다.

위판제도를 보면 위상에 따라 위판 크기가 달리 정해졌고, 위판에다 塗粉을 하지 않고 이름을 直書하였다. 뒤에 시호나 증직을 받으면 고쳐야 했기에 분칠을 한(塗粉) 서원 위판과 달리 향교 위판은 한번 쓰면 고칠 일이 없었기 때문이었다. 그리하여 위판에 잘못쓴 글자가 발견되면 옛 위판은 매안하고 改題라 하여 새로 만들어 봉안하였다. 그리고 위판의 배열순서는 『국조오례의』나 『고사촬요』를 참고하도록 하였다.

고려시대의 "廟學同宮" 구조에서 문묘와 학교가 구별되어 갖추어진 것은 조선시대에 이르러서였다. 공자를 주향으로 하는 문묘를 독립시킨 것은 고려와 조선의 유학에 대한 태도의 차이를 반영하는 것이라 하겠다. 아울러 문묘와 강당을 분리하여 교육 장소로 강당인 명륜당과 학생들이 기숙하는 동재, 서재를 따로 마련하였다. 명륜당이 만들어진 것은 조선시대에 이르러서였고, 이는 서울의 성균관을 모방한 것이었다.

조선왕조는 문묘제도와 석전의식을 정비하였다. 태종대에 마련한 석전의례에 의하면 외방 향교는 각도의 계수관, 주부군, 현으로 군현의 격에 따라 3등분하여 각기 대설(大設), 중설, 소설이라 구분하였다. 이는 향교 규모와 그리고 봉안하는 위판의 수에 차이를 둔 것이었다. 그리하여 계수관의 향교는 서울의 성균관과 같이 대성전에 공자를 주향, 4성(안자, 자사, 증자, 맹자)을 배향, 공자의 수제자인 10철을 종향하고, 공자 문인 72子, 중국의 유학자, 우리나라 유학자를 동무, 서무에 나누어 종사(從祀)하였다. 주부군의 향교는 공자를 비롯한 4성, 10철을 대성전에, 우리나라 유학자(설총, 최치원, 안향)를 동, 서무에 봉안하였고, 현의 향교는 주부군의 위판에서 10철을 제외하였다. 이후 성리학 의리론에 입각하여 중종대에 정몽주, 광해군 2년에 김굉필, 정여창, 조광조, 이언적, 이황이 각각 문묘에 종사되었고, 문묘종사자는 계속 늘어 모두 18현이 되었다(동국 18현).

중국 명나라의 문묘에 모셔진 인물들의 칭호를 보면 공자는 지성

선사(至聖先師), 4성인 안자는 복성, 증자는 종성, 자사는 술성, 맹자는 아성이라 하고, 10철 및 공문제자는 先賢, 후대 학자들은 先儒로 구분하였고, 일부 선유들은 문묘에서 제외하였는데 우리나라에서는 아직 이전의 문묘제도를 답습하여 시호와 봉작을 그대로 쓰고 있음을 지적하였다. 그리하여 중국 선유에 대한 종사 문제가 성리학이 정착되던 선조대에 본격적으로 논의되었다. 논의의 초점은 송나라 성리학자들을 추가로 종사하는 것, 육구연, 왕수인 등 양명학 계열 학자들은 종사하면 안된다는 것, 그리고 행적이 올바르지 않다고 판단되는 중국 선유 일부를 제외하는 등의 세 가지였다.

문묘 종사에 대한 논의가 본격화되는 것은 숙종 6년(1680)에 경신환국으로 서인정권이 성립하고서이다. 숙종 7년(1681)에 성균관 유생 500여명이 이이와 성혼을 문묘에 종사할 것을 요청하고, 아울러 주자에게 성리학을 전달하여 대성케 한 공이 있다고 하여 중국 송나라 3현(양시, 나종언, 이동)의 종사를 요청하는 상서를 올렸다. 이이와 성혼을 학통으로 하는 서인들은 모두 찬성을 하여 5현의 종사를 윤허받고, 종사를 거행하는 의례절차를 마련하는 한편 중국 선유 일부를 제외하는 논의가 계속되었다. 결국 숙종 8년(1682)에 5현 이외에 주자의 사위이자 수제자인 황간을 포함한 6현을 문묘에 종사하고, 행적에 문제가 있다고 본 공백료, 순황(순자), 마융, 왕필, 왕숙, 두예, 하휴, 가유, 오징, 申黨을 문묘에서 제외하기로 하였다. 이때 신당과 申張은 동일인임에 불구하고 『공자가어』나 『사기』에 다른 사람으로 표기되어 있어 이중으로 종사된 것이기에 실제 제외된 중국 선유는 9명이었다.

숙종 8년 5월 20일 새벽에 성균관에서 9인의 선유 위판을 내어 대성전 뒤에 청결한 곳에 묻어버리는 黜祀를 먼저 거행하였다. 그리고 이어 6현의 위패와 이이, 성혼의 위판을 동서 양무에 봉안하는 陞祀를 거행하였다. 또한 중국 선유 가운데 위차에 문제가 있다고 본 호안국,

장식, 진덕수, 채침 등의 위패 순서를 개정하기도 하였다. 이러한 조치는 지방의 향교에서도 그대로 재현되었다. 그런데 위판이 늘어나면서 동서무를 확충하거나 새로 마련하는 공사가 뒤따랐고, 차제에 아예 향교를 이건하겠다는 요청이 급증하기도 하였다. 숙종대에 향교 이건 요청이 늘어난 것은 이 때문이기도 하였다.

숙종 8년에 이이와 성혼을 문묘에 종사하는 예성제를 거행하는데 일부 관료들이 핑계를 대고 참석하지 않았고, 수령들도 병을 칭하여 제례 행사를 회피하는 일이 많았음이 지적되었다. 이들은 서인 주도의 문묘 종사에 이의를 가진 남인계 관료들이었을 것이다. 그리하여 각도의 감사에게 수령들의 제례 참석 여부를 조사하여 보고하게 하였고, 불참한 수령들을 추고하였다.[3] 숙종 15년에 기사환국으로 서인이 물러나고 남인이 집권하자 이이와 성혼의 문묘 종사를 취소해야 한다는 논의가 일어났다. 그 결과 이이와 성혼의 위판이 문묘에서 제외되는 일이 벌어지게 되었다. 그 뒤 숙종 20년 갑술환국으로 서인이 집권하자 이이와 성혼이 復享되었다.

숙종 40년(1714)에 문묘의 사전 논의가 다시 크게 일었다. 이는 주돈이, 정호, 정이, 소옹, 장재, 그리고 주자 등 이른바 송나라 6현을 대성전 10철의 대열에 陞享하자는 것이었다. 중국 명나라에서는 이들이 선현으로 모셔져 있으나 우리나라에서는 한 단계 더 높여 대성전 안으로 모시자는 것으로 그해 8월에 승향되어 일단락되었다.

군현의 격에 따라 문묘종사자에 차등을 두는 것은 계속 논란이 이어졌다. 특히 양명학은 수입될 당시부터 이황으로부터 배척을 받았기에 명나라에 종사되었던 육구연, 왕수인 등은 우리나라 문묘에서 제외되었다.

---

3) 『학교등록』 5, 임술(숙종 8) 9월 13일~12월 22일

결국 조선 문묘제도에서 확인할 수 있는 것은 양명학자가 제외되고 주자학자 위주로 문묘 종사가 이루어지고 있다는 것, 우리나라 학자로 문묘에 종사되는 것은 대부분 서인이나 노론으로 편중된다고 하는 점 등이다. 이이와 성혼 이후에 문묘에 종사되는 선현은 김인후, 조헌, 김장생, 김집, 송시열, 송준길, 박세채 등으로 숙종때 탕평책을 주장한 소론의 영수인 박세채를 제외하면 모두 서인이나 노론으로 간주되거나 노론의 후원을 입어서 가능하였던 것이다.

4. 교생 고강과 면강첩

향교의 학생을 교생이라고 한다. 교생의 정원은 고을의 격에 따라 차등을 두어 책정하였다. 태종 6년(1406)에 留守官은 생도 50명, 대도호부, 도호부, 목은 40명, 知官(郡)은 30명, 현은 15명으로 책정하였다. 교생을 늘리자는 주장이 꾸준히 계속되어 성종대에 대폭 증가하였다. 곧 부, 대도호부, 목은 각 90명, 도호부는 70명, 군은 50명, 현은 30명이었다. 이 액수는 조선 말기까지 변동이 없었다.

교생이 향교에 입학할 수 있는 나이는 16세 이상이었다. 『경국대전』에 "부, 대도호부, 목의 유생은 각각 90명으로 하고 16세 이하인 자는 액내에 두지 않는다. 도호부, 군, 현도 같다."라고 한 것에서 알 수 있겠다. 16세 미만인 자들은 동몽이라 하여 교생과 구분하였다. 그리고 교생의 상한 나이는 40세였다. 교생은 군역의 면제 특전이 주어졌는데 면학에 뜻이 없는 자들이 향교에 머무는 폐단을 없애기 위해서 40세로 제한하려고 하였다. 그러나 실제로는 40~60세의 교생도 얼마든지 존재하였다. 인재를 양성한다는 학교에서 연령의 제한을 둔다는 것은 실제로 어려운 일이었기 때문이었다.

교생의 신분에 대하여 법제적으로 자격이 명시된 바는 없었다.

향교에 입학한 목적이 공부를 하여 과거에 합격하는 것이었다면 과거에 응시할 수 있는 신분이 교생이 되었다고 할 수 있다. 조선시대 과거는 평민 이상이면 모두 가능하였으므로 적어도 평민 이상이면 교생이 될 수 있었다고 볼 수 있다. 그러나 신분제 사회에서 양반과 평민이 함께 교생으로 향교에 입학하였더라도 양반들과 평민들이 함께 공부를 하고 같은 대우를 받았다고는 생각하기 힘들다. 향교에서는 같은 교생이라도 신분의 차이에 따라 서로 구별을 하였다.

교생은 출신신분에 따라 액내교생과 액외교생으로 구별하였다. 곧 액내교생은 양반, 액외교생은 양반이 아닌 신분이었다. 액내교생이란 정액내의 교생을 말한다. 고을의 격에 따라 30~90명으로 규정된 교생 정액에 따라 교생들을 입학시켰다. 그런데 양반은 액내, 비양반은 액외로 구별하여 놓은 것은 양반들만이 정액규정에 해당할 뿐 비양반들과는 무관하다는 사실이었다. 각 고을의 향교에서는 양반들을 액내교생으로 받아들이되 양반교생들이 부족하여 정액을 다 채우지 못했더라도 양반이 아닌 신분에서 액내를 채우지 않았으며 비양반들은 따로 액외라 하여 엄격히 구분하고 있었다.

결국 양반과 평민들을 향교에 입학시킨 목적은 각기 달랐다고 하겠다. 양반들은 공부를 시키고 과거를 거쳐 관료로 등용시키겠다는 목적이었음에 비해 평민들은 교육과 교화를 시켜 체제에 순응하는 백성을 만들겠다는 의도에서였다고 생각한다. 그리고 왕조 초기부터 이러한 의도는 계속되었으리라 짐작된다. 따라서 양반과 평민이 함께 교생으로 입학하였다 하더라도 신분에 따라 공부하는 장소와 내용, 향교에서의 임무와 역할 등에 차별을 두었다.

조선초기에는 양반들도 군역을 부담하였다. 따라서 양반들은 이를 모면하기 위하여 교생이 되었다. 교생들에게는 수시로 학업의 수행여부를 확인하기 위하여 고강을 시행하였다. 그리고 낙강을 하면 교생

자격을 박탈하고 군역을 부과하도록 하였다. 그러나 15세기 후반 이후 방군수포, 중종대의 군적수포법 등으로 양반들의 군역면제가 점차 관행화 되어 갔다. 양반들로서는 군역면제를 위하여 굳이 교생이 되지 않아도 되었던 것이다. 다만 일정 기간 동안 향교 교생으로 入籍을 하여야 과거응시자격을 부여한다는 규정에 따라 공부는 하지 않으면서도 교생안에 이름을 올려놓은 것이었다.

그런데 양반들은 점차 액내교생 대신 청금유생이라 이름하고 따로 청금록을 작성하였다. 그 대신 액내교생은 평민, 서얼 등 양반 아닌 사람들이 차지하게 되었다. 이는 여러 가지 원인이 있었을 것이지만 가장 직접적인 것은 인조 때의 교생고강 시행에 있었다.

교생에 대한 고강은 勸學에 목적을 둔 것으로 조선 초부터 시행되고 있었으나 향교 교육의 쇠퇴로 점차 유명무실하게 되고 말았다. 그런데 점차 청나라와의 관계가 심각해져가는 상황에서 軍額을 확보하는 것이 중요한 현안문제가 되고 있었고, 그 하나의 방법으로 공부하지 않는 교생들을 시험보아 떨어지면 군역에 충당시키고자 하는 교생고강이 인조대에 크게 논의되기 시작하였다. 인조 4년(1626)에 마련된 「軍政事目」에 의하면 고강의 대상은 서울의 4학 학생과 지방의 액내, 액외교생 및 학교에 들어가지도 않으면서 業儒라 칭하면서 군역을 부담하지 않는 양반자제들이었다. 그리고 낙강자는 군역에 바로 충당하는 내용이었다. 그러나 사족들을 고강에서 제외하려는 논의가 계속되었고, 우선 4학 학생들이 고강에서 제외되었고, 업유도 제외되었다.

향교 교생에 대한 고강은 조종조 이래의 관례이므로 시행해야 한다는 것이 당시 중앙관료들의 공통된 의견이었다. 문제는 낙강한 교생의 처리문제였다. 낙강교생은 사족이라도 양인처럼 군역에 충당하자는 원칙론과 사족은 우대해야 한다는 명분론이 맞서는 가운데 결국 향교의 교생은 액내이든, 액외이든 모두 시험을 보고 낙강하면 신분에 구별 없이 3년 동안 罰布를 내고 3년 뒤에 다시 고강을 해서 그때도 낙강하면 군역에 충당한다고 결정되었다. 이후 교생 고강은 이대로 시행되었다.

인조 22년(1644)에 이르러 「각도교생고강사목」이 작성되어 『교생고강등록』에 수록되었다. 그런데 이는 앞서 인조 4년의 고강내용과 차이가 있었으니 그것은 낙강교생은 우선 武學으로 떨어뜨리고 3년 뒤에 武學試才하여 落才하면 영구히 군역에 충당한다는 내용이었다. 이는 병자호란을 겪은 뒤 군비에 대한 조정의 논의가 반영된 것이었고, 때문에 낙강교생에게는 군포를 걷는다는 원칙을 버리고 군액확보 목적에서 무학으로 강정한 것이었다.

인조 22년 이후 교생고강이 이대로 적용되어 효종, 현종대에도 낙강교생은 무학으로 강정되고 있었다. 이러한 결정은 양반들의 교생 회피를 초래하였다. 대신 향교에 적을 두지 않으면 과거응시자격을 부여하지 않는다는 규정에 순응하여 양반들은 청금록을 별도로 작성하고 유생이라 호칭하기에 이르렀다.[4] 이는 서울의 성균관, 사학에서 작성하는 청금록을 모방한 것이고, 아울러 성균관, 사학의 유생들이 고강에서 제외되고 있는 것을 모방한 것이었다. 그리하여 양반들은 동재유생, 청금유생이라 이름하고 교생과 구별하려고 하였다. 이에 평민, 서얼들이 양반 대신 액내교생으로 입학하고, 이들은 서재교생이라 호칭되었다.[5] 이러한 동재유생과 서재교생의 분화, 청금록과 교생안의 별도 작성은 군현마다, 도마다 차이가 있었지만 대체로 인조 때부터 시작되어 늦어도 숙종 전까지는 거의 모든 향교에서 행해지고 있었다.

동재유생들은 향교에서 공부를 하고 과거에 합격하는 것이 임무

4) 『학교등록』 2, 갑오(효종 5) 4월 29일, 30일

5) 『학교등록』 1, 병술(인조 24) 정월 6일, 기축(인조 27) 3월 26일 등

이고 목표였다. 따라서 이들이 향교에 대한 임무는 별다른 것이 없었다. 그러나 서재교생들은 군역을 면제받는 대신 여러 가지 임무를 수행하여야 했다. 우선 번을 나누어 향교를 수직하였다. 향교의 노비와 같이 수직을 하는데, 闕番을 하면 처벌을 받았고, 수직 시에 화재, 도난 등의 사고가 발생하면 근무태만의 벌을 받았다. 그리고 서재교생들은 향교의 제례에서 헌관들을 보좌하고 제례의 원활한 진행을 위하여 여러 가지 시중을 드는 하급집사 역할을 하였다. 그밖에 고을 수령이 공사의 일로 상경할 때 군대지휘권을 표시하는 兵符를 병영에 전달하는 임무와, 국가에 경사가 있을 때 전국에 사면령을 내리는데 赦文을 감영에서 받아와 읽는 임무를 담당하였다.

교생의 고강 문제가 다시 논의되는 것은 숙종대였다. 군역의 모순을 해결하기 위하여 양역변통논의가 크게 일어날 때 교생을 겨냥한 고강문제가 다양하게 논의되었다. 그리하여 고강의 대상을 확대하여 액내교생, 액외교생에다 서원, 사우의 원생까지도 포함시켰다. 낙강교생들에 대한 처리도 숙종 31년(1705)에 무학강정에서 贖布 2필을 거두어 군정에 보태 쓰도록 바꾸었다. 그 뒤 숙종 37년(1711)에 이르러 속포는 구차하니 "直定軍役"하자는 의견과 1필씩 포를 거두고 그 다음 해에 또 낙강하면 그대로 군역에 충당하자는 의견 등이 맞서다가 결국 낙강교생은 곧바로 군역에 충당한다는 것으로 결정되었다. 그리고 숙종 42년(1716) 전교에 의해 "직정군역"한다는 원칙이 재차 확정되어 『신보수교집록』 병전 군제에 수록되기에 이르렀다.

『경국대전』에는 관찰사가 순행하면서 교생을 고강하도록 되어 있었다. 그 뒤 고강문제가 논의되면서 고강의 방법과 내용이 여러 차례 바뀌었다. 인조 22년에는 都事가 춘추로 순행하여 고강하는데 문관수령과 함께 4, 5개 군현의 교생을 모아 시험을 보고 고강과목은 사서와 소학 가운데 원하는 책과 史子集 가운데 원하는 책 한권을 臨講하는데 소리 내어 읽기와 글의 뜻을 묻는 것으로 한다는 것이다. 이때 2서 가운데 1서에 불통하면 낙강하도록 되어 있었다. 숙종대에 이르러 교생고강문제가 크게 거론되면서 고강방법에도 변화가 있었으니, 숙종 30년에는 인조 22년의 「교생고강」과 비교해서는 고강횟수가 한 해에 한번으로 줄었고, 고강과목도 경사 가운데 자원하는 것으로 제비를 뽑아 시강하는데 소리 내어 읽기와 해석을 보고 글의 뜻을 묻는 것으로 다소 완화되었다.

이처럼 교생고강은 인조대 이후 계속된 논의와 여러 차례의 변화를 거쳐 결국 숙종 37년에 이르러 액내, 액외교생을 대상으로 하고 수령이 親講하고 도사가 巡講 覆審하며, 낙강자는 무학강정에서 벌포 징포로, 그리고 최종적으로는 직정군역으로 결정되었다. 그러나 군액 부족을 타개할 당초의 의도와는 달리 교생고강은 그다지 큰 효과를 거두지 못하였다. 고강의 실적을 보면 사목을 거푸 마련해오곤 하였지만 낙강교생의 수는 교생의 수와 비교할 때 그다지 많지 않았다. 고강의 실적이 저조함으로 인하여 고강을 실시하는 도사나 수령이 파직되기도 하였으나 근본적인 대책은 되지 못하였다.

고강 실적이 저조한 원인은 고강대상자의 회피 때문이었다. 상중에 있거나 질병자, 멀리 나가 있는 자 등 사정이 있는 자들을 제외하고는 모두 고강을 받도록 하였고 또 代講도 엄격히 금지하였다. 그러나 고강 대상자들은 갖가지 방법을 통하여 고강을 회피하였고, 또한 거듭되는 흉년으로 고강이 자주 중단되었다. 그런데 무엇보다도 교생고강을 유명무실하게 만든 것은 免講帖이었다. 면강첩은 액내, 액외 교생에게 고강을 면제받도록 발급한 첩문인데 향교 보호에 큰 공이 있는 경우, 예를 들면 전란 중에 위패를 보호하였다는 공으로 면강첩을 만들어 주는 경우를 제외하면 대부분 공명첩과 같이 일정한 대가를 받고 발급해 주었다.

면강첩의 발급은 교생고강이 조치되던 인조대에 이미 시작되어 인조 22년의 「교생고강사목」에도 면강첩을 지닌 자들은 면강하도록 하였다. 면강첩의 발급은 납속첩, 공명첩처럼 재정적인 이유에서였다. 사학이나 향교의 중건, 수리에 재정 도움을 준 교생에게 면강첩을 발급하였다. 그밖에 제기나 제복을 마련하는데 도움을 준 교생들에게 면강첩을 발급하기도 하였는데 물납한 액수에 따라 限年免講帖이나 終身免講帖을 발급해 주었다.

면강첩은 학교뿐만이 아니라 국가의 재정보충이나 기근의 진휼을 위한 募穀策으로 이용되기도 하였다. 면강첩이 학교를 위한 정책도 아닐뿐더러 良丁을 잃는 결과를 초래한다는 이유로 반대를 받거나 발급에 제한을 받았기도 하였으나 잦은 기근과 재정고갈의 어려움을 당할 때 손쉽게 곡식을 모을 수 있는 방법이 된다는 점에서 계속 발급되었던 것이다.

면강첩은 국가 재정의 타개책으로 그치는 것이 아니라 각 군현의 재정책으로 활용되는데 더 심각한 문제가 있었다. 원래 면강첩은 예조에서 발급한 것만을 인정토록 하였다. 그런데도 감영이나 군현에서 임의로 면강첩을 발행하였다. 따라서 면강첩의 발급이 학교의 수리나 제기, 제복, 서적을 마련할 목적이었다 할지라도 본도와 본관에서 사사로이 발급하는 것을 금지하고 예조에 반드시 보고한 뒤에 발급하도록 명령하기도 하였다. 그리고 私給免講帖을 지닌 자들을 조사하여 군정에 충당하는 조치를 자주 취하기도 하였다.

숙종대에는 교생고강을 강화하면서 면강첩 문제에 대하여 더욱 강력한 조치를 취하였다. 사사로이 物納을 한 면강교생은 直定軍役할 것을 명령하기도 하였다. 그리하여 실제로 물납면강교생을 고강하고 무학으로 강정하는 일도 있었다. 사급면강첩을 발급해준 지방관을 처벌하고 면강교생을 고강하여 군역에 충정하는 일에 그치는 것이 아니고 사급면강자를 조사하여 물납액을 되돌려주는 문제도 논의되었다. 즉 숙종 13년 정월에 사급면강자를 고강하여 군역에 충당하는 것은 당연한 조치지만 물납과 군역을 함께 부담하는 물납면강교생의 원망이 민폐의 하나로 지적되었다. 그리하여 이들에게 물납액을 대동미로 환급해 주는 문제가 논의되었다. 이때 환급해 줄 저치미가 여유가 없으니 바친 액수를 조사해서 액수가 많으면 연한을 감해주고 적으면 돌려주자는 의견, 돌려주기에는 어려움이 많으니 차등면강하자는 의견 등이 거론되었다. 이 환급문제는 각 고을의 면강첩 수를 조사하고 나서 다시 거론되었는데 조사된 8도의 물납면강교생은 5,238명이나 되었다. 이에 환급문제의 논란이 계속되었는데 대동미로 환급하는 것은 현실적으로 어렵다는 토로 속에 그 동안 물납면강교생들이 군역을 담당하지 않고 편안히 지낸 것으로 보상은 충분하다는 의견으로 낙착되었다.

숙종대에 사급면강교생을 고강하고 면강첩을 발급한 감사와 수령을 처벌하기도 하였으나 사급면강첩이 근절되었는지는 의문이다. 왜냐하면 이후에도 여전히 면강첩을 사급하는 감사, 수령의 처벌이 거론되고 사급면강첩의 고강이 논의되었기 때문이다. 조정에서는 교생고강의 강화와 함께 면강첩에 대해서 가능하면 발급을 억제하도록 노력하였다. 그러나 면강첩이 향교나 관가의 재정책이 되고 있는 현실에서 만성적인 재정부족을 겪고 있는 당시 실정에 비추어 사급면강첩이 쉽게 없어질 리가 없었다. 숙종 42년 이후에 고강이 강화되고 낙강교생을 직정군역하자 교생들이 고강을 모면해 보려는 노력은 더욱 치열해졌다. 면강첩도 정부측에서 가급적 발급을 억제하는 노력을 기울이기는 하였지만 각 군현에서 관행적으로 사급하여 교생고강을 거의 유명무실하게 만들어 나갔다. 그리고 교생고강마저도 실적의 부진과 잦은 재해를 이유로 중단을 반복하였다.

5. 나머지말

『학교등록』은 조선시대 향교를 제도적 측면에서 연구하는데 필수적인 자료로 활용할 수 있다. 예전의 향교 연구는 향교의 폐해만을 강조하는 연대기나 법전류 등의 관찬자료에 치중하였고, 근래의 향교 연구는 향교에 소장되어 있는 고문서들을 주로 활용하고 있는 경향이 있다. 『학교등록』은 향교 건물의 관리와 제례, 香祝에 대한 것, 향교의 핵심이라 할 문묘에 모셔져 있는 위판의 규격과 위판의 승출을 둘러싼 논란 등등 향교제도를 전반적으로 살피는데 중요한 근거를 제공해주고 있다. 그리고 조선후기에 논란이 되어 향교에서 양반유생과 평민교생이 분화되는데 결정적 계기가 되는 교생고강에 대해서도 많은 기록을 보여주고 있다. 특히 교생고강과 관련해서는 『학교등록』 뿐만 아니라 『교생고강등록』이라는 자료가 크게 참고 된다.

또한 『학교등록』은 향교의 제도적인 모습을 살피는데 활용할 수 있을 뿐만 아니라 각 고을에 있는 향교 개개의 역사를 살피는데도 도움이 된다. 향교의 이건이나 중수, 수리, 또는 위판 분실과 봉안, 교생고강과 면강첩 발급 등에 대하여 각 고을 향교에 대한 언급이 세세히 들어있어 개별 향교의 사례를 아는데 중요하게 활용할 수 있기 때문이다.

그밖에도 성균관에서의 권당, 공관, 4학의 경제기반 등에 대해서도 참고할만한 내용을 담고 있다.

끝으로 『학교등록』에는 객사에 모셔져있는 전패의 중요성을 아는 데에도 도움이 되는 기사도 많이 들어있다. 전패가 분실되고 파괴되는 이른바 「殿牌作變」이 생기는 고을은 降邑되거나 혁파되는 것이 이전의 관례였다. 그러나 이러한 사건이 너무 빈번하게 일어나다보니 이를 일일이 적용할 수 없었다. 이에 전패작변이 수령을 모함하고자 함이라는 판단을 구실로 수령에게 죄를 묻지 않고, 또한 고을을 혁파하거나 강읍하지 않는 것이 관례가 되고 있어 수령권을 강화해 가는 조선후기 지방사회의 모습을 엿볼 수 있게 해주고 있다.

(『국역학교등록』(세종대왕기념사업회, 2010년) 수록)

|참고문헌|

윤희면, 『조선후기 향교연구』(일조각, 1990)

강대민, 『한국의 향교연구』(경성대출판부, 1992)

정옥자, 「조선후기 문묘사전의 이정」, 『한국문화』 7, 1986.

6장 ▮ 양사재의 설립과 운영실태

1. 머리말

조선시대에 養士齋라는 교육기관이 있었다. 전기에는 없었던 양사재가 숙종대 이후에 거의 모든 고을에서 세워지고 있었다. 또한 양사재는 향교 안이나 근처에 세워지는 것이 보통이었다. 이는 양사재의 등장이 당시의 향교 실상이나 교육실태와 매우 밀접한 관련이 있음을 나타내주는 것이라 하겠다.

본고에서는 양사재가 어떠한 배경에서 설립되었으며 운영실태는 어떠하였는지에 대하여 살펴보고자 한다. 이러한 검토에 덧붙여 양사재의 성격과 위상을 다시금 알아보려고 한다.[1)]

2. 설립과 설립배경

조선시대 각 군현에는 양사재라는 것이 있었다. 양사재는 이름

1) 필자는 전에 조선시대 양사재의 설립, 구성과 활동, 경제기반 등을 검토한 바가 있었다.(윤희면, "조선후기 양사재 –삼남지방을 중심으로–", 「이원순 교수화갑기념사학논총」, 1986) 본고는 이전 논문에서 양사재의 설립 배경과 성격을 좀 더 보충해 본 것이다.
강대민, "조선조 함경도지방의 養士廳에 관한 고찰",(「부대사학」 19, 1993) 에서는 북도지방의 양사청에 대하여 살펴보고 있다. 이로 미루어 양사재는 전국적으로 건립, 분포되어 있음을 확인할 수 있겠다.

그대로 '선비를 기르는 齋'라 하겠는데 지역에 따라 다른 이름을 지니는 경우도 있었다. 예를 들면 興學齋라는 이름이 양사재 다음으로 많고, 그 밖에 育英齋, 教興齋, 君子堂, 四教齋, 靜安堂, 麗澤齋, 養賢齋, 鄉塾 등등의 이름을 지니고 있었다. 군현에 따라 이름을 다소 달리하고는 있지만 모두 '養士'나 '興學'이라는 취지와 성격을 보여주고 있어 양사재 또는 흥학재라는 이름으로 보편화 시킬 수 있다고 생각한다.[2]

양사재는 조선 전기에는 보이지 않던 것이었다.[3] 그런데 후기에는 "양사재는 列邑의 通規"[4], "東方의 列邑에 모두 養士之所가 있다"[5]고 할 정도로 거의 모든 군현에서 설립되고 있었다. 그러면 양사재는 어떠한 배경에서 누가, 왜 설립한 것이었을까.

우선 양사재를 설립하는 사람들을 살펴보면 수령과 지방양반들로 각각 구분해 볼 수 있다.

1) 양사재는 숙종 정해년(33년,1707년)에 현감 朴起源이 창건하였다. 取士試藝 해서 定額居齋하였다.[6]

2) 麗澤齋는 객관 동쪽에 있다. 영조 계유년(29년,1753년)에 현감 南泰普가 창건하여 養士所로 삼았다.[7]

---

2) 명칭은 달라도 이들의 설립과 활동의 목적을 '聚鄉秀講學', '得一邑英材而教育之地',' 養士之所', '邑士讀書做業之所'라 하고 있다. 그리고 영조 21년에 전라도 관찰사가 관내 군현에 내린 <권학절목>에 "今此兩度關文淨書一通 별作冊子 分送于鄉校書院興學堂養士齋"라 되어 있는 것으로 보아도 양사재, 홍학당(재)라는 이름으로 보편화시킬 수 있겠다.

3) 양사재는 각 군현에 존재하던 齋, 精舍 등과는 성격을 달리한다. 재나 정사는 개인의 서재나 서당, 別墅 등의 기능을 지녔으며, 양사재는 군현 전체의 양반자제들을 대상으로 하는 교육기관이었다.

4) 「함평향교지」 권2 養士齋跋

5) 「고창향교지」 권2 養士齋財力創置序

6) 「교남지」 권24 長鬐郡 校院條

3) 양사재는 헌종 무신년(14년, 1848년)에 현감 趙然明이 처음 창건하여 곡식을 기부하고 서책 140권을 사주었다.[8]

4) 興學堂은 객사 북쪽에 있다. 當宁 7년(1870년)인 경오년에 수령 李晩著, 號는 石間에 의하여 창건되었다. 記와 詩가 있다.[9]

이상은 양사재가 수령에 의하여 설립되는 예를 들어본 것이다. 그리고 이전에 있었던 것을 수령이 중건하는 경우도 있었다.[10]

다음은 지방양반들이 설립하는 경우이다.

이 해남 고을은 儒賢輩가 적다. 비록 文獻之鄕으로 일컫지만 일찍이 養士하는 곳이 없었으니 어찌 우리 고을 사림들의 慨惜함이 아니겠는가. 지난 신묘년(영조 47년)에 輪寺에서 거접할 때 書籍收價로 양사의 자본을 삼자고 公議가 나왔었다. 중간 이후에 향론이 둘로 나누어지고 士風이 하나가 안되어 마침내 혁파되기에 이르렀으니 한탄스럽다. 그 후 接儒 가운데 나와 함께 復立하기로 뜻을 가진 사람이 두 사람 있었다. 朴龍允과 李璣郁이 바로 그들이었다. 만나서 매번 양사재를 창립하는 계획을 논의하였으나 물자를 낼 길이 없어 뜻을 이루지 못한 채 더 많은 세월이 흘렀다. 임술년(순조 2년) 여름 罷接하는 날 나와 두 사람은 함께 輪寺에 올라가 모임장소에서 발의하였다. 접유들이 모두 "이는 우리 고을의 盛事이다. 누가 같은 마음으로 조력하지 않겠는가"라고 말하였다. 이에 중의를 쫓아 유사를 별도로 정하고 각 면에 鳩財하여 약간의 돈을 거두었다. 그 수를 합하니 얼마의 돈이 되어 몇마지기의 논을 사들였다.[11]

---

7) 「교남지」 권34 軍威郡 校院條

8) 「호남읍지」 扶安郡邑誌 學校條

9) 「영남읍지」 山清縣邑誌 學校條

10) 宋明欽, 「역천선생문집」 권13 任實縣君子堂記 丙子(영조 32년, 1756년)

11) 「海南養士齋案」 養士齋序

곧 양사재가 없어 대흥사에서 거접을 하던 해남 유생들이 순조 2년에 돈을 모아 양사재를 설립하였다는 것이다.

수령이나 지방양반들이 각기 양사재를 세우는 경우를 알아보았는데 끝으로 수령과 양반들이 함께 양사재를 세우는 예를 보도록 하자.

1) 수령 金光國氏가 臺閣에 있다가 이 (함평)고을에 다스리러 왔다. 우리와 멀지 않기에 본 양사재를 수호하는 길을 말씀드렸다. 수령이 이에 還牟 50석을 내어 土田 15두락을 買置하고 다시 다른 고을의 예에 따라 保率 40명을 許給하여 춘추로 쌀을 받아 設接 때 供饋의 도구로 삼게 하셨다. 그 때 鄭馨郁, 鄭錫元, 安復胤 등이 힘을 합해 일을 주관하였다. 나와 함께 대개의 規節을 세워 영구히 준수할 典槩로 삼았다. 숭정 3周戊子(영조 44년) 端陽下澣 咸平 李廷熻[12]

2) 재의 이름을 養士라 한 그 뜻은 참으로 아름다운 것으로 옛날에는 없었는데 오늘날에는 있다. … 지난 을묘년(정조 19년) 봄 南侯(南履範)가 이 고을에 부임하여 왔다. … 병진년 겨울에 老成한 향유들을 불러 말하기를 "우리나라의 열읍에 모두 養士之所가 있는데 이곳만 빠져 있다. 營立을 도모하지 않으려는가"라 하였다. … 그리하여 南侯가 먼저 힘써 일하고 다른 고을에 좇아 辦備하였다. 몸소 보급하고 땅을 사서 收租하니 겨우 20명 接儒의 한 달여 자본이 되었다. 이름은 있으나 齋所가 없어 모두 탄식하였다. 지난 해 가을 鄕儒 7, 8명이 경내의 각처에 구청하여 청동 수백을 鳩得하였다. 이에 재실을 두어 設接하는 곳으로 삼았다. 임술년(순조 2년) 下澣 晋陽人 姜橒識[13]

이밖에 교임들이 흥학재의 복설에 노력하고 현령의 주선으로 齋舍를

12) 「함평향교지」 卷1 養士齋隨行案序

13) 「고창향교지」 권2 養士齋財力創置序

세우고 전답을 마련한 전라도 광양의 경우도 있었고[14], 유림들이 설립하려다 경제적 어려움으로 중단하였던 것을 부사들의 계속적인 협조로 육영재를 세우게 된 경상도 창원의 예도 있었다.[15]

이처럼 지방관이나 양반들 각각이, 또는 힘을 합쳐 양사재를 설립하고 있음을 보았다. 그러나 양사재는 수령이나 양반들이 단독으로 설립한 경우보다는 서로 힘을 합쳐 설립한 것이 일반적인 모습이었다고 생각한다. 수령이 고을의 다스림을 원활히 하기 위해서는 양반들의 협조와 자문을 얻어야 했고, 양반들의 활동도 수령의 협조와 묵인이 있어야 원활하였다는 점을 고려해 볼 때 수령의 관심, 경제적 배려와 협조, 양반들의 주관과 운영이 합쳐져 양사재가 설립되고 이름 그대로 양사의 기능이 발휘될 수 있었던 것이다.

그러면 양사재가 조선 후기에 이르러 각 군현에서 세워지고 있었던 것은 어떠한 이유에서 였을까. 여기에는 나라의 교육정책과 군현의 향교실태와 관련이 있다고 생각한다.

우선 교육정책에 대하여 살펴보면, 나라에서는 초기 이래 쇠퇴해온 향교교육을 회복하기 위하여 여러 가지 방법을 모색하였다. 그 가운데 하나가 교관의 파견이었다. 조선 초기처럼 각 향교에 교수, 훈도 등의 파견을 모색하였고, 숙종 6년에는 제독관을 다시 파견하여 巡行勸學을 시행하기도 하였으나 모두 실패하고 말았다. 중앙에서 교관을 파견하는 흥학책이 성공을 거두지 못하자 군현 자체적으로 교육중흥을 하도록 정책을 전환하였다. 이러한 추세 속에서 우선 나타난 것이 유생거접을 위한 감영의 양사재였다. 그 실례를 함흥의 養士廳을 통하여 알아보도록 하자.

---

14) 「호남읍지」 光陽縣邑誌 學校條

15) 「영남읍지」 昌原府邑誌 樓亭條

養士廳은 府城 서쪽 10步쯤에 있다. 숙종 정축년(23년,1677년)에 관찰사 李光夏가 창설한 것이다. 대개 이 청은 실은 옛날의 長都會 규정에 의거하여 설립한 것이다. 성화 정해년(세조 13년, 1447년)에 감사 李繼孫이 비로소 장도회를 함흥향교에 열고, 洪原郡의 노비를 혁파하여 都會의 노비로 하였다. … 순상 이광하가 도회의 규정이 비록 아름다우나 감영에서 쓰는 물자를 취용하면 廢墜하는 경우를 면치 못할 것이니 貨穀을 팔아서 비용에 충당하는 특별기구를 설치함만 같지 못하다 하여 드디어 별도로 廳을 만들었다.[16]

이처럼 함흥 양사청은 도회에서 선발된 유생을 모아 과거공부시킬 장소로 마련된 것이었다. 이전에는 함흥향교나 문회서원에서 하던 것을 숙종 23년에 별도의 齋舍를 만든 것이었다.[17]

다른 감영에서도 도회 유생을 공부시킬 별도의 齋舍를 건립하고 있었다.

1) 숙종 경진년(26년, 1700년)에 전라도 관찰사 金時傑이 이 堂(希願堂)을 創築한 후 둔전을 두고 한 도의 文才者를 선발해 공부하는 곳으로 삼았다. 영조 무오년(14년, 1738년)에 관찰사 李周鎭이 당을 중수하고 양사의 규식을 더욱 넓혔다.[18]

2) 樂育齋는 선비를 시험보아 선발하고 定額居齋케 한다. 경상도 관찰사 趙顯命이 改建하고(영조 8년), 관찰사 尹光顔이 장서각을 창건하였다.[19]

---

16) 「咸州誌通紀」 卷3 諸署

17) 강대민, "앞의 논문", 345쪽. 도회에서 선발되어 거접한 유생 가운데 성적이 우수한 자들에게는 小科 覆試에 응시할 자격이 부여되었다.

18) 「호남읍지」 完山誌 學校條 希願堂

19) 「령남읍지」 大邱府邑誌 學校條. 대구 樂育齋는 경종 원년에 경상감사 趙泰億에 의하여 설립되었다. 대구 낙육재에 대해서는 장인진, "경상감영의 낙육

숙종대에 건립된 전주의 希願堂, 경종대에 건립된 대구의 樂育齋에서도 도회에서 선발된 유생을 거접시켰으니,

1) 도내 네 都會의 유생을 모아 講學儲養한다.[20]
2) 도회에서 우등한 약간명을 모아 時文製述을 공부시킨다.[21]

고 한 그대로였다.

숙종대에 각 군현에서 설립되기 시작한 양사재는 바로 감영에서 유생 거접을 위하여 별도의 齋舍를 마련하는 조치와 관련이 있다고 하겠다. 다음의 기록을 보자.

1) 양사재는 숙종 정해년에 현감 朴起源이 창건하였다. 取士試藝해서 定額居齋하였다.[22]
2) 文會齋. 蘭亭, 廣學 두 齋가 있는데 모두 경내의 여러 선비들이 鳩財하여이룬 것이다. 해마다 兩齋에서 試士居接하니 양사재라고 부른다.[23]
3) 임실은 큰 고을로 인재가 많다고 일컬어졌다. 옛날에 소위 양사재라는 것이 있었는데 대개 科業하는 선비에게 도움이 되고자 한 것이었다.[24]
4) 본현에는 옛날에 홍학재가 있어서 여러 선비들의 肄業하는 장소로

재 교육에 대하여", 「한문학연구」 8집, 1992 참조.

20) 「호남읍지」 完山誌 學校條 希願堂

21) 「嶺南事例」 樂育齋節目. 재생의 선발에 대해서 절목에는 각 고을에서 수령이 선발한 유생들을 감영에 모아 백일장을 거행하고 성적순으로 뽑아 거접시킨다고 규정하였다. 감영에서의 유생 거접은 이러한 방법과 함께 대과, 소과의 초시합격자들을 대상으로 하기도 하였던 것 같다.

22) 「교남지」 권24 長鬐郡 校院條

23) 「해서읍지」 信川郡邑誌 學校條

24) <任實縣君子堂記>

삼았다. 재가 훼손된지 오래되어 단지 그 이름만 전한다.[25)]

이렇게 양사재가 取士居齋, 試士居接, 科業, 隷業하는 장소로 마련되었다는 것, 또한 경종 3년(1723년)에 설립된 화순 양사재의 <完議>에

> 화순 향교안에 일찌기 接廳을 설립하였는데 물력이 殘弊되어 비록 科年을 당하여도 설접하지 못하니 여러 선비들이 개연한지 오래되었다. 다행이 우리 성주의 흥학하는 아름다운 뜻에 힘입어 학궁의 곁에 양사재를 創置하였다.[26)]

고 하여 양사재가 과거응시자의 거접을 위한 것이라는 지적은 바로 감영에 마련된 희원당, 낙육재, 양사청 등 도회 유생들의 거접 시설과 관련지어 생각해야 할 것이다.[27)]

도회 유생이나 과거응시자의 거접[28)]을 위한 장소로 양사재를 설립하였다면 각 고을에 있는 학교기관, 곧 향교에서도 충분히 수행할 수 있었을 것이 아닌가 생각된다. 그런데 양사재를 설립하는 사람들은 고을의 학교 실정을 다음과 같이 설명하고 있다.

---

25) 「호남읍지」 光陽縣邑誌 學校條

26) <養士齋規>(화순향교 소장)

27) 강대민씨도 북도지방에서 감영과 병영 등에 양사청이 우선 설립되고, 이어 18세기 중엽 이후에는 각 고을로 양사재가 확산되는 현상을 언급하고 있다. (앞의 논문, 349쪽) 아울러 각 양사재의 건립연대를 조사하여 보면 거의 대부분 감영에서의 유생 거접을 위한 양사재, 양사청 건립 이후가 되고 있다.

28) 양사재가 도회 유생들만의 교육시설은 아니었다. 大小科 응시자를 위한 거접장소로도 활용되었다. 다만 초기의 양사재 등장은 감영에 마련된 도회유생을 위한 교육시설과 더 밀접한 관련이 있다는 생각이다.

1) 수령 李聖億氏가 도를 같이 하는 조정의 관리로서 고을에 부임해 왔다. 나는 재주도 없으면서 마침 향교의 교임을 맡았는데 늘 고을의 자제들을 교양할 장소가 없다고 말해왔다. 수령이 이에 딱하게 여겨 특별히 租 50석을 本穀으로 베풀어 주셨다. 훈장 1원, 별유사 2원을 두어 주관케 하였다.[29]

2) 이 양사재는 옛날에 수령이었던 林象德이 세우고 지금 수령인 具壽國이 중수한 것이다. 林侯는 백성을 다스리던 여가에 능주의 여러 선비들이 공부할 곳이 없음을 애석히 여기고 앞장서서 기부하여 이 재를 창립하였다.[30]

3) 혹자는 "고을에 향교가 있는 것은 선비를 기르고자 한 것이다. 향교에 양사재를 두는 것은 급한 일이 아니다."라고 말한다. 슬픈 일이다. 이는 수령의 말에 대해서 기꺼워 한 것이 아니다. 태학에는 동재, 서재가 있고 또 門入齋, 丕闡堂이 있다. 또한 사학을 두어 增廣하여서 태학에 이르게 한다. 이 양사재가 있는 것은 역시 이러한 뜻이다.[31]

곧 향교가 있음에도 불구하고 '無教養之所', '無肆業之所'라 하거나, 성균관과 사학의 관계를 두어 향교 이외의 다른 교육기관으로 양사재의 필요성을 강조하고 있었다. 따라서 양사재의 설립배경에는 조선 후기에 이르러 거의 교육기능을 상실한 향교의 실태와 밀접한 관계가 있다고 생각한다.

향교가 비록 교육기능을 상실한 지경에 놓여 있었더라도 향교의 건물을 이용하지 않고 양사재와 같은 별도의 교육시설을 마련한 이유는 무엇이었을까. 이는 당시 수령이나 유림들이 향교를 교육을 위한 기구로 인식하지 않았기 때문이었다. 柳壽垣 같은 이는 교생은 守

29) 「함평향교지」, 卷1 養士齋隨行案序

30) 「養士齋井間案」 (능주향교 소장)

31) 「영남읍지」 大邱府邑誌 學校條

直을 하고 양반유생은 교임으로 제례만을 행하고 있으니 향교는 학업을 하는 곳이 아니고 그저 공자의 사당에 불과하다고 지적하였다.[32] 유림들도 향교의 존속 의미를 문묘에서 구할 정도였다.[33] 따라서 지방관의 입장에서 볼 때 나라의 흥학책, 권학책을 실행함에 있어 교육기능의 회복이 어렵다고 본 향교를 대신하여 인재를 양성하고 유생들의 과거준비를 위한 양사재를 설립하는데 앞장을 서거나 도움을 주었던 것이라 할 수 있다. 그리고 그 이면에는 양사재의 교육활동을 통하여 강상륜리와 신분질서를 확립하고자 하는 목적이 담겨 있었다.[34]

고을 양반들이 양사재를 설립한 것은 물론 향교의 교육기능 상실 때문이었다. 자제들의 과거준비를 위한 거접장소의 필요성 때문에서도 양사재 설립에 적극적이었을 것이다. 그리고 양사재의 건립과 운영에 간여함으로써 향촌내에서 양반의 지위를 강화할 계기를 마련해보려는 의도도 담겨 있었다고 판단된다.

그러나 양사재가 향교의 전혀 별개의 성격을 띄면서 설립된 것은 아니었다. 양사재가 대개 향교 안이나 근처에 위치하고 있다는 것은 양사재의 성격을 잘 나타내주는 것이라 하겠다. 곧 양사재의 등장은 양반들의 중요한 활동장소요 향촌기구의 하나인 향교의 기능 확대라 할 수 있는 것이다. 향촌사회의 변화속에서 관학인 향교는 양반사족들에게 더할 나위 없는 중요한 기구였다. 따라서 향교의 교육기능을 보

---

32) 「우서」 第2 論學校

33) <大成殿重修記>(山淸鄕校, 1807년). 따라서 향교관련 기록에서 "향교에서 글 읽는 소리가 없다.", "글읽는 소리가 들린지 오래되었다.", "講誦이 폐지된지 오래다." 등등의 지적들은 의례적인 수사가 아니라 조선후기 향교교육 실태를 반영하는 것이라 하겠다.

34) 조선 후기 향교의 교육기능 실태에 대해서는 윤희면, 「조선후기 향교연구」 4장 1절 향교 흥학책의 성격(일조각, 1990) 참조.

충하거나 대신할 수 있는, 향교의 정치 사회적 활동을 확대하려는 의도에서도 양사재를 설립하였던 것이라 하겠다.

숙종대 중반부터 설립되는 양사재는 영조, 정조대에 이르러 더욱 확대되었다. 영조, 정조대에도 향교의 교육기능 회복을 위한 官學振興策을 적극 추진하였다. <권학절목>을 거듭하여 반포하고 면리제와 교육체계를 결합시켜 군현에서 자체적으로 교육활동을 유도하였다. 그러나 양반들의 자발적인 참여와 지방관의 책임만을 강조하는 흥학책은 부분적인 성과만을 거둘 뿐이었다. 더구나 전기 이래로 유명무실해진 향교의 교육기능을 다시 회복하기는 어려웠다.[35] 따라서 향교의 교육기능을 대신하려고 나타난 양사재는 거의 모든 군현으로 확대되어 나갔던 것이다.

그리하여 양사재가 설립되어 '士風丕變 文才蔚興'[36]하거나 대과, 소과의 급제자가 거듭 배출되고 있다는 등 양사재 설립 효과가 큼을 지적하고 있다.[37]

결국 양사재는 조선후기에 향교의 교육기능 상실이라는 배경속에서, 숙종대에 감영에 세워진 도회 유생의 거접시설과 관련지어 등장한 교육기관이었다. 이후 "양사재는 列邑의 通規"라는 지적처럼 거의 모든 고을에서 설립되었다. 곧 양사재는 양반들의 주요한 활동장소였던 향교의 기능확대라 할 수 있고, 궁극적으로 신분제 변화에 대응하는 양반사족들의 보수화 노력의 한 표현이었던 것이다.

35) 주 34)와 같음

36) 「호남읍지」 光陽縣邑誌 學校條

37) 「영남읍지」 昌原府邑誌 樓亭條

3. 운영실태

양사재는 향교와 밀접한 관계를 맺고 있었지만 향교와는 별도의 任員과 경제기반을 갖추고 독자적인 활동을 전개하고 있었다.

우선 양사재의 재임에 대하여 살펴보도록 하자. 양사재 재임의 명칭과 정원은 고을마다 일정하지는 않았지만 대개는 齋長 혹은 訓長을 首任으로, 掌議, 色掌을 次任으로 하였으며, 인원은 2~4명 정도였다. 수임은 齋生의 居接에 교육을 담당하고, 차임은 재정을 담당하는 것이 관례였던 듯 싶다. 재임의 임기는 1년이었고, 선출은 圈點, 自代, 差出 등 고을마다 형편에 맞는 방법을 취하였다.

재임에 선출되는 사람들은 양반사족이었다. 다음의 기록을 보자.

1) 옛날에 고을의 부형들이 각각 약간의 재물을 내어 온 고을의 齋를 刱始하고 양사재라 이름하였다. … 고로 근래에 이르러 다시 추가로 참여하는 규칙을 세워 新舊의 禊를 합성하니 가위 一鄉士林의 大同之會라 할만하다.

   조약 1. 禊任은 禊中에서 공의를 좇아 文識望重한 사람을 택하고 周年에 遞付할 것. 38)

2) 향중의 여러 선비 가운데 齒德이 卲盛하며 地閥이 가장 뛰어난 사람을 稟官하여 양사재 儒案에 入案한다. 성묘는 가장 중요한 尊崇之地고 齋室은 가장 커다란 庇植之所이다. 五校任과 養士齋 兩有司는 案內에서 地閥文雅가 뛰어난 선비를 뽑아 관에 稟報하여 付標하고 周年에 改標한다.39)

이러한 양사재 규약으로 보아, 또한 재임의 자격을 聲望者, 鄉中有望之

38) <養士齋案>(보성향교 소장)

39) <養士齋儒案>(화순향교 소장)

士 등으로 규정하고 있는 지역도 있어, 재임은 향교 교임처럼 고을에서 문벌이 뛰어난 양반사족이었음을 알 수 있겠다.

양사재는 향교와 별도의 경제기반을 갖추고, 이를 바탕으로 여러 교육활동을 전개하였다. 양사재의 중요한 경제기반은 물론 토지였다.

> 1) 양사재는 무술년(숙종44년, 1718년)에 부사 黃翼再가 향림사 옆에 창건하여 고을 유생의 從學之所로 삼았다. 전답을 획급하여 學長의 供饋로 준비하였다.[40]
>
> 2) 홍학재. 갑진년(정조 8년, 1784년) 겨울 禹禎奎와 고을 선비들이 이 재의설립을 꾀하였다. 또 전답을 두어 거접하는 선비들의 장소로 준비하였다. 논은 92負5束이다.[41]

이렇게 수령이 양사재 운영에 필요한 전답을 획급하기도 하였고, 또는 양반사족들이 관내의 가호에서 돈을 거두어 전답을 매입하기도 하였다.[42] 또한 교생들이 免講을 위하여, 양민들이 면역을 위하여 전답이나 쌀을 원납하는 경우도 많았다.[43] 양사재의 전답은 뒤에 수령이나 양반들의 노력으로 증가되는 경우도 있었다. 海南養士齋의 條約에

> 한해 걸러 거접하고 나머지 곡식은 모아 토지를 매입해서 첨보한다.[44]

고 한 것처럼 운영하고 남은 재력이 있으면 전답을 매득하도록 규정

---

40) 「호남읍지」 순천부읍지 學校條

41) 「호남읍지」 광양현읍지 學校條

42) <海南養士齋案> 養士齋序에 의하면 관내 12개면에서 877명에게 392兩47錢을 거두어 전답을 매입하였다. 그리고 案의 말미에는 養士契畓庫置付記가 붙어 있어 전답의 소재지, 두락수, 價錢 및 買得, 放賣의 내력이 밝혀져 있다.

43) <元接廳儒案> 節目 (능주향교 소장), <興學案>(남평향교 소장) 등

44) <해남양사재안> 條約

하여 놓고 여건이 허락하는 대로 전답을 매득하여 나갔다. 그리고 고종대 서원이 철폐된 뒤 지방관의 특별한 배려로 서원전이 양사재에 귀속되기도 하였다.

1) 마침 (함평)수령 洪秉瑋氏가 무진년(고종 5년)에 箕山書院이 조정의 명령으로 철훼된 후 남은 院土를 특별히 士論에 따라 본 양사재에 주었다.45)

2) 完文을 만들어준다. 玉川, 忠愍, 芝峰 세 서원의 畓土를 還屬하였다. 처음양사재에 속하게 하여 뒷날의 비용으로 삼았다.46)

3) 신미년(고종 8년) 2월에 조정의 명령에 의하여 철훼된 義巖書院의 논 9마지기, 무진년 12월에 조정의 명령에 의하여 철훼된 龜巖祠宇의 답 5마지 기, 月山祠宇의 5마지기, 甑山祠宇의 5마지기, 淵洞祠宇의 5마지기를 임신년 7월에 양사재에 이획하였다.47)

이렇게 마련된 양사재의 전답 규모는 각 고을마다 차이가 있었다. 양사재 전답은 향교나 사마소의 전답과는 별개로 구분되어 따로 田畓案이 작성되었다.48)

다음으로 양사재의 재정이 되는 것은 養士保였다. 양사재보의 획급은 지방관의 배려에 따라 가능하였다. 따라서 그 숫자는 군현의 軍額 사정에 따라 다를 수 밖에 없었다. 양사재에서는 이들 보인에게 돈(1년에 2량)이나 쌀을 받아 운영에 보태고 있었다.49)

---

45) 「薇齋集」 卷4 養士齋跋

46) <養士齋別庫完文節目>(순천향교 소장>

47) 「호남읍지」 潭陽府邑誌 邑事例

48) <養士齋賭租成冊>(흥덕향교), <學位田畓案(남평향교), <綾州西養士齋行審案>(능주향교) 등

49) 「養士齋殖利錢各面分排記」 (능주향교 소장), 「함평향교지」 卷1 養士齋隨行

그리고 양사재의 재정으로 중요한 것은 立本取殖하는 식리전이었다. 이는 거의 모든 양사재에서 행하던 바였다.

1) 양사재의 창설을 생각해 보건대 이는 흥학이라는 한 뜻에서 연유한 것이다. … 강습하고 會集할 때 지급하고 需用할 자본이 없을 수 없다. 고로약간의 돈을 모아 각면에 부쳐 取殖入用한다.[50]
2) 殖利本錢 175량을 각면에 분배하고 매해 4월초에 이자돈을 4분도로 거두어 거접 때에 사용한다.[51]

入本錢의 마련은 양반들의 갹출과 수령의 희사로 가능하였는데 식리전은 대부분 재생들의 거접 비용에 충당하였고, 또한 양반들이 춘추로 모여 詩賦를 겨루는 文會에 사용하기도 하였다.[52]

양사재의 경제기반으로 관의 보조도 빼놓을 수 없다. 양사재의 춘추 거접에 居接錢이나[53] 養士米[54] 등을 보조하기도 하고, 매해 양사재에서 필요한 厚紙, 防風紙, 또는 紙價를 지급하여[55] 재정운영에 도움을 주기도 하였다. 이밖에 재생들이 호적대장을 書寫해 주고 그 대가로 곡식을 받아 보태 쓰거나[56] 거접 때 땔감을 공급해 주는 除役村을 할당받기도 하였다.[57]

案序 附條約 등
50) <高敞養士齋勸奬文會節目>
51) <養士齋殖利錢各面分排記>(능주향교 소장)
52) <<高敞養士齋勸奬文會節目>>
53) 「호남읍지」 옥과현읍지 읍사례
54) 「호남읍지」 태인현읍지 읍사례
55) 「영남읍지」 의령현읍지 읍사례
56) <養士齋案> 절목(능주향교 소장)
57) <元接廳儒案> 절목(능주향교 소장)

이러한 경제기반을 바탕으로 전개되는 양사재의 교육활동은 어떠하였을까. 우선 양사재에서 공부하는 양반자제들인 齋生들의 선발에 대해서 알아보면 고을의 형편에 따라 방법을 달리 하였다. 재생을 面別로 몇 명씩 천거받아 선발하는 곳도 있었고[58], 관에서 백일장이나 巡題를 열어 우수한 성적을 올린 사람을 선발하는 곳도 있었다.[59] 재생의 정원은 각 양사재마다 달랐다. 이는 고을의 형편, 양사재의 규모와 경제 상태에 따라 결정되었을 것이다.

양사재에서의 교육활동을 보면 우선적인 것이 거접이었다. 거접이란 유생들을 선발하여 거처케 하고 날마다 課藝하여 열흘이나 한달로 끝나는 것을 말한다.[60]

> 1) 양사재는 鄕秀子弟가 공부하는 곳이다. 과거날이 멀지 않으면 製述生, 講經生을 보름 혹은 한달 동안 이곳에 거접시킨다.[61]
>
> 2) 식년 및 別科가 있는 해에 설접하고 과거가 아니면 거접을 불허한다.[62]3)매년 설접은 春末夏初로 정한다. 만약 과거 해를 만나면 夏末秋初사이에 편한 때 거행한다.[63]

곧 양사재에서 재생을 뽑아 거접시킨 목적은 과거준비를 시키고자 함이었다. 그리고 거접 때의 성적에 따라 상벌을 내렸다.[64] 아울러 거접

---

58) <海南養士齋案> 條約, <高敞養士齋付標案> 등

59) <養士齋案> 節目(능주향교 소장), 「高山縣靜安堂巡題居接始終」(국한27-43, 을묘년), <養賢齋節目>(거창향교, 1733년) 등

60) 「목민심서」 예전 課藝

61) 「고창향교지」 권1 校宮位置

62) <養士齋規>(화순향교 소장)

63) <高敞養士齋付標案>

64) <高敞養士齋勸奬文會節目>>

이 끝나면 수령과 고을 유림, 재생들이 한데 모여 鄕飮禮를 거행하기도 하였다.65)

그 밖에 양사재에서는 백일장을 열거나66) 순제를 행하여67) 재생들의 교육정도를 측정하고, 성적에 따라 상벌을 내려 교육효과를 높히고자 하였다.

양사재는 사마소와 유기적인 관계를 맺고 있었다. 홍덕의 <司馬齋重修記>에

> 고을의 士論이 양사재와 합설하자는 의견이어서 이때 회동하였다. 돌이켜 생각하건데 평소에 養士하지 않고 求賢하는 것은 옥을 쪼지 않고 求文하는 것과 같은 것이다. 제도를 조금 넓혀 동은 사마재, 서는 양사재로 하니 一擧兩全이라 할만하다.68)

고 하여 사마재를 중수할 때 급제자의 모임장소인 사마재와 과거준비를 하는 양사재를 함께 마련하기도 하고, 경상도 삼가향교의 <흥학당중수기>에

> 예전에 이 堂을 처음 일으켰을 때 같은 당에 다른 방이 있어서 사마재라 하였는데 사마시에 오른 자가 거처하였다. 지금도 또한 예전과 같이 한다.69)

---

65) 능주, 고산, 창평양사재의 <井間案>, <居接案>, <時到錄> 등

66) 「함평향교지」 권1 養士齋隨行案序 附條約, <高敞養士齋勸奬文會節目>, 「호서읍지」 홍산현읍지 읍사례 등

67) 「속수구례지」상 舊郡政制. 시험장에서 課藝를 겨루는 것을 백일장이라 하고, 집에서 과예에 응하는 것을 순제라고 한다.(「목민심서」 예전 課藝)

68) 「홍덕향교지」 권3 사마재중수기

69) <興學堂重修記>(삼가향교)

고 하여 한 건물안에 사마재, 양사재를 함께 두는 예도 있었다. 이러한 취지였기에

1) 鄕秀子弟는 과거일이 멀지 않으면 製述生, 講經生으로 이곳에서 보름 혹은 한달을 거접한다.70)
2) 거접은 제술생 30인, 강경생 5인을 정식으로 한다.71)
3) 접생은 공부를 스스로 수립할 사람을 택하여 抄入하는데 元額을 詩 10員, 賦 10員을 넘지 못한다.72)

고 하여 양사재에 진사시를 위한 제술과 생원시를 위한 강경으로 나누어 공부시키고 있었던 것이다. 따라서

司馬는 王制를 모방한 것인데 지금의 太學生이다. 태학생은 향교생에서 연유하는데 鄕學에 오르는 것은 셋이 있다. 하나는 校齋로 齋生이 入直하고, 둘은 양사재로 諸生이 肄業하고, 셋은 사마재로 태학생이 오른다. 우리 고을의 세 향학은 한 학교인 것이다.73)

고 하여 향교, 양사재, 사마재를 하나의 학교로 연결시키고 있는 표현이 나오고 있는 것이다.74)

---

70) 「고창향교지」, 권1 교궁위치
71) 「함평향교지」, 권1 養士齋隨行案 附條約
72) <高敞養士齋付標案> 接規
73) 「고창향교지」, 권2 司馬齋設稧案
74) 사마소가 양반사족의 신분적 우위를 유지하기 위하여 조선후기에 각지에서 중건되고 있다는 점을 관련시켜 볼 때,(윤희면, "경주 사마소에 대한 일고찰", 「역사교육」 37,38합, 1985) 양사재도 같은 목적에서 설립되었다고 할 수 있다. 다만 양사재는 교육을 통한 명분의 확립과 신분질서의 확립을, 士는 곧 지배신분이라는 기존의 인식 고수와 함께 과거합격에 따르는 지위 획득을 목표

양사재는 중도에 피폐되어 가고 있었다. 양반들은 그 연유를 교육환경의 불적합, 경제적인 부족 등에서 찾고 있지만 양사재 자체적인 한계에 더 큰 원인이 있다고 생각한다.

지방관과 양반사족들이 힘을 모아 양사재를 설립하고 재생을 모아 교육활동을 이어나가고 있었지만 지방관의 각별한 배려가 있어야만 원활한 기능을 수행할 수 있었다. 따라서 양사재의 운영에 관심이 큰 지방관이 계속 부임해 오지 않을 경우에 양사재의 활동은 부진해질 수밖에 없었다. 이러한 점이 경제적인 곤란에 곧바로 연결되고 있었다. 따라서 양사재가 흥학에 관심이 큰 지방관에 의하여 간헐적으로 중수, 중건되어 왔던 것이다.

다음, 양반사족들의 입장에서 본다면 그들이 양사재를 설립하고 운영한 것은 신분의 보수적 노력에서였다. 그러나 양사재가 변모되어 가는 향촌질서속에서 향론을 주도하고 양반들의 신분 우위를 도모하기 보다는 그저 향교교육을 대신하는 정도의 역할만을 이행할 뿐이었다. 따라서 양반사족들의 본래의 의도와 입장을 대변해 주기에는 미흡하였다.

또한 과거를 앞두고 보름 내지 한달 정도의 거접과 백일장, 순제 등의 교육으로서는 과거준비에 미흡하였고 교육효과도 그다지 높지 않았다. 따라서 재생들은 양사재 보다는 전처럼 사찰이나 私塾 등을 이용하는 편이 많았을 것이다. 이처럼 양반사족들과 재생 모두를 만족시키지 못하던 양사재는 관심이 큰 지방관이 재임하는 동안에 경제적인 도움을 주고 교육을 적극적으로 주도하는 경우에만 어느 정도 제기능을 발휘하면서 명목을 유지할 수 있었다.

어쨌든 양사재는 양반사족들의 관심속에서 간혹 중수, 중건되어

로 하였다는 차이뿐이었다.

명목만을 유지해 오다가 구한말에 이르러 근대학교가 설립되는 경우가 있으면 경제기반이 그곳으로 흡수되기도 하였다. 예컨대 전라도의 경우를 보면 흥덕의 양사재는 養成學校로[75], 구례는 구례공립보통학교로[76], 무안은 목포공립보통학교로[77] 토지 등 경제기반이 흡수되어 버렸던 것이다. 그리고 건물도 철훼되거나 학교 등으로 활용되었다.[78]

4. 나머지말

양사재는 이상 살펴본 바와 같이 조선후기에 향교의 교육기능 상실이라는 배경속에서, 숙종대에 감영에 세워진 都會 儒生의 거접시설과 관련지어 등장한 교육기관이었다. 거의 모든 군현에서, 향교와 인접하여 세워진 양사재는 양반들의 주요한 활동장소였던 향교의 교육기능 확대라 할 수 있겠고, 궁극적으로 신분제 변화에 대응하는 양반사족들의 보수화 노력의 한 표현이었던 것이다.

그러면 이러한 양사재를 어떻게 성격 규정할 수 있을까. 교육체계를 리(鄕塾) - 면(서원, 山堂) - 군현(향교) - 감영(낙육재) - 서울(대학)의 행정체계와 결합시키려는 노력이 영조, 정조대에 계속 이어지고 있었다.[79] 이러한 조치 속에 군현의 양사재는 향교를 대신하는 역할을 수행하였을 것이다. 나라에서도 양사재를 향교, 서원과 같은 교육기관으로 간주하였다. 영조 21년에 전라도 관찰사가 관내 군현에 내린 <권

75) <興德鄕校養成學校賭租成冊>(융희 2년). 향교와 양사재의 전답수입이 양성학교의 경비로 충당되고 있음을 보여 준다.

76) 「續修求禮誌」 上 學校

77) 「무안향교지」 권1 學田

78) 강대민, “앞의 논문”, 371쪽

79) 윤희면, 「앞의 책」 4장 1절 향교 흥학책의 성격

학절목>에

> 지금 이 두 번의 關文을 한 통으로 정서하여 별도의 책자로 만들어서 향교, 서원, 홍학당, 양사재에 分送한다.[80]

고 한 것도 바로 양사재를 나라의 교육정책을 수행할 수 있는 학교기관으로 인정하였기 때문이었다. 이처럼 향교와 양사재를 동등한 등급으로 간주하였기에 고종 23년(1886년)에는 향교나 양사재를 官學院으로 이용하라는 조치를 내리기도 하였다.[81] 이러한 것은 나라에서 양사재를 향교와 같은 관학은 아니지만 관학에 준하는 것으로 간주하였음을 반증하는 것이라 하겠다.[82]

지방관들도 양사재의 유지와 운영에 관심을 기울였다. 전답을 마련해 줌은 물론 養士齋保, 殖利錢, 除役村, 紙物 등 경제적 협조를 아끼지 않았고, 양사재가 퇴락하면 돈을 들여 중수, 중건하기도 하였다. 이는 양사재를 향교 교육을 대신하는 중요한 교육기관으로 간주하였기 때문이었다.

양반사족들도 양사재를 향교와 같은 학교로 간주하고 있었다. 경상도 창령향교의 <校宮置贍學錢記>에

---

80) <巡使道勸學別關節目>

81) <官學院創設節目>(언양향교, 1886년)

82) 정순우씨는 19세기의 양사재를 서당과 향교의 중간 연계기관으로 보고 관학적 성격과 비관학적 요소를 공히 갖춘 지방자치적 공립학교로 성격 규정하고 있다. (정순우, "19세기 서당설립과 향촌사회의 동향", 「한국의 사회와 문화」 16집, 정문연, 1991) 반면에 강대민씨는 양사재를 準官立教育機構로 파악하는 듯하다. 필자는 양사재를 향교와 밀접한 관계를 맺고 향교의 교육기능을 대신하는 있는 준관학교육기관으로 파악하고 싶다.

> 우리 고을의 학교는 둘이 있다. 교궁은 先聖을 존숭하는 곳이고, 堂을 일컬어 흥학이라 한 것은 유생의 학업을 돕기 위한 곳이기 때문이다.

고 하여 흥학당(양사재)은 제례기관으로 변모해 버린 향교의 교육기능을 대신하는 학교로 인식하였던 것이다. 따라서 향교와 양사재가 매우 밀접한 관계를 맺고 있다고 보았다. 곧

> 司馬는 王制를 모방한 것인데 지금의 太學生이다. 태학생은 향교생에서 연유하는데 鄕學에 오르는 것은 셋이 있다. 하나는 校齋로 齋生이 入直하고, 둘은 양사재로 諸生이 肄業하고, 셋은 司馬齋로 태학생이 오른다. 우리 고을의 세 향학은 한 학교인 것이다.[83]

라 하여 향교와 밀접한 관계에 있음을 강조하였다. 그리하여 흥학당을 향교의 동재 가까이 옮기기도 하고[84], 양사재와 향교의 담을 헐어 유생의 강학을 같이 하고 향교재산과 양사재 재산을 한데 모아 유생의 거접비용으로 쓰자는 조치도 나오게 된 것이다.[85] 결국 양사재의 성격을 규정하자면 향교와 밀접한 관계가 있는, 관학에 準하는 교육기관이라 할 수 있겠다.

(『정신문화연구』 57호(한국정신문화연구원, 1994) 게재)

---

83) 「고창향교지」 권2 司馬齋設稧案

84) <興學堂重修記>(삼가향교, 1826년)

85) <儒生居接儀式>(삼가향교, 1826년)

7장 ▮ 능주 양사재 연구 1

1. 머리말

조선 후기 양사재에 대해서 많은 연구가 이루어지고 있다. 양사재 연구에서 논의된 내용을 정리하면 다음과 같다. 즉 양사재의 설립은 조선 후기 향교의 교육기능을 대신하기 위한 것이었고, 그 이면에는 지방관의 기존 신분질서 유지 노력, 양반사족들의 신분 보수화 노력이 담겨 있다고 하였다. 또한 양사재는 향교와 관련이 깊으며, 관학에 준하는 교육기관이고, 수령은 건립과 운영 간여를 통하여 양반층을 과거공부에 묶어두고 효과적으로 통제할 수 있었다는 견해가 제시되기도 하였다.[1)]

현재의 양사재 연구에서 우선적으로 다루어야 할 문제는 신분적인 면과 교육적인 면에 대한 것이라 생각한다. 양사재의 운영을 담당하는 齋任과 공부하는 齋生의 신분은 어떠하였으며 양반 이외의 신분도 참여가 가능하였는가, 양사재에서 교육은 어떻게 전개되었고, 교육

---

1) 김용덕, 「조선후기 향교연구」『한국사학』 5, 1983, 윤희면, 「조선후기 양사재」『이원순교수화갑기념사학논총』, 1986, 강대민, 「조선조 함경도지방의 양사재에 관한 고찰」『부대사학』 19, 1993. 등
그리고 최근에 조선후기 양사재에 관한 종합적 검토라는 기획으로 윤희면, 강대민, 정순우, 정진영 등이 양사재의 설립, 운영, 성격, 교육활동 등을 살펴보기도 하였다. (『정신문화연구』 57호, 1994)

내용은 무엇이고 교육의 효과는 어느 정도였는지 등이 밝혀져야 할 것이다. 그런 뒤에야 양사재의 성격이나 교육사적 의의가 제대로 설명될 수 있을 것이라 판단된다.

본고는 양사재의 신분 문제와 교육 문제를 전라도 능주의 예를 통하여 살펴보려고 한 것이다. 왜냐하면 능주에서는 1719년에 양사재가, 1779년에는 元接廳이라는 두 개의 교육시설이 설립되어 나란히 교육활동을 전개하는 흥미 있는 사례를 보여주고, 또한 건립과 교육활동의 실상을 보여주는『儒案』,『井間案』이 가장 많이 남아 있기 때문이다.

2. 양사재의 설립과 교육활동의 전개

1) 설립

능주 양사재는『동사회강』을 지은 것으로 유명한 林象德(1683-719)[2]의 주선으로 1719년에 능주향교 곁에 설립되었다.

> 양사재는 前牧使 故 林象德이 세운 것이다. 林侯는 고을 선비들이 居業하는 향교와 서원이 불편하다고 하여 편안한 別處를 고을 선비들과 모의하여 찾았다. 별도의 齋室을 창설하였으니 먼저 이름을 양사재라 하였다. 양사재의 터는 관아에서 서쪽, 향교에서 동쪽으로 각각 수백 걸음 되는 古澗 위에 있다. …… 선비들이 儒宮을 싫어하고 별처를 편하게 여기는 것이 유독 이 고을뿐이 아니다.[3]

---

2) 임상덕(1683-1719)은 본관은 나주, 증조 때부터 거주한 전라도 무안 梨湖에서 출생하였다. 23세에 문과에 장원급제하고 전적, 사간원정언, 사헌부지평, 홍문관교리, 이조정랑 등의 내직과 전라도사, 남평현감, 진산군수의 외직을 역임하였다. 평생토록 尹拯을 사사한, 당파로는 소론이었다. (한영우, 18세기 초 소론 임상덕의 역사서술,『조선후기 사학사 연구』, 1989)

임상덕은 1718년 능주목사로 부임하기 전에 1709년에 남평현감을 지낸 바 있었는데 남평에는 1689년부터 1702년 사이에 興學堂이 현감 宋炳翼에 의하여 건립되었고 뒤이은 수령들의 도움을 받아 운영되었다.[4] 또한 그는 전라도사를 지내면서 감영의 양사재라 할 希願堂이 운영되고 있음을 보았을 것이다.[5] 이러한 경험이 있던 임상덕이 능주목사로 부임하여 양사재 건립에 앞장선 것이라 할 수 있다.

양사재는 수령과 양반들이 힘을 합쳐 설립하는 것이 일반적인 모습이었다. 곧 수령의 관심과 주선, 경제적 배려, 그리고 양반들의 경제적 협조, 주관과 운영이 합쳐져 양사재가 설립되고 이름 그대로 양사의 기능이 발휘될 수 있었던 것이다. 능주의 양사재도 수령인 임상덕이 앞장서서 주선하고 양반들의 협조를 받아 건립될 수 있었다. 그는 향교 옆에 있는 민가를 사들여 양사재 건물로 고치고[6] 건립과 운영에 필요한 재정을 확보하기 위하여 고을 사람들의 협조를 받았다. 이들은 禮米라는 명목으로 쌀은 기부하였는데 이들의 명단을 수록한 것이 『養士齋案』(1720년)이었다.

『양사재안』에는 처음 納米한 사람 239명을 原이라 표시하여 능주관내 9개 面別로 이름을 수록하고, 이어 뒤에 납미한 사람 175명을 追라고 구별하여 따로 이름을 면별로 追記하였다. 그리고 끝으로 西齋라 구별된 사람 357명도 면별로 적어놓았다. 그리하여 모두 771명이 참여하여 이름을 남겼다.

서재는 향교나 서원에서 양반과 구별되는 명칭이었다. 예를 들면 향교의 경우 동재에는 양반이 東齋儒生(青衿儒生)이라는 이름으로, 서

3) 『養士齋案』(1720년)

4) 『學案』(남평향교 소장)

5) 『호남읍지』 완산지 학교 희원당

6) 『養士齋案』(1720년)

재에는 서얼이나 평민들이 西齋儒生(額內校生)이라는 이름으로 居齋하였다. 이는 서원도 마찬가지였다. 따라서 『양사재안』에 서재라 구분한 것은 이들이 原이나 追로 구분된 사람들과 달리 양반이 아니었기 때문이었다.[7]

양사재 건립에 납미한 771명을 성씨별로 조사해 보면 모두 53개 성씨였다. 이 가운데 비교적 많은 수를 차지하는 성씨는 原과 追에서는 鄭, 金, 李, 文, 梁, 閔의 순서이고, 西齋에서는 金, 曺, 李, 文, 具의 순서였다. 그리고 원, 추의 서재의 지역별 편차도 꽤 심하였다. 西一, 西二, 南一, 下東邊邑은 서재의 수와 비율이 높다는 점이다. 이는 양반들과 비양반들이 거주지가 구별되기 때문이라 생각한다.

納米한 사람들에게는 어떠한 혜택이 있었을까. 「養士齋節目」에는 납미한 사람들과 그 자손들만이 양사재 거접에 참여할 수 있다고 하였다.[8] 이 때 서재라 구별되어 납미한 非兩班들도 백일장과 居接에 참여할 수 있다고 규정하였다.

> 본재의 禮米儒生은 東西齋를 물론하고 先生案을 修正하며, 후세의 자손들이 거접하는 백일장에 뽑히면 계속 거접시킨다.

그러나 양반신분이 아닌 이들이 백일장에 참여한다 하더라도 뽑

---

7) 西齋로 분류된 한 예로 西邊의 閔友冉의 경우를 보면 『驪興閔氏義庵公派譜』(1881년 간행)에 그의 조부 閔以悌가 庶子로 표시되어 있다. 따라서 민우염은 양반이 아니었기에 서재로 분류된 것임을 확인할 수 있다. 서재로 분류된 사람들은 대부분 庶出들이었을 것이고, 나머지는 향리, 평민 등이었을 것이다.

8) 거접에 참여할 수 있는 가족 범위는 양사재 절목을 참작하여 만든 1779년의 「元接廳節目」에서 "契員子孫外 雖壻弟侄 斷下許入爲齊"라 한 것처럼 子와 孫에게만 국한된 것 같다. 양사재 건립에 참여한 사람들의 자손들에게만 거접을 허락한다는 규정은 다른 고을에서도 자주 찾아볼 수 있는 규정이다.

힐 가능성은 거의 없는 것이었고, 또 설령 뽑힌다 하더라고 양반들 틈에서 거접을 원활히 할 수는 없었을 것이다. 따라서 이들에게는 免講, 免役의 특혜를 주었던 것이다.9)

양사재 건립에 협조한 양반과 非兩班(西齋)의 차별은 追入과 願納의 예로도 확인할 수 있다. 양사재에는 재정 보충을 위하여 중간 중간에 추입이라는 것을 하였다.

> 丁丑(1871년) 追入員. 本齋가 甲乙(甲戌, 乙亥)부터 흉년으로 收稅하지 못하여서 거접을 설행하지 못한지가 4년이 되었다. 齋舍가 낡고 담장이 퇴락하여 수리해야 했다. 그리고 관아의 課藝 設行을 권장 받았지만 식량을 마련할 길이 없었다. 그리하여 고을에서 의견을 모아 특별히 추입하는 예를 쓰기로 했다. 거접의 비용을 보태고 나머지 약간은 건물 새는 곳을 수리하는데 들여보냈다. 이는 실로 전에 없던 규칙이니 다음에는 이러한 예를 사용하지 말 것.10)

이렇게 1817년에 양사재에 추입을 받아 재정에 보태어 썼다. 이때 추입된 인원은 10명이고, 이들에게 각각 3량씩을 받았다. 그런데 3량이 너무 적다는 관아의 지적을 받아 7량을 더 받았다. 7량을 내기도 전에 영암으로 이사한 한 사람을 제외한 9명 가운데 6명의 이름을 양사재의 거접에 참여한 齋生들을 기록한 『養士齋井間案』에서 확인할 수 있었다. 그리고 거접에 참여하지 못한 3명 가운데 한 명의 아들이 1842년에 양사재 거접에 참여하였다.11)

---

9) 「養士齋節目」(1720년)

10) 『養士齋案』(1793년)

11) 양사재에서는 1820년부터 1839년 사이에 서책 마련, 건물 수리, 什物 구입 등의 명목으로 7량씩을 받고 14명을 추입하였다. 이 가운데 돈을 다 내지 못하였거나 특별한 이유로 돈은 還納받고 黜案되는 3명을 제외한 11명의 이름을

양사재에서는 원납을 받고 이들의 명단을 적은 『養士齋願納案』도 작성하였다. 1712년부터 1770년까지 모두 5차례에 걸쳐 23명의 원납을 받고 있다. 이들에게는 한 사람당 20량을 받은 것 같다. 예를 들면 1770년에 원납한 孫得咸의 경우

> 을미(1775년) 8월 일 孫得咸完文. 20량을 내주고 완문을 불에 태울 것[12]

이라고 하여 그에게 20량의 돈을 되돌려 주는 것으로 보아 그렇게 짐작할 수 있다.

이들 원납인들은 양사재에 돈을 내어 재정에 도움을 준 대가로 면역의 특혜를 받은 사람들이었다. 관에서 발급한 완문이 이러한 특혜를 증명해 주는 것이었다. 그러면 이들은 면역 이외에 양사재 거접에 참여할 수 있었을까. 초기의 거접안이 없어 모두 확인할 수 없지만 1740년의 3명, 1761년의 2명, 1770년의 1명인 이들 원납인들의 이름을 앞서의 追入과는 달리 1740년부터 1780년 사이의 并間案에서 한 명도 찾아볼 수 없었다.

결국 양사재에 설립하는데 禮米를 내고, 原, 追로 구분된 사람과 뒤에 追入을 받은 사람은 거접에 참여하는데 비해, 서재로 구분되거나 원납을 받은 따라서 양반이 아닌 사람들은 거접에 참여하지 못하였음을 확인할 수 있었다. 이는 바로 양사재가 양반사족들의 교육기관으로 설립되었음을 의미하는 것이라 하겠다.

능주에서는 왜 양사재를 별도로 설립하여 유생들의 교육장소로

『并間案』에서 확인해 보면 1명이 양사재 거접에 참여하고 있음을 확인할 수 있었다. 이들 자손 가운데 거접에 참여하는 인물이 있을 것이나 가족 관계를 확인하지는 못하였다.

12) 『養士齋願納案』

활용하였을까. 선비들이 儒宮을 싫어하고 別處를 편히 여긴다든가[13], 고을 선비들이 공부할 장소가 없음을 설립 이유로 들고 있었다.[14] 따라서 양사재 설립의 일차적인 원인을 조선 후기에 향교를 비롯한 학교기관이 교육기능을 상실하고 있다는 현실 때문이었다.[15] 곧 1720년에 설립되는 능주 양사재는 향교 교육을 대신할 목적에서였고, 아울러 양반사족들의 교육기관으로 등장한 것이었다고 하겠다.[16]

2) 교육 활동

양사재는 「奬學, 訓蒙, 振敎, 敦風의 장소」[17]라 하였듯이 교육과 교화의 장소였다. 양사재에서 공부하는 齋生(接生)의 선발, 인원 등은 고을의 형편, 양사재의 규모와 재정 상태에 따라 각기 달랐다.

능주 양사재에서는 매년 관아에서 백일장을 열어 詩賦를 시험보고[18] 재생 30인을 선발한 뒤, 이들을 양사재에 모아 한 달 가량 거접시킴을 원칙으로 하였다.[19] 그리고 이들의 명단을 매년 기록하여 남겼는

---

13) 『養士齋案』(1720년)

14) 『養士齋井間』(天)

15) 조선후기 향교의 교육기능 실태에 대해서는 윤희면, 「조선후기 향교연구」 4장 1절 향교 흥학책의 성격(1990년, 일조각) 참조.(본서 2장, 3장의 구례, 순천 향교의 서술도 참고)

16) 조선후기에 각 고을에서 양사재는 향교의 교육기능 상실이라는 배경 속에서, 숙종대 각 감영에 세워진 都會 유생의 거접시설과 관련지어 등장하였고, 아울러 양반들의 주요한 활동장소였던 향교의 기능 확대이며 궁극적으로는 신분제 변화에 대응하는 양반사족들의 보수화 노력의 한 모습이었다고 설명한 바 있다. (윤희면, 「양사재의 설립과 운영실태」 『정신문화연구』 57호, 1994년, 본서 6장 수록) 능주 양사재도 예외는 아니라고 생각한다.

17) 「養士齋節目」

18) 「養士齋題名錄序」(1720년)

19) 「養士齋節目」. 거접이란 유생들을 선발하여 居處케 하고 날마다 課藝하여 열흘이나 한 달로 끝내는 것을 말한다. (『목민심서』 예전 과예)

데, 이를 『養士齋井間案』이라 하였다.[20]

선발된 재생들은 行禮를 하도록 되어 있었다. 약간의 금전적 부담이 뒤따랐고 『井間案』에 行이라 기재하였다. 행례를 안 한 경우는 未行, 절반만 한 경우는 伴行이라 표시하였다. 한 번 행례를 한 재생은 다음에는 생략하였고, 행례를 채 하지 못한 재생이 또 다시 거접에 참여하게 되면 행례를 꼭 치르도록 하였다.

거접은 한 달 동안이라 하지만 2번으로 나누어 처음 보름을 初抄, 다음 보름을 再抄라 하였다.[21] 그 해에 재초를 열지 못하면 다음 해에 「再抄代」라 하여 설접하고 이어서 초초를 하였다.(1774년, 1775년) 거접을 한번으로 끝낸 경우는 「大同設接」(1753년)이라 하였다. 이는 한 해에 보름씩 두 번 거접하는 것이 관례였기 때문이었다.

거접을 하는 달은 일정하지 않았는데 5, 6, 7월에 하는 것이 보통이었다. 1741년부터 1908년까지 거접한 달을 조사해보면 모두 206번의 設接 및 재생 선발에서 122번이 7월(46번), 6월(44번), 5월(32번)에 이루어져 전체의 60% 이상을 차지하고 있다. 이로 보아 양사재의 거접은 공부하기 좋은 春夏節에 개설되는 것이 관례였던 것 같다. 초초와 재

---

20) 다른 고을에서는 時到錄, 付標案, 居接案이라 이름하기도 하였다. 능주 향교에는 능주 양사재에서 매년 재생을 거접하고 남겨놓은 『養士齋井間案』이 6책이 소장되어 있다. 1720년부터 있어 왔을 것이나 현재에는 1741년부터 1908년까지 모두 206번의 거접 및 재생 선발 기록이 남아 있다. 참고로 「井間案」의 모습을 소개하면 매해 接生의 명단과 거접 때에 시행한 詩賦의 성적을 적고 있다. 접생에 이어 고을에 사는 나이 많은 유생들도 몇 명씩 거접에 참여시키는데, 老儒라는 이름으로 따로 명단을 작성하였다. 그리고 거접안 말미에는 그해 都有司를 포함하여 齋任(2~3인)의 명단을 적고 있으며, 빈 여백에 거접에 따른 재정 충당 및 지출의 사연 등을 간간히 기재하고 있다.

21) 「만약 흉년을 만나 소출이 크게 줄어들면 接抄의 액수 및 거접 일자를 줄이고, 전답이 더 늘고 재력이 여유가 있으면 액수 및 날짜를 더할 것.」(養士齋節目)이라 한 것처럼 거접 기간은 재정 형편에 따라 약간의 증감이 있었다.

초는 대개 한 두 달 간격을 두는 것이 일반적이었다. 그리고 같은 사람들이 초초, 재초에 계속 거접하는 것이 아니고 그 때마다 재생을 다시 뽑았다.

양사재 거접에 첫 번째 변화가 온 것은 1820년 이후였다. 거접이 한 번으로 줄어들었기 때문이었다. 1820년에 초초라는 기록을 마지막으로 『養士齋井間案』에서 초초, 재초의 구별이 없어지고 말았다. 1741년부터 1820년까지 거접을 한 번도 못한 해가 모두 10번이었다. 이유는 흉년(6번), 건물 수리(3번), 식량 부족(1번) 때문이었다. 초초나 재초 가운데 한 번을 못한 경우도 많았는데 거의 대부분 재초였다. 흉년, 國喪, 空官, 과거, 건물수리, 식량부족 때문이었다. 게다가 관가의 명령에 따라 재초가 취소되고 대신 재생들에게 지필묵을 상으로 주는 경우가 자주 있게 되었다. 이러한 일이 몇 년 계속되다가 마침내 1820년 이후에는 거접이 한 번으로 줄어들게 되었다.

거접이 한 번으로 줄어들게 된 데에는 관가의 명령이 크게 작용하였던 것 같다. 관가에서는 이례적으로 재초 대신 그 재정으로 지필묵을 사서 재생들에게 상으로 나누어주는 일을 권유하였다. 더구나 1813년에

> 초초 때에 관의 분부에 따라 재초 때 보름을 쓸 양식 90두를 作錢하여 지필묵을 구비하고 상으로 주었다. 재초는 관에서 백일장을 열고 특별히 糧饌을 지급하여 보름동안 거접시켰다.[22]

고 한 것처럼 관아에서 일부러 이를 유도한 인상이 짙다. 이는 1790년에 설립되어 양사재와 거의 같은 기능을 발휘하던 元接廳 때문이 아니

---

22) 『養士齋居接井間』(玄) 1813년

었을까 한다.

양사재는 1년에 보름씩 두 번, 원접청은 보름씩 한 번 거접을 하였다. 그런데 거접에 참여하는 재생들이 많이 중복이 되고 있었다. 우선 양사재의 경우를 살펴보면 초초와 재초에 거접하는 재생들은 그때마다 새로 백일장으로 선발하는데 중복이 상당하였다. 1741년부터 1820년까지를 조사해 보면 30명 재생 가운데 많게는 27명이, 적게는 6명이 거푸 초초와 재초에 참여하고 있었다. 아울러 양사재와 원접청의 재생도 중복되고 있는데 많게는 23명이, 적게는 8명이 양사재의 초초와 재초에, 그리고 원접청 거접에 연속으로 참여하였다. 따라서 관아에서는 기능에 차이가 없는 양사재와 원접청에, 하나는 2번의 거접을 또 하나는 1번의 거접을 열 필요가 없는 것으로 판단한 것이 아니었을까 한다. 그리하여 양사재 재초를 하는 대신 그 재정으로 지필묵을 사서 성적에 따라 나누어주는 것을 유도하였고, 1821년부터 25년까지 國喪, 과거, 空官 등으로 거접을 개설하지 못하자 아예 그 다음부터는 재초를 없애 버리고 말았던 것이다.

양사재 거접에 두 번째 변화가 온 것은 1842년부터였다.

> 백일장을 열거나, 혹은 旬題로 거접을 抄出하되 衆芳齋(원접청) 20員, 育英齋(양사재) 20員을 합한 40員을 定數로 하고, 두 곳에 詩賦을 반으로 나누어 20員씩 거접한다.[23)]

재생을 한꺼번에 뽑고 이를 절반으로 나누어 양사재와 원접청에 각각 분산, 거접시켰다.[24)] 양사재와 원접청이 합쳐져 운영됨에 따라 두 곳

---

23) 『育英齋節目』(1842년)

24) 1842년의 「育英齋節目」에는 각각 20명씩을 거접시킨다고 했는데 실제에는 30명씩 거접시켰다.

의 차이가 드디어 없어지게 된 것이다. 그리고 재생 선발 방법도 백일장과 순제를 번갈아 하더니 1851년에 「綾州牧儒生興學節目」이 마련되면서 다음과 같이 변화하였다.

> 관에서 순제를 고시하여 고을에서 年少英藝者 30인을 뽑아 양사재, 원접청의 두 곳에 거접시킨다.

곧 백일장 대신 순제로 재생들은 선발하게 되었다.[25]

양사재와 원접청이 함께 운영되는 1842년 이후에 양사재의 교육활동은 오히려 줄어들고 있었다. 더구나 齋生을 뽑아 놓고 거접을 안하는 해가 점점 늘어나고 있었다. 다음의 『井間案』 기록을 보도록 하자

> 1) 금년은 과거가 갑자기 다가와 設接할 겨를이 없었다. 고로 순제로 접생을 뽑고 齋粮을 나누어주어 과거 비용을 도와주었다.(1834년, 1835년, 1839년)
> 2) 관아의 명령으로 설접을 하지 않았다. 백일장으로 60員과 老儒 15員을 抄擇하고 兩齋의 식량을 科資로 나누어주었다.(1847년)

1820년부터 1894년까지 백일장이나 순제로 재생을 뽑아 놓고 거접 대신 接糧을 분급한 것은 23회나 되었다. 여기에 흉년, 國喪, 건물수리 등의 이유로 거접을 안한 13회를 합하면 거의 절반 정도의 해를

---

25) 선발방법에서도 1822년에 처음 순제로 한 뒤 1908년까지 주로 순제로 재생을 선발하였다. 즉 1821년부터 1908년까지 78번의 재생 선발에서 27번은 백일장(순제와 백일장 함께는 3번)으로, 10번은 面試(구술시험인데, 면시만 5번, 순제와 면시 함께 5번)로, 나머지 41번은 순제로 하였다. 그리고 1861년 이후에는 11번을 제외하고는 순제로 재생을 선발하였다.

거접하지 않았다는 사실이다.

양사재 거접에 세 번째 변화는 1895년에 나타났다. 1894년에 과거제도가 폐지되자 양사재의 존재 의미는 거의 사라지게 되었다. 마침 원접청도 이 때 없어졌는데, 양사재에서는 재생을 순제로 선발해놓고 거접 대신 잔치를 열고, 지필묵 등을 상으로 나누어주는 것이 항례가 되었다. 그리하여 「우리 고을에서 매년 居接과 分粮은 예로부터 전해온 규칙이었다.」[26]는 지적이 가능하게 된 것이다. 이러한 사실은 바로 양사재의 교육기능이 쇠퇴되어갔음을 의미하는 것이라 하겠다.[27]

교육내용은 무엇인가. 다른 고을의 양사재 거접에서는 독서와 製述을 하였다. 능주의 경우도 마찬가지였다. 재생들에게는 詩賦疑義 각 1篇과 7言近體詩 각 1首을 매일 작성케 하였다고 한다.[28] 그리고 1851년에 작성된 『綾州牧儒生興學節目』에 좀 더 자세한 기록이 있으니,

> 매일 경서와 禮書를 강독하고 관에서 때대로 飭問을 加誨한다. 혹 친히 강독을 받아 우수자는 포장하고 文劣者는 초달하여 격려한다. 강독의 여가에 時賦表策 등의 문제를 내어 매일 製呈케하고 이를 考試하였다.

고 하여 독서와 제술 위주로 교육하였음을 보여준다. 그리고 성적에 따라 지필묵 등을 지급하여 교육효과를 높이려고 하였다. 또한 그 성

---

26) 『東養士齋新設井間案』 1899년.

27) 능주뿐 만이 아니라 다른 고을에서도 양사재가 중도에 피폐되어 가고 교육기능을 잇지 못하고 있었다. 이는 교육환경의 부적당, 경제적 부족 뿐 아니라 양반들의 신분 우위를 보장해주는 기구로 미흡하였기 때문이었다. 또한 보름이나 한 달 동안의 거접과 백일장 등의 교육활동으로는 과거 준비에 미흡하였기에 양반들은 양사재보다는 私塾 등을 많이 이용하였다. (윤희면, 「앞의 논문」, 16쪽, 또는 본서 231쪽)

28) 『養士齋居接井間』(玄) 1833년.

적을 詩三上, 賦三下 등으로 등급을 매겨 『井間案』에 기재하고 후일의 참고 자료로 삼았다. 아울러 성적 우등자는 감영에 있는 희원당에 보내 과거를 준비토록 하는 특혜도 내리고 있었다.[29]

거접 때에 벌칙도 있었다. 1842년의 「育英齋節目」에

> 힘써 공부하는 자리에서 혹 雜談遊戲로 공부를 방해하면 마땅히 楚撻의 벌이 있다. 再犯者는 거접에서 나가도록 하니 신중할 것.

이라 규정되어 있고, 실제 거접 중에 失禮하여 付黃停擧된 재생도 있었다.[30]

양사재의 교육 효과는 어느 정도였을까. 능주에는 소과 합격자가 92명, 문과합격자가 63명, 무과합격자가 77명이라고 한다.[31] 반면에 1719년에 양사재가 설립된 이후에 1894년까지 소과합격자는 28명인데, 그 중 12명이 양사재 재생이었음을 「養士齋井間案」에서 확인할 수 있었다. 그리고 고종대에 무과합격자 1명이 양사재 재생이었다. 또한 蔭仕者는 숙종 이후 200명이었는데 이 가운데 39명이 재생이었다. 이로 보아 만족할만한 교육효과는 아니지만 그래도 양사재가 어느 정도 필요한 교육시설이었음을 증명하는 것이라고 하겠다.[32]

---

29) 『綾州牧儒生興學節目』(1851년)

30) 「接中에 失禮하고 犯分頹綱하였기에 己身에 한하여 付黃停擧시켰다.」(『養士齋居接井間』(玄) 1838년 7월)

31) 『능주읍지』(1925년)

32) 양사재가 설립되어 "士風丕變 文才蔚興"하거나 '大小科의 급제자가 거듭 배출되고 있다'는 등의 기록이 그다지 과장된 것은 아니라고 하겠다.(『호남읍지』 광양현읍지 학교, 『영남읍지』 창원부읍지 누정 등)

3. 元接廳의 설립과 양사재와의 병존

1) 설립

1779년에 능주에는 元接廳이라는 또 하나의 양사재가 향교 근처에 설립되었다. 1719년에 세운 양사재를 東養士齋, 育英齋라 부르고, 원접청을 西養士齋, 衆芳齋라고도 불렀다.

양사재가 두 개나 설립되는 이유는 무엇일까. 1779년에 작성된 「元接廳儒案序」에

> 우리 능주에는 옛날에 이 廳이 있었으나 規劃이 失宜하여 중도에 폐지된 지 100여년이 되었다. 양사재가 있어 해마다 30일의 文筆之所가 되지만 능주의 사람들은 오히려 독서할 곳이 없음을 병으로 여기고 있다. 지금 만약 옛날의 이 廳을 다시 일으킨다면 규획을 얻는 것이고 우리 능주인의 복이라 하겠다. 지금 두 學塾이 있어 춘하의 工은 양사재에서 하고 추동의 讀은 원접청에서 한다.

고 하여 원접청은 옛날에 있었던 것을 復設한 것이고, 봄 여름에는 양사재에서 詩賦를 익히고 가을 겨울에는 원접청에서 독서를 하여 두 양사재를 차별화한다는 것이었다.

원접청이 중간에 없어졌다는 것은 무슨 말인가. 이는 원접청을 설립하면서 누누이 강조한 사실이었다.[33] 그런데 능주 가까운 화순 고을에서도 경종 3년 (1723년)에 양사재가 설립되었는데 「養士齋完議」에

> 화순 향교 안에 일찍이 接廳을 설립하였는데 物力이 殘弊되어 비록 科年

33) 「본 고을의 원접청은 설립된지 오래 되었다. 폐지된 것도 언제인지 모른다. …… 流來되어온 本廳의 田 약간 畝가 있다.」(『元接廳儒案』 1779년) 文演樸 跋文), 「본청은 옛날에 약간의 薄土가 있었다.」(『元接廳節目』 1779년)

을 당하여도 設接하지 못하니 여러 선비들이 슬퍼한지 오래되었다. 다행히 우리 성주의 흥학하는 아름다운 뜻에 힘입어 學宮의 곁에 양사재를 創置하였다.[34]

고 하여 양사재가 이전에 이었던 과거 준비를 위한 接廳의 기능을 이어받는 것이라고 하였다. 따라서 원접청은 과거 준비를 위한 시설로 재등장한 것이고, 독서 위주로 활동하여 시부를 익히는 양사재와 보완관계에 있는 것이었다.[35] 또한 능주 고을의 양반들의 활발한 교육활동을 보여주는 것이라고 할 수 있겠다.[36]

원접청은 능주목사 呂善德이 돈을 내어 민가를 구입한 뒤, 건물을 확충하였고, 詩賦房 각각 2칸, 식당 칸, 有司房, 庫子室 등을 갖추었다. 그리고 건립과 운영에 필요한 재정을 확보하기 위하여 고을 사람들의 협조를 받았다. 고을 사람들을 3등으로 나누어 이들에게 쌀이나 돈을 받았는데,[37] 이들의 명단을 수록한 것이 『元接廳儒案』(1779년)이다. 面別, 里別로 구분하여 모두 1,024명의 이름을 적어 놓았다.

모두 52개 성씨에게 998명이 쌀을, 26명이 땅을 내어 원접청의 설립에 협조하였다. 앞서 1720년의 「養士齋案」 처럼 서재의 구별이 없어 확실하지 않지만 양반과 비양반이 모두 참여하였을 것이다. 특히 納士

---

34) 「養士齋規」 (화순향교 소장)

35) 이전에 있던 接廳이 별도의 건물과 시설을 갖춘 것인지, 아니면 과거를 맞이하여 향교 안에 설치된 임시적 교육과정인지는 분명하지 않다. 어쨌든 다시 설립하였다는 원접청을 「勸課興學之地」라 지적한 것은 과거 준비와 관련이 있다고 하겠다. (『元接廳儒案』(1779년) 文演樸 跋文)

36) 양사재가 두 개씩 설립된 고을은 능주만이 아니었다. 경상도 居昌 (養賢齋, 興學堂), 황해도 鳳山 (藏修齋, 文會齋), 信川 (蘭亭齋, 廣學齋) 등도 양사재 두 개가 병존하여 교육활동을 전개하였다.

37) 『元接廳儒案』(1779년) 文演樸 跋文

者는 양반이 아닐 가능성이 큰 것 같다. 왜냐하면 이들의 이름을 『元接廳井間案』에서 한 명도 확인할 수 없었기 때문이다. 반면에 쌀을 낸 사람들은 『元接廳井間案』에서 간간이 확인할 수 있고, 특히 齋任으로 많이 확인할 수 있었다. 결국 1779년에 설립한 원접청도 앞서의 양사재처럼 수령이 앞장서고 능주의 양반들과 비양반들이 쌀과 땅을 내어 설립하였던 것이다.

2) 양사재와의 관계

원접청에서는 어떠한 교육활동을 전개하였을까. 「元接廳節目」에

> 讀과 作은 偏廢할 수 없다. 양사재는 이미 春夏에 3旬之作하고 있으니 本廳은 의당 겨울에 數朔之讀하여야 한다. 廳의 곡식이 양사재보다 넉넉치 못해 한달 거접을 책임질 수 없으니 매해 추수한 뒤에 20인을 뽑아 독서시킬 계획을 가지고 있다. 삭망일에는 관아에서 친히 고강하여 상벌을 내린다.

고 하여 양사재와 구별되게 겨울에 독서위주로 교육한다고 하였다. 1820년 이후에 양사재의 거접이 한번으로 줄어들 때까지를 경계로 거접 개설 시기를 보면 1780년부터 1820년까지 29번의 거접이 이루어졌는데 3월 거접이 8번, 4월 거접이 13번, 5월 거접이 4번이었다. 양사재의 거접이 주로 5, 6, 7월에 이루어졌으니 원접청의 거접이 있은 뒤 곧 양사재의 거접이 이루어졌던 것을 알 수 있겠다. 그리고 거접 기간은 보름 정도가 관례였고,[38] 재정 형편에 따라 약간의 축소가 있었다. 그런데 교육내용에서는 양사재와 큰 차이가 없었던 것으로 보인다. 詩賦를 겨누어 재생들의 성적을 기록하고 있는 『元接廳井間案』으로 보아

---

38) 「居接을 15일로 하는 것은 前例」(『西養士齋井間案』 1880년 기록)

그렇게 판단된다.39)

거접은 매년 하는 것이 원칙이었으나 양사재와 마찬가지로 중간에 여러 가지 이유 때문에 거접을 실시하지 못하였다. 그 이유는 흉년, 건물 중수 및 수리 등이었다. 그리고 과거가 박두하여 거접을 하지 못하는 대신 양식을 과거시험 路資로 나누어주는 것도 앞서의 양사재와 같은 모습이었다. 그리고 거접에 참여하는 재생들을 보아도 양사재 재생과 구별되지 않았다. 앞장에서 살핀바와 같이 양사재와 원접청의 재생이 많이 중복되고 있었던 것이다.

결국 원접청은 독서를 목적으로 양사재와 교육내용에서 차별을 띄고 설립되었지만 거접 시기에서 약간 차이가 있을 뿐 별다른 차별성을 보여주지는 못하고 있었다. 1820년 이후로 양사재의 거접이 한번으로 줄어든 이래 원접청과 양사재의 관계는 더욱 밀접하게 되었다. 처음에는 없던 老儒가 1824년 이후에 원접청에도 나타나고 있는 것도 두 곳의 같은 성격과 활동을 보여주는 대목이라고 할 수 있다. 그리하여 1842년부터 재생을 한꺼번에 선발하여 두 곳에 절반씩 분산 수용하는 조치를 낳게 하였다. 그러나 표면적으로는 원접청은 이전부터 있어왔고, 또 과거를 준비한다는 것을 표방하였기에 양사재와 공존하여 오다가 1894년에 과거제도가 폐지되자 더 이상 존속할 명분이 없어지게 되었다. 따라서 1895년에 철폐되고 원접청이 가지고 있는 재정기반이 모두 양사재로 이관되고 말았다.

---

39) 『元接廳井間案』 3책은 원접청에서 매년 재생을 거접하고 남겨놓은 접생안이다. 설립 다음 해인 1780년부터 원접청이 없어지는 1895년까지 있어 왔으나 현재에는 1840년부터 1879년까지의 정간안이 남아 있지 않다. 1917년에 작성된 『司馬齋案合』이라는 자료는 당시에 능주학교에 남아 있는 전적을 조사한 목록인데, 여기에 養士齋井間案이 6권, 元接廳井間案이 4권으로 조사되어 있다. 따라서 뒷날 원접청정간안 1책이 없어졌음을 확인할 수 있겠다.

4. 양사재, 원접청의 재생과 재임

1) 재생

양사재 거접에 참여하는 재생은 절목의 규정대로 30명이 원칙이었다. 여기에 50세 이상 된 유생 몇 명을 老儒라는 이름으로 참여시키고 있었다.[40] 아마 이들도 백일장이나 순제를 거쳐 선발되었을 것인데, 老儒는 初抄에만 참여시키다가, 1777년 이후에는 再抄에도 참여시키고 있었다.

양사재 거접에 참여하는 재생들은 어떠한 신분이었을까. 지역에 따라 首民, 英材, 鄕秀子弟 등으로 표현하기도 하는데 이들을 대체로 양반신분이라고 추측하는 것이 보통이었다. 그런데 양반 뿐 아니라 중간 계층들이나 평민들도 양사재 재생으로 공부하였을 것이라 추측한 견해도 있다. 이러한 문제를 능주의 경우로 확인해 보고자 한다.

1741년부터 1908년까지 양사재 재생들을 성씨별로 통계를 내어 보면 <표 1>과 같다.

표 1. 양사재 재생의 성씨별 통계

연대/성씨	姜	高	具	金	南	盧	魯	文	閔	朴	裵	白	徐	宣	孫	宋	安	梁
1741-1770	2	9	32	158	54	0	0	153	56	181	31	12	0	22	0	81	0	66
1771-1800	0	23	106	93	26	0	0	175	23	110	13	1	2	0	0	52	56	111
1801-1830	16	49	17	144	40	10	2	127	19	56	24	0	13	0	6	0	40	119
1831-1860	3	37	37	94	31	11	0	85	29	95	8	2	4	3	7	15	57	172
1861-1890	3	21	57	116	11	8	12	150	60	75	9	1	3	0	5	2	85	168
1891-1908	6	26	39	103	1	4	19	207	69	119	9	3	10	4	12	3	99	134
합계	30	165	288	707	163	33	33	895	254	637	94	19	32	29	30	152	337	770
(실인원)	16	63	102	271	27	15	16	330	112	205	36	6	18	10	23	23	113	341

40) 「老儒依前例 別書」(『元接廳井間案』 1828년)

연대/성씨	廉	吳	兪	魏	尹	李	張	鄭	曺	朱	陳	崔	邢	洪	黃	기타	합계
1741-1770	0	12	0	12	24	292	23	97	55	28	0	0	0	24	0	41	1,465
1771-1800	0	93	10	35	100	242	30	83	75	2	0	14	8	31	7	23	1,544
1801-1830	3	27	18	10	42	110	4	93	24	0	1	33	4	8	4	9	1,072
1831-1860	14	13	5	1	42	100	0	84	18	2	22	5	10	16	9	15	1,046
1861-1890	4	22	1	0	29	114	2	86	17	4	16	7	6	58	3	44	1,199
1891-1908	4	25	0	0	33	132	0	109	51	20	3	14	6	29	0	27	1,320
합계	25	192	34	58	272	990	59	552	240	56	42	73	34	165	23	159	7,646
(실인원)	11	55	8	12	77	315	12	208	88	26	6	39	11	80	12	49	2,809

167년 동안 206회에 걸쳐 연인원 7,646명(실인원 2,809명)이 居接이나 分粮을 위해 선발되었다. 성씨로는 文, 梁, 李, 金, 朴, 鄭, 安, 尹, 閔氏 등이 다수를 차지하고 있고, 양사재 건립에 참여한 原, 追의 성씨와 비교해도 대강은 비슷한 순서임을 알 수 있겠다.

앞 장에서 살펴본 바와 같이 양사재 재생들은 초기에는 모두 양반들이었다. 그러나 양반 이외의 신분도 차츰 참여하였던 것 같다.『養士齋井間案』에는 간간이 齋外라 표시하고 거접이나 정간안에서 제외한 인물들이 있어 주목된다. 다음의 기록을 보자

1) 1761년 5월 (削案)再抄. 齋外 混抄 行禮後 黜之
2) 1775년 6월 李碩泰. 甲午再抄代 行禮後 齋外 拔去

이렇게『井間案』에서 이름 아래 齋外라 표시된 사람은 모두 21명(실인원은 19명)에 달하고 있다. 그리고

1) 1752년 7월. 初抄 齋外 誤抄 不錄
2) 1828년 2월. 금년은 과거가 박두하여 접량을 試紙價로 施賞하고 거접

을 하지 않았다. 接生 30員 가운데 齋外가 2員 있어 시상은 하였으나 井間에는 써넣지 않았다.

고 하여 『井間案』에서 아예 이름을 빼버린 예도 있어 재외가 실제 얼마나 되는지는 확실하지 않다.

齋外란 무엇일까. 다음의 기록을 보자.

齋舍의 창건은 모두 각 집안의 先父兄들이 힘에 따라 재물을 내어 文會之稧를 하여서였다. 그러므로 當年에 이유가 있어 참가하지 못한 사람을 끝내 齋外로 남으니 혼자만 남아 구석에서 탄식하는 모습이 되고 있다. 마침 건물을 다시 수리하는 날을 맞아 특별히 追入하는 의견을 내니 학생을 增廣하여 大同文會하는 것이 되도록 한다.[41]

이처럼 재외란 양사재를 건립할 때 재정적 뒷받침을 하지 않은 사람이나 그 자손들을 말한다. 곧 文會之稧의 사람이나 자손이 아니었고, 원칙대로 하자면 재생에 선발되어도 거접에 참여할 자격이 없는 사람이었기에 재내와 구별되어 재외라 하였던 것이다.

19세기에 들어와 재외의 거접 참여가 점차 늘어나는 추세를 보이고 있다. 이는 관가의 적극적인 조처로 가능하였던 것 같다. 다음의 기록을 보자.

1822년 2월, 接生 30員內에 齋外가 3人이 있었다. 그런고로 齋內 3員을 追入하여 수를 맞추었으나 施賞은 하지 않았기에 井間을 비워 놓고 後考에 대비한다.

고 하여 재외 3人의 이름을 적지 않았다. 그러나 「齋外 3員 自官別給」

41) 『養士齋重例案』(1793년) 凡例條約

이라 하여 관아에서 이들에게 시상을 하고 있었다. 이러한 일은 뒤에도 자주 있었다. 이렇게 관가에서 재외들의 양사재 거접을 적극적으로 추진하였고, 그 결과 1842년의 「育英齋節目」에

> 재내와 재외를 같이 거접하되 재외는 관이 스스로 마련한 것에서 별도로 지출하여 供饋하고, 재내는 계산하지 않는다. 齋穀과 관이 스스로 마련한 錢穀을 모두 사용한 뒤에 재내와 재외를 한꺼번에 모아 거접한다.

고 하여 재내와 재외를 모두 거접케 하는 규정이 나오게 되었다. 물론 재내는 양사재에서, 재외는 관에서 양식을 지급하는 차이가 있었다. 아무튼 "官家의 廣施之盛"[42]에 따라 재외의 거접 참여 기회가 점차 늘어나고 있었다고 하겠다.

양사재에서는 관아의 조치에도 불구하고 처음에는 이름조차도 井間案에서 지워버렸고, 나중에는 이름은 남겨 놓되 齋外라고 표시하는 것은 잊지 않고 있었다. 그리고 가능하면 이들의 이름을 기록하지 않으려고 하였다. 다음의 기록을 보자.

> 1) 1860년 5월. 금년은 백일장을 열어 詩賦古風으로 105員을 시험으로 뽑았다. 齋內 31員만 기록하고 나머지 다른 고을과 재외는 기록하지 않는다.[43]
>
> 2) 1874년 6월. 금년은 관가의 下帖에 따라 백일장을 鳳樓 위에서 열었다. 詩賦古風 150員 가운데 他官과 齋外, 古風을 案에 쓰지 않고 (齋內)45員

---

42) "1844년 정월. 마침 이 慶科를 맞아 齋糧을 作錢하여 試紙價로 분급하였다. 旬題로 抄擇하였는데 初接과 齋外를 勿論하고 接生 82員과 老儒 5員을 廣抄하였다. 이는 齋規가 아니고 특별히 官家의 廣施之盛에서 나온 것이다. 뒷날 憑考할 것." (『育英錄』). 그리고 井間案에 齋外 3명의 이름이 기록되어 있다.

43) 『育英錄』

만을 뒤에 列錄하였다.44)

이렇게 재외라 하여 이름을 올리지는 않았지만 그 숫자가 상당수에 달하고 있음을 알 수 있겠다. 결국 관가에서 재외의 참여를 적극 유도함에 따라 양반 아닌 사람들도 양사재 재생 선발에 참여할 수 있었을 것이다. 다만 같은 재외라도 정간안에 이름이 올라있는 사람들은 양반이었고 양반이 아닌 사람들은 이름이 올라있지 않았을 뿐이라 생각한다.45)

---

44) 『養士齋井間案』(黃)

45) 齋外라 표시되어 있는 사람들을 『養士齋井間案』에서 찾아 정리해 보면 다음과 같다.

『養士齋井間案』에 나타난 齋外 名單와 履歷

이름	연월	행례	비고
削案	1761년 5월		
이석태	1775년 6월	行	
이수암	1777년 4월		1770년(행례)부터 4번 거접
조석택	1778년 4월		
윤필중	1842년 6월		1823, 28, 29년에도 거접. 원접청에는 1822-39년 사이에 12번 거접
윤방형	1844년 1월		1851년 별유사, 1866년 노유, 『읍지』에 학행 기록
홍치종	1844년 1월		
김이조	1844년 1월		
문사극	1854년 7월	행	
오일환	1854년 7월		1854, 65, 66, 72년 거접
황승록	1854년 7월		
정△환	1854년 7월	행	
이언규	1854년 7월	행	1956년에두 재외, 『읍지』에 고종대 壽職
이민수	1856년 10월		1858년에도 재외. 1872년 도유사, 1873년 향음례 衆賓
윤경진	1856년 10월		
오시진	1856년 10월		
박지홍	1869년 4월	행	
김노학	1871년 5월	행	『읍지』에 학행 기록
정팽림	1872년 5월		1873년 향음례 執爵

관가에서 齋外의 거접 참여를 적극 추진한 이유는 무엇일까. 이는 아마도 정조 원년 3월의 「서얼소통절목」, 순조 23년 11월의 「서얼소통절목」과 관련이 있었을 것이다. 아울러 양사재에 재정적 뒷받침을 한 관가에서 비양반들의 거접을 적극 추진함으로서 양반층에 대한 견제와 비양반층에 대한 慰撫를 겨냥한 것이 아니었을까 생각한다. 그리고 19세기 중반 이후 재생을 뽑아놓고 거접 대신 接糧을 나누어주는 등 양사재의 교육활동이 줄어들고 있었는데, 만족할만한 교육 환경을 제공해 주지 못하여 양반들의 참여가 이전보다 활발하지 못한 것과 비례하여 양반 아닌 사람들이 선발과 거접에 참여하는 기회가 늘어나고 있는 현실을 반영한 것이라는 추측도 가능하겠다.

다음은 재내이면서도 양반이 아닌 사람들이 양사재 거접에 참여하는지 여부를 驪興 閔氏의 예로 확인해 보도록 하겠다. 다음 <도 1>은 양사재 거접에 참여한 사람을 족보에서 확인하여 작성한 것이다.

능주에 사는 여흥 민씨는 세조의 집권에 반대하여 능주로 入居한 司憲府 執義 閔懷參의 후손들이었다. 義庵公派 또는 綾州派라도 하는데, 양사재 거접에 참여한 민씨 재생은 254명, 실인원은 112명이고 족보에서 확인한 사람들은 모두 74명이었다.[46] 이들은 先祖가 설립 때 禮米를 납부한 文會之契의 계원이었기에 齋內에 해당하였다. 재생들이 자손으로 이어지고 있음을 볼 수 있는데 이들 대부분은 능주 고을에

1840년 이후 재외가 부쩍 늘어나고 있음을 알 수 있다. 1842년의 「육영재절목」에 따른 결과라 하겠다. 재외 가운데 재임을 지낸 윤방형, 이민수와 여러 번 거접에 참여한 이수암, 윤필중, 이언규, 그리고 읍지에 기록되어 있거나 향음례에 참석한 사람들은 그들의 경력으로 미루어 양반이라고 볼 수 있겠다. 그리고 나머지 재외들은 신분을 추측하기가 곤란하지만 문회지계의 자손이 아닐 뿐 모두 양반이라고 할 수 있을 것 같다.

46) 중간에 개명을 하였고, 이를 족보에 명기하지 않아 아쉽게도 모두 확인할 수 없었다.

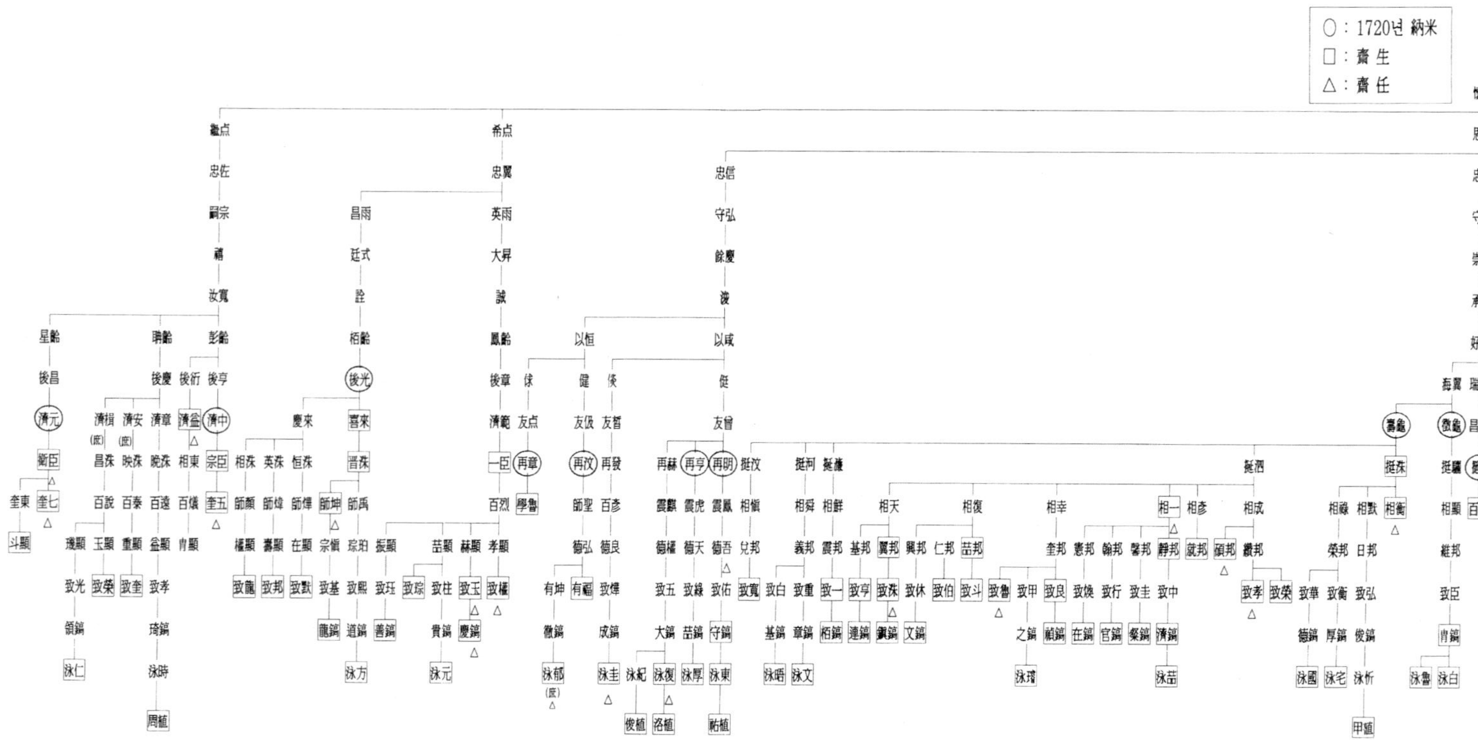

도 1. 驪興 閔氏 義庵公派의 양사재 재생, 재임

서 양반자손으로 인정을 받는 존재였을 것이다. 그러나 그 가운데에서 庶孫으로 보이는 4명이 확인되어 주목된다. 1845년의 閔致滎(고조가 서자), 1866년의 閔致奎(고조가 서자), 1896, 1903년의 閔泳郁(본인이 서자), 1907년의 閔泳仁(조, 6대조가 서자) 등이었다.[47] 그리고 민영욱은 1903년에 재임을 담당하기도 하였다. 이로 보아 19세기 후반 이후에 양반 아닌 신분들의, 특히 서출들의 양사재 거접 참여가 증가하고 있다고 추측할 수 있겠다. 이를 다른 성씨로 확대하면 상당한 수의 서출들이 재생으로 선발되어 거접과 分粮에 참여하고 있었다고 할 수 있지 않을까 한다. 이는 앞서의 재외처럼 「소통절목」과 관가의 권장으로 가능하였고, 또한 이들이 양반들과 겨루어 선발될 정도로 학식을 익혔기 때문이었을 것이다.

아무튼 양반이 아닌 신분층이 19세기 중엽 이후 부분적이나마 양사재 재생에 선발되고 거접에 참여하게 된 것은 큰 변화라 할 수 있다. 이들에게서 신분제의 두꺼운 벽을 조금씩 헤쳐 나가는 모습을 엿볼 수 있겠다. 양반들은 가급적 이들의 참여를 제한하려고 노력하였을 것이다. 그러나 1895년 이후에는 거접은 안하고 백일장, 순제로 재생을 뽑아 곡식을 나누어주었는데, 이때에는 적게는 50명, 많게는 97명까지 뽑기도 하였다. 이러한 추세 속에서 양반들만의 독점을 고집할 수는 없었을 것이다. 또한 양반 아닌 신분층들의 참여를 막을 수 있는 명분과 실력을 점차 상실해가고 있었던 것이다.

다음은 원접청에 거접하는 재생들을 살펴보도록 하자. 원접청은 처음부터 양사재의 운영 사례를 많이 참작하였다.[48] 따라서 운영의 모든 면이 양사재의 그것과 대동소이하였다. 30명을 선발하여 보름 정도

---

47) 1742년 閔百昇은 父 閔侹東이 西齋가 아닌 양반으로 기재되어 있었다. 어느 것이 옳은지 몰라 서손으로 보는 것을 잠시 유보해 두었다.

48) 『元接廳儒案』 文演樸 跋文

거접을 하였다. 이들의 선발은 물론 백일장이었다.[49] 재생은 「元接廳節目」에

> 契員의 자손 이외에는 비록 婿弟侄이라도 결코 入廳을 불허한다.

고 하여 처음 원접청을 건립할 때 경제적 도움을 준 사람과 그 자손만 거접을 허락한다고 하였다. 그 밖에 양반이 아니면서도 納土한 사람도 子와 孫을 같은 契員으로 간주하여 거접을 허락한다고 하였다. 그러나 이들이 현실적으로 거접에 참여할 길은 거의 막혀있었을 것이고 그 대신 『元接廳節目』에

> 窮峽居民이 聞風興起하여 土田을 다투어 내어 거접하는 재원에 보탰다. 마땅히 報施하는 길이 있어야 했다. 그들의 子와 孫을 모두 同契之員처럼 거접을 허락하며, 혹 軍任과 武任에 침탈을 당하는 일이 있으면 一鄕齊會에서 관에 알려 즉시 빼어내 억울함을 호소하는 폐해가 없게 한다.

고 한 것처럼 免役 혜택이 주어졌던 것이다.

1780년부터 1895년까지 원접청 재생들을 성씨별로 통계를 내어보면 <표 2>와 같다.

중간의 「井間案」이 없어 불충분하지만 43개의 성씨에서 1,990명(실인원 1,006명)의 재생이 정간안에 기재되어 있다. 李, 金, 梁, 文, 鄭, 閔, 安氏 등의 순서로 재생이 많으며, 이는 앞서 양사재의 순서와 큰 차이가 나는 것이 아니었다.

---

49) 『元接廳節目』(1779년)

표 2. 원접청 재생의 성씨별 통계

연대/성씨	姜	高	具	金	南	盧	魯	文	閔	朴	裵	白	徐	宣	孫	宋	安	梁
1780-1808	0	14	24	46	21	11	2	58	5	30	13	0	0	8	2	7	31	56
1809-1839	11	34	15	73	25	2	1	52	10	49	14	0	3	3	6	5	17	65
1880-1895	5	22	29	84	3	1	17	73	29	46	8	1	6	0	7	3	46	80
합계	16	70	68	203	49	14	20	183	44	125	35	1	9	11	15	15	94	201
(실인원)	11	28	42	115	17	7	12	99	30	60	15	1	8	5	10	7	43	104

연대/성씨	廉	吳	兪	魏	尹	李	張	鄭	曺	朱	陳	崔	邢	洪	黃	기타	합계
1741-1770	2	39	12	6	28	86	13	44	32	3	3	9	6	7	6	20	644
1771-1800	18	21	8	0	23	56	0	56	18	4	5	13	2	1	2	7	619
1801-1830	4	19	0	0	12	75	1	58	31	2	1	11	5	22	3	23	727
합계	24	79	20	6	63	217	14	158	81	9	9	33	13	30	11	50	1,990
(실인원)	10	29	6	1	21	109	7	69	46	5	3	21	9	22	8	26	1,006

원접청에도 齋外가 문제가 되고 있고, 1842년에 양사재와 원접청이 합설되어 운영된 이후에 관의 조치로 재외의 참여가 점차 늘어나는 것도, 아울러 양반 아닌 사람들의 참여가 늘어가고 있음도 양사재와 같은 실정이라고 할 수 있겠다.

2) 재임

양사재와 원접청은 향교와 밀접한 관계를 맺고 있었지만 별도의 임원을 두고 있다. 재임의 명단은 매년 거접한 재생의 명단 말미에 기재하고 있다. 이들을 살펴보면 양사재는 처음에는 都有司를 首任으로 別有司(接有司)를 次任으로 하여 2인의 임원을 두었다. 그러다가 1761년부터는 별유사를 2인으로 늘려 모두 3인의 재임을 두었다. 그리고 元接廳은 처음부터 도유사를 수임으로 하여 3인의 재임을 두었다. 그리고 훈장을 두어 거접 기간에 교육을 책임지도록 한 때도 있었다. 아울러 재생 가운데에서 두 명을 直日로 임명하여 거접 동안에 재임과 재생간의 일을 연락하도록 하였다.

재임은 양사재와 원접청을 대표하며 운영과 재생의 거접에 따른 교육과 재정을 담당하였다. 재임의 임기는 1년이었다. 그리고 연임하거나 재임하는 예도 자주 눈에 뜨인다. 재임의 선출은 확실하지 않으나 다른 고을의 예에 비추어 볼 때 圈點, 自代, 差出 등의 방법 가운데 한가지였을 것이다.

선출된 신임 재임은 구임 재임과 양사재 업무에 대하여 인수인계를 하였다. 대개 운영 내력을 적은 傳掌記를 주고받았다. 이를 行公이라 하는데, 선출된 신임 재임이 여러 가지 이유로 취임하지 않을 때가 있다. 이를 未行公이라 한다.

양사재와 원접청 재임들의 성씨를 연대별로 정리하면 <표 3>과 같다.

<표 3,4>에서 보듯 양사재 재임은 梁, 李, 文, 鄭, 洪, 尹, 金씨 등의 순서로, 원접청 재임은 李, 鄭, 梁, 文, 金, 洪, 尹씨 등의 순서로 많아 거의 비슷한 면을 보이고 있다. 이는 재생의 순서와 약간 차이가 나는 대목이다. 그리고 재생의 성씨가 각각 49개, 43개인데 비해 재임은 32개, 20개 성씨였다. 재임에 임명되는 성씨는 재생보다 폭이 좁혀져 있음을 알 수 있겠다.

재임이 되는 사람들은 재생을 거치지 않더라도 임명될 수 있었다. 양사재 재임의 재생 경력을 조사해 보면 실인원 287명 가운데 165명이 (양사재 재생 161, 원접청 재생 4), 원접청은 실인원 160명 가운데 76명(원접청 재생 44, 양사재 재생 32)이 재생을 거쳤다. 절반 정도가 재생을 거치지 않고서도 재임에 임명되었음을 알 수 있겠다.

표 3. 양사재 재임의 성씨별 통계

연대/성씨	具	金	南	魯	文	閔	朴	安	梁	吳	尹	李	鄭	曺	洪	기타	합계
1741-1770	1	7			4	4	5		16			7	4		4	7	59
1771-1800	1	4	3		17	4		1	18		7	11	3		4	4	77
1801-1830	0	5			5	3	1	3	19	2	8	5	6	1	3	7	68
1831-1860	1	2	6		1	2	3	9	23		9	6	8		2	4	76
1861-1890	2	5	1	1	3	5	6	6	17	2	3	12	4		8	8	83
1891-1908	2	6			10	3	9	5	7	1	2	5	6	3	10		69
합계	7	29	10	1	40	21	24	24	100	5	29	46	31	4	31	30	432
(실인원)	7	26	5	1	26	20	20	14	62	4	14	37	24	4	16	7	287

표 4. 원접청 재임의 성씨별 통계

연대/성씨	具	金	南	魯	文	閔	朴	安	梁	吳	尹	李	鄭	曺	洪	기타	합계
1780-1808	3	8	2	1	11	4	3	2	11	3	8	14	5		9	7	91
1809-1839	3	6		2	6		5		9	1	3	12	14	4	6	8	79
1880-1895	3	7		2	3	1	3	4	1	1	1	5	5	1	3	6	46
합계	9	21	2	5	20	5	11	6	21	5	12	31	24	5	18	21	216
(실인원)	6	19	2	3	16	5	8	4	17	4	8	24	18	2	11	13	160

재임은 1년 단임이 원칙이었지만 연임 또는 중임도 가능하였다. 전체 인원과 실인원을 비교해보면 약 1/3 정도가 연임이나 중임을 하였음을 확인할 수 있었다. 아울러 양사재와 원접청 재임을 모두 거친 사람은 47명으로 전체의 1/10 정도였다.

재임에 선출되는 사람들은 고을에서 문벌이 뛰어난 양반사족이었다.

> 都有司는 반드시 文學廉潔之士로 極擇望薦하는데, 반드시 거접을 파하는 날에 付標하고 1년이 지나면 改遞한다.[50]

이는 다른 고을도 마찬가지여서 재임의 자격을 文識望重者[51], 地閥文雅者[52]로 규정하고 있다.

<도 1>의 여흥 민씨 예를 보더라도 재임들은 대부분 齋內의 후손들이었고, 능주 고을에서 양반으로 인정받는 존재들이었다고 하겠다. 그러나 閔泳郁의 예에서 보듯 재임도 재생처럼 양반이 아닌 사람들이 담당하는 모습을 보이고 있었다. 이는 극히 일부에 지나지 않는 것이라 하겠으나 이전과 비교하여 큰 변화라 할 수 있는 것이다. 따라서 19세기 후반 이후가 되면 재임은 더 이상 양반들만의 독점물이 아니었다고 결론지을 수 있겠다.[53]

5. 양사재와 원접청의 재정실태

양사재, 원접청은 향교와 별도의 경제기반을 갖추고, 이를 바탕으로 여러 활동을 전개하였다. 중요한 경제기반은 물론 토지였다. 양사재, 원접청 전답은 향교나 사마소의 전답과는 별개로 구분되어 따로 田畓案이 작성되었다.[54] 전답은 뒤에 수령이나 양반들의 노력으로 증가되는 경우도 있었다. 또한 교생들이 免講을 위하여, 양민들이 면역을 위하여 전답을 원납하는 경우도 많았다.[55] 그리고 운영하고 남은 재력이 있으면 전답을 매득하도록 규정하여 전답을 넓혀나갔다.[56] 그

---

50) 『元接廳節目』

51) 『養士齋案』(보성향교 소장)

52) 『養士齋儒案』(화순향교 소장)

53) 지면 관계상 族譜를 이용하여 재생과 재임의 신분을 조사한 내용을 생략하고 말았다. 기회가 닿는 대로 다른 성씨의 예를 보충 발표하려고 한다.

54) 『綾州西養士齋行審案』(1847년)

55) 『元接廳儒案』 節目 (1779년)

56) 「을묘년은 흉년이어서 약간 거둔 禾穀으로 東面 鯉池坪에 있는 2斗落을 買

러나 돈이 필요하면 전답을 팔아서 충당하기도 했다.57) 전답은 병작되었고, 경작자들은 주로 평민들이었다.58)

전답 다음으로 중요한 재정은 식리전이었다. 이는 다른 고을의 모든 양사재에서도 행하던 바였다. 入本錢의 마련은 수령의 喜捨59), 契員追入錢, 거접하고 남은 비용 등으로 가능하였다. 식리는 관의 힘을 빌어 관내의 각면에 분배하였다. 특히 능주에서는 면의 향약을 대상으로 분배하였고, 식리율은 4할이었다. 1844년의 「養士齋殖利錢各面分排記」에 의하면 330량 9전을 이자로 거두어 양사재에 193량 4전을, 원접청에 137량 5전을 분배하였다. 1849년에는 170량을 14개면에 식리하고 이자 70량을 받아 각각 35량씩을 나누어주기도 하였다. 식리는 자금의 여유만 있으면 군현민을 대상으로 양사재, 원접청의 권위, 양반유생들의 신분적 우위, 관아의 보호 등을 배경으로 하면서 안정적으로 자금을 증식할 수 있는 방법이었다. 식리전을 요구하는 계층은 언제, 어디에나 있었다. 그러한 점에서 식리전은 고리대에도 불구하고 널리 성행하여 양사재 재정의 큰 몫을 차지하였다.

다음으로 양사재의 재정이 되는 것은 養士保였다. 양사재보의 획급은 지방관의 배려에 따라 가능하였다. 능주 양사재는 25명의 보인을

土하였다.」(『養士齋井間案』(地) 1795년)

57) 「甲年 3월 3일. 새로 산 논 5마지기를 분부에 따라 산 당시의 재임이 다시 팔고, 그 값인 2650량을 暎碧亭에서의 백일장 및 본재의 設講시에 講生에게 줄 상으로 쓴다.」(『綾州西養士齋行審案』 1847년)

58) 「本齋가 매입한 논은 매년 타작하여 半分하고, 賦役는 경작자가 담당하도록 하며, 병작자는 평민가운데 勤農者를 택해 주되 양반들에게는 일체 경작을 허락하지 않는다.」(『養士齋節目』)

59) 「甲子年 여름 坡州 尹候城主가 15량을 別補하였다.」(養士齋殖利錢儒用記, 1895년)
「수령이 書院畓의 懲贖錢 380량을 내어 주었다.」(「西養士齋重刱節目」(1874년))

가지고 있었다.[60] 이들 保人에게 1년에 2량을 받아 운영에 보태고 있었다.[61] 원접청은 보인이 없었는데, 1842년에 양사재와 원접청의 합설에 따라 보인에게 받은 50량을 절반씩 나누어 썼다.

양사재는 除役村도 있었다. 원접청은 제역촌은 없으나 대신 거접에 필요한 器皿, 柴木 등을 제공해주는 마을이 있었다. 즉 「元接廳節目」에

> 1. 本廳(元接廳)은 제역촌이 없다. 백일장 呼中때에 盤器皿은 初抄는 吾上各里가 담당하고, 再抄는 吾不各里가 담당한다.
> 1. 거접 때에 柴政은 양사재는 제역촌이 담당하고, 본청은 소속촌이 없으므로 부득불 柴結 중에 2夫를 添入한다. 매해 作夫한 뒤 2夫를 본청에 除給한다,

라고 한 대로였다.

양사재와 원접청 운영에서 무엇보다 중요한 것은 관의 보조였다. 거접에 居接錢이나 養士米 등을 보조하기도 하고, 필요한 厚紙, 防風紙를 지급하였다. 또는

> 紙地價는 양사재처럼 本價에 맞는 쌀을 雙峰寺, 開天寺 두 절에 내어 주고 禮吏가 計數 取用하게 한다.[62]

고 하여 절에서 종이를 구입하되 이 또한 관아의 협조를 받아야 했던 것이다. 이 밖에 거접에 필요한 鹽醬燈油를 관아에서 지급받고, 호적대

60) 『養士別備保案』 (1844년)

61) 「養士齋殖利錢各面分排記」

62) 「元接廳節目」

장을 書寫해 주고 그 대가로 곡식을 받아 보태 쓰기도 하였다.[63] 이처럼 관아에서 양사재, 원접청 운영에 필요한 재정보조를 읍사례의 형식으로 규정해 놓기도 하는데, 무엇보다도 중요한 것은 "수령의 用心"[64] 이었다. 교육에 관심이 높은 수령들은 수시로 재정적 도움을 게을리 하지 않았다.

끝으로 양사재와 원접청의 노비문제에 대하여 알아보면 두 곳 모두 소유한 노비는 없었다. 대신 양사재는 향교의 婢僕를 빌어다 잡역을 담당하게 하였고, 원접청은 향교의 비복에게 4斗租를 日給으로 주면서 잡역을 담당하게 하였다.[65]

경제기반에서 나오는 것을 가지고 재생들의 食代, 성적 우수자들에 대한 紙筆墨 賞給 등 거접에 사용하였다. 그리고 거접을 하지 않을 때에 식량을 비축하여 다음 거접에 대비하는 것이 아니라 모두 소비해버리는 것을 초기 이래로 관례로 삼고 있었다.

1) 慶科가 갑자기 정해져 初接을 7일 뒤에 바로 파하고 나머지 양식을 科資를 보조하는데 옮겨 썼다. 다음은 백일장을 열어 30員을 抄擇하고 每員에게 4斗米을 나누어주었다.[66]
2) 올 再抄는 흉년으로 설접하지 못하였다. 接粮 90斗를 34량2전으로 작전하여 지필묵을 사서 30員과 追榜한 45員에게 나누어주었다.[67]

이렇게 거접을 안하는 경우는 재생들에게 곡식을 나누어주었고,

---

63) 『養士齋接』 節目 (1720년)
64) 『養士齋井間案』 天 養士齋新舊井間合附序
65) 「元接廳節目」
66) 『養士齋井間案』(地) 1790년
67) 『養士齋井間案』(地) 1809년

과거보는 해이면 시험 보러 가는 재생과 재임에게 試紙價로 돈을 나누어주기도 하였다.

1) 올해 과거해를 맞이하여 試紙價를 나누어주려고 한다. 東西養士齋 殖利條를 한데 모아 고루 나누어 한 사람에게 1戔씩 나누어주고, 詩賦壯元에게는 1량을 더 주었다. 또 老儒 14員을 뽑아 각각 1량 6전씩 나누어주었다.[68]
2) 교임 및 재임 10員에게도 試紙價 1량씩 나누어주었다.[69]

또한 양사재 일로 길을 떠나는 鄉員들의 노자나 향교에 보조[70] 등에도 재정을 사용하였다. 그 밖에 건물의 수리, 도배나 서적과 器皿을 구입하는데도 사용하였다.

끝으로 양사재에서 큰돈을 사용하는 경우는 백일장을 개설하거나 향음주례를 설행할 때였다. 다음의 기사가 그것이다.

1) 還賣畓 260량과 식리 이자 61량에서 11량을 꼭 필요한 곳에 지출하고 나머지 310량을 백일장에 사용하였다.[71]
2) 금년은 순제 10抄로 接生을 뽑아 7일에 설접하였다. 9일에는 鳳棲樓에서 향음주례를 習儀하고, 다음날 映碧亭에 禮席을 크게 열었다. 本齋의 곡식이 부족하여 西養士齋 식리 51량과 果粮米 14斗를 禮飮에 補用하였다.[72]

---

68) 『西養士齋井間案』, 『養士齋井間案』(黄) 1881년 8월
69) 『西養士齋井間案』 1884년
70) 『綾州西養士齋行審案』 (1874년)
71) 『西養士齋井間案』 1894년
72) 『養士齋井間案』(黄) 癸酉 (1873년) 6월

양사재와 원접청에서는 거접 대신 재생들을 뽑아 놓고 이들에게 곡식이나 지필묵을 나누어주는 것이 점차 관례화 되어갔다. 이 점이 교육기능이 퇴색해 가면서도 두 양사재가 유지되어 온 하나의 이유였을 것이다. 양반유생들로서는 비록 旬題나 面試를 거쳐 선발되어야만 했고, 앞서 설명한대로 19세기 중반 이후에는 庶孫, 齋外 등 양반 아닌 사람들도 다수 참여하는 추세에 놓여 있어 양사재가 예전처럼 양반들만의 교육기관이 아니었지만 현실적으로 주어지는 경제적 이득을 외면할 수 없었을 것이다. 그러나 1894년에 갑오개혁으로 과거가 폐지되자 원접청은 곧 폐지되었고, 근대학교가 설립되는 상황에서 양사재의 존립근거는 더 이상 존재하지 않게 되어 1908년 이후 교육활동을 중단하고 말았다.

6. 맺음말

이상과 같이 능주 양사재의 설립, 교육활동, 재생과 재임의 신분, 재정실태 등을 살펴보았다. 지금까지의 내용을 정리하면 다음과 같다.

1719년에 목사 임상덕이 주선하고 고을 양반 414명, 非兩班 357명이 쌀을 모아 양사재를 건립하였다. 納米한 양반과 자손에게는 양사재에서 공부를 하게하고, 양반 아닌 사람들에게는 免講이나 免役의 혜택을 주었다. 능주 양사재도 다른 고을과 마찬가지로 양반들의 교육기관으로 설립되었던 것이다.

양사재에서는 백일장으로 30명의 재생을 선발하여 교육시켰다. 거접은 대체로 글 읽기 좋은 春夏節에 하였고, 두 번으로 나누어 보름씩 하였다. 그 후 1820년 이후에 거접을 한번으로 줄였다. 1779년에 원접청이라는 또 다른 양사시설이 건립되어 비슷한 교육활동을 하였기 때문이었다. 그리고 1842년부터는 백일장이나 순제로 재생 60명을 뽑고 이들을 반씩 나누어 양사재와 원접청에 거접시켰다. 양사재와 원접청이 합쳐져 운영되었던 것이다.

양사재에서는 독서와 製述 위주로 교육하였다. 성적에 따라 상벌이 따랐으며, 성적우수자는 전주감영에 있는 희원당에 올려 과거 준비케 하는 특혜를 주었다. 양사재가 설립된 이래 1894년까지 28명의 소과합격자 가운데 11명이, 숙종대 이후 蔭仕者 200명 가운데 39명이, 그리고 고종대 무과합격자 1명이 양사재 재생이었다. 양사재가 과거 준비에 필요한 교육시설이었음을 알 수 있겠다.

1779년에 능주목사가 주선하고 고을 사람 1,024명이 쌀과 땅을 내어 元接廳을 설립하였다. 과거를 준비하는 교육시설로 봄, 여름에 詩賦를 익히는 양사재와 달리 가을 겨울에 독서 위주로 교육한다는 이유에서였다. 양사재와 원접청을 보완관계에 있었고, 교육내용에서도 큰 차이는 없었다. 그리하여 1842년에 재생을 뽑아 절반씩 분산 수용하게 되었다.

1894년에 갑오개혁으로 과거가 폐지되자 원접청이 먼저 폐지되었다. 양사재는 순제로 재생을 선발해 놓고 거접 대신 잔치를 열고 지필묵을 상으로 주는 것을 항례로 삼았다. 그 후 근대학교가 설립됨에 양사재는 1908년 이후 교육활동을 중단하고 말았다.

양사재 재생 7,646명과 원접청 재생 1,990명이 거접과 分粮을 위해 선발되었고,『井間案』에 이름을 올렸다. 여흥 민씨를 예로 삼아 재생들을 족보로 찾아보니 19세기 중엽 이후에 庶族들이 재생으로 참여하는 예를 몇 건 확인할 수 있겠다.

또한 양사재나 원접청을 건립할 때 납미하지 않은 사람들의 후손도 관가의 주선으로 19세기 중엽 이후에 재생으로 대폭 선발되기도 하였는데, 이들은 齋外라 하여 별도로 표시되었다. 양반으로 보이는 19명을 제외하고는 齋外는 정간안에 이름조차 기재되지 않아 과연 이들이 얼마나 되는지는 확인할 수 없지만 양사재가 점차 양반 아닌 사람들에게도 교육기회를 제공하기에 이르렀다고 할 수 있겠다.

양사재와 원접청의 임원인 재임은 3명씩이었고, 임기는 1년에 연임과 중임이 가능하였다. 절반 정도가 재생을 거치지 않았는데, 이들은 고을에서 문벌이 뛰어나 양반들이었다. 그러나 1900년대에 들어와 서출이 재임에 취임하는 예도 있어 재임도 재생과 마찬가지로 양반들만의 독점물이 더 이상 아닌 추세에 놓여있었다.

양사재, 원접청은 전답, 식리전, 保, 제역촌 등의 경제기반을 갖추고 있었고, 또 관아의 보조를 정기적으로 받았다. 두 양사재는 이를 가지고 거접에 사용하였고, 거접을 안하는 경우는 재생들에게 양식을 나누어주었다. 그 밖에 재생과 재임의 試紙價, 건물 수리, 도배, 서적과 器皿 구입에 지출하였다. 그리고 간간이 개설되는 백일장과 향음주례에 많은 돈을 썼다.

결국 능주 양사재, 원접청은 양반들이 과거를 준비하는 교육시설로 건립되었고, 과거 합격자도 간간이 배출하는 등의 교육성과를 거두었다. 그러나 19세기 중엽 이후에 양반 아닌 신분층도 재생으로, 재임으로 참여하는 기회가 점차 넓어지고 있다고 결론지을 수 있겠다.

(『전남사학』 10집(전남사학회, 1996) 게재)

8장 ▮ 능주 양사재 연구 2

1.

필자는 양사재에 참여하는 사람들의 신분과 양사재에서 이루어지는 교육 내용과 교육 효과 등을 전라도 능주의 사례를 통하여 살펴본 적이 있었다. 능주에서는 1719년에 養士齋, 1779년에는 元接廳이라는 두 개의 교육시설이 향교 옆에 설립되어 교육활동을 전개하였고, 또한 건립과 교육활동의 실상을 보여주는『儒案』과『井間案』이 가장 많이 남아 있기 때문이었다.

그런데 양사재 재임과 재생의 신분을 언급하면서 지면 문제와 필자의 준비 소홀로 여흥 민씨만을『驪興閔氏義庵公派譜(능주파)』(1881년 간행)에서 확인하였을 뿐이었다. 그 때의 논의를 잠시 언급해 보면 다음과 같다.

양사재 재생 7,646명(실인원 2,809명)과 원접청 재생 1,990명(실인원 1,006명)이 거접과 分糧을 위해 선발되었고,『井間案』에 이름을 올렸다. 양사재에서는 독서와 제술 위주로 교육하였고, 양사재가 설립된 이래 1894년까지 28명의 소과합격자 가운데 11명이, 숙종대 이후 蔭仕者 200명 가운데 39명이, 그리고 고종대 무과합격자 1명이 양사재 재생이었다. 양사재가 과거 준비에 필요한 교육시설이었음을 알 수 있었다.

양사재 재생의 신분은 설립 초기부터 양반으로만 제한되었는데, 여흥 민씨를 예로 삼아 재생들을 족보로 찾아보니 19세기 중엽 이후에

庶族들이 재생으로 참여하는 예를 몇 건 확인할 수 있었다. 양사재와 원접청의 임원인 재임은 3명씩이었고, 임기는 1년으로 연임과 중임이 가능하였다. 이들은 고을에서 문벌이 뛰어난 양반들이었다. 그러나 1900년대에 들어와 庶族이 재임에 취임하는 예도 있어 재임도 재생과 마찬가지로 양반들만의 독점물이 더 이상 아니었다.

이렇게 양사재의 재생과 재임이 처음에는 양반들의 독점물이었다가 19세기 중엽 이후에 점차 양반 이외의 신분들도 참여하는 모습을 보여주고 있는데, 이러한 내용을 담은 앞서의 연구를 좀 더 보충하고 확인하려는 목적에서 濟州 梁氏의 재임과 재생의 예를 살펴보려고 한다.

2.

1741년부터 1908년까지 양사재 재생을 『養士齋井間案』으로 확인해 보면 167년 동안 206회에 걸쳐 연인원 7,646명(실인원 2,809명)이 거접이나 分粮을 위해 선발되었다.

성씨로는 文(남평), 梁(제주), 李(공주, 전주, 성주 등), 金(광산, 청도 등), 朴(순천, 충주, 함양), 鄭(하동), 安(죽산), 尹(파평, 남원), 閔氏(여흥) 등이 다수를 차지하고 있다.

1780년부터 1895년까지 원접청 재생들도 성씨별로 통계를 내어 보면 1840년부터 1879년 사이의 『元接廳井間案』이 없어 불충분하지만 43개의 성씨에서 1,990명(실인원 1,006명)의 재생이 정간안에 기재되어 있다.

李, 金, 梁, 文, 鄭, 閔, 安氏 등의 순서로 재생이 많으며, 이는 앞서 양사재의 순서와 큰 차이가 나는 것이 아니었다.

이제 양사재와 원접청의 재생을 합쳐, 양사재와 원접청 모두에 참여하여 중복되는 사람들이 일부 있지만 이를 무시하고, 통계를 내면 <표 1>과 같다.

표 1. 양사재, 원접청 재생의 성씨별 통계

연대/성씨	姜	高	具	金	南	盧	魯	文	閔	朴	裵	白	徐	宣	孫	宋	安	梁
인원	46	235	356	910	212	47	53	1,078	298	762	129	20	41	29	45	167	431	971
(실인원)	27	91	144	386	44	22	28	429	142	265	51	7	26	10	33	30	156	445

연대/성씨	廉	吳	兪	魏	尹	李	張	鄭	曺	朱	陳	崔	邢	洪	黃	기타	합계
인원	49	271	54	64	335	1,207	73	710	321	65	51	106	47	195	34	219	9,636
(실인원)	21	84	14	13	98	424	19	277	134	31	9	60	20	102	20	80	(3,815)

모두 9,636명(실인원 3,815명)의 재생이 거접과 分粮에 참여하였는데, 다수를 차지하는 성씨는 李, 文, 梁, 金, 朴, 鄭, 安, 尹, 曺 등의 순이었다.

다음은 재임들을 살펴보도록 하자. 양사재 재임은 梁, 李, 文, 鄭, 洪, 尹, 金씨 등의 순서로, 원접청 재임은 李, 鄭, 梁, 文, 金, 洪, 尹씨 등의 순서로 많아 거의 비슷한 면을 보이고 있다. 그리고 재생의 성씨가 각각 49개, 43개인데 비해 재임은 32개, 20개 성씨였다. 재임에 임명되는 성씨는 재생보다 폭이 좁혀져있음을 알 수 있겠다.

양사재와 원접청 재임을 모두 합쳐 성씨별로 통계를 내보면 다음과 같다.

표 2. 양사재, 원접청 재임의 성씨별 통계

성씨	具	金	南	魯	文	閔	朴	安	梁	吳	尹	李	鄭	曺	洪	기타	합계
합계	16	50	12	6	60	26	35	30	121	10	41	77	55	9	49	51	648
(실인원)	13	45	7	4	42	25	28	18	79	8	22	61	42	6	27	20	(447)

모두 648명(실인원 447명)이 재임을 담당하였는데 성씨별로는 梁, 李, 文, 鄭, 金, 洪의 순서였다.

능주의 鄕班(土班) 성씨는 「梁閔文李」라는 俗諺이 있는데 이를 입증이라도 하듯 이들 성씨가 재생과 재임 수에서 상위를 점유하고 있음을 볼 수 있다.

3.

조선시대 능주에 사는 제주 양씨는 學圃 梁彭孫(1480-1545)[1]의 후손들이 대부분이었다. 양팽손의 아들 가운데 능주에 거주하는 후손들은 장남 應箕(秉節公派), 차남 應台(參議公派), 4남 應畢(參奉公派)의 자손들이 주로였다.

제주 양씨의 재임과 재생을 족보를 이용하여 확인하여 보도록 하자. 이용한 족보는 『濟州梁氏族譜 戊辰譜』(1748년), 『濟州梁氏族譜 癸丑譜』(1913년), 『濟州梁氏大族譜 甲子譜』(1924년), 『濟州梁氏族譜參議公派譜』(1984년), 『濟州梁氏族譜參奉公派譜』(1984년) 등이었다. 이 가운데 戊辰譜, 癸丑譜는 嫡子와 庶子를 표시하여 기재하였고, 甲子譜 이후는 적서관계를 무시하고 모두 기재하여 차이를 보이고 있다.

앞서 제시한 양사재, 원접청의 재생 가운데 梁氏는 971명(양사재 770, 원접청 201), 실인원 445명(양사재 341, 원접청 104)이었는데, 양사

1) 梁彭孫의 字는 大春, 號는 學圃. 어렸을 때부터 神童으로 불리어졌고, 글씨와 그림에 능하였다. 1510년에 조광조와 함께 생원시에 합격하고, 1516년에 식년문과에 갑과로 합격하였다. 1519년 홍문관 교리로 재직중 기묘사화로 조광조 등이 처벌될 때 동료들과 함께 抗疏하다가 관직을 삭탈당하였다. 능주에 내려와 독서로 은거하다가 1537년 복관되었다. 사후 이조판서에 추증되었다. 시호는 惠康.

재와 원접청 모두에 참여하는 실제 인원은 309명이었다. 이 가운데 165명(應箕系 63, 應台系 23, 應畢系 79)을 족보에서 확인할 수 있었다.

양씨 재임은 120명(양사재 99, 원접청 21)이었고 실인원은 79명(양사재 62, 원접청 17)이었는데, 양사재, 원접청 모두 재임을 담당한 실제 인원은 69명이었다. 이 가운데 족보에서 64명(應箕系 18, 應台系 7, 應畢系 39)을 확인할 수 있었다.

족보를 이용하였지만 이 정도의 숫자밖에 확인할 수 없었던 이유는 다음과 같다. 우선 성은 梁氏이지만 본관이 제주가 아닌, 예를 들면 남원이나 충주일 경우가 있을 수 있다. 그리고 제주 양씨이면서 여러 가지 이유로 단자를 내지 않아 족보에서 누락된 사람들도 상정할 수 있다. 또한 개명으로 인하여 족보로서도 확인이 불가능한 경우가 있다. 또 한 가지는 후대로 내려올수록 같은 항렬이라도 같은 이름이 상당수 있어 본인 여부를 확정짓기가 아주 어려운 경우가 있다. 이 모든 것이 가계와 신분을 확인하는데 어려운 요소로 작용하고 있다고 하겠다.

어쨌든 족보를 이용하여 확인한 제주 양씨 재생과 재임 가운데 설명의 편의상 應箕系(秉節公派)만을 제시해 보도록 한다.

<도 1>을 통하여 확인할 수 있는 사실은 다음과 같이 설명할 수 있겠다.

첫째, 재생들은 1719년, 1779년에 양사재, 원접청을 건립할 때 돈이나 미곡을 내어 협조한 사람들의 후손들이었다. 곧 齋外가 아닌 齋內였다. 재내란

> 齋舍의 창건은 모두 각 집안의 先父兄들이 힘에 따라 재물을 내어 文會之稧를 하여서였다. 그러므로 當年에 이유가 있어 참가하지 못한 사람은 끝내 齋外로 남으니 혼자만 남아 구석에서 탄식하는 모습이 되고 있다.

도 1. 제주 양씨 秉節公派의 양사재 재생, 재임

* : 1791년 納米 □ : 齋生 △ : 齋任

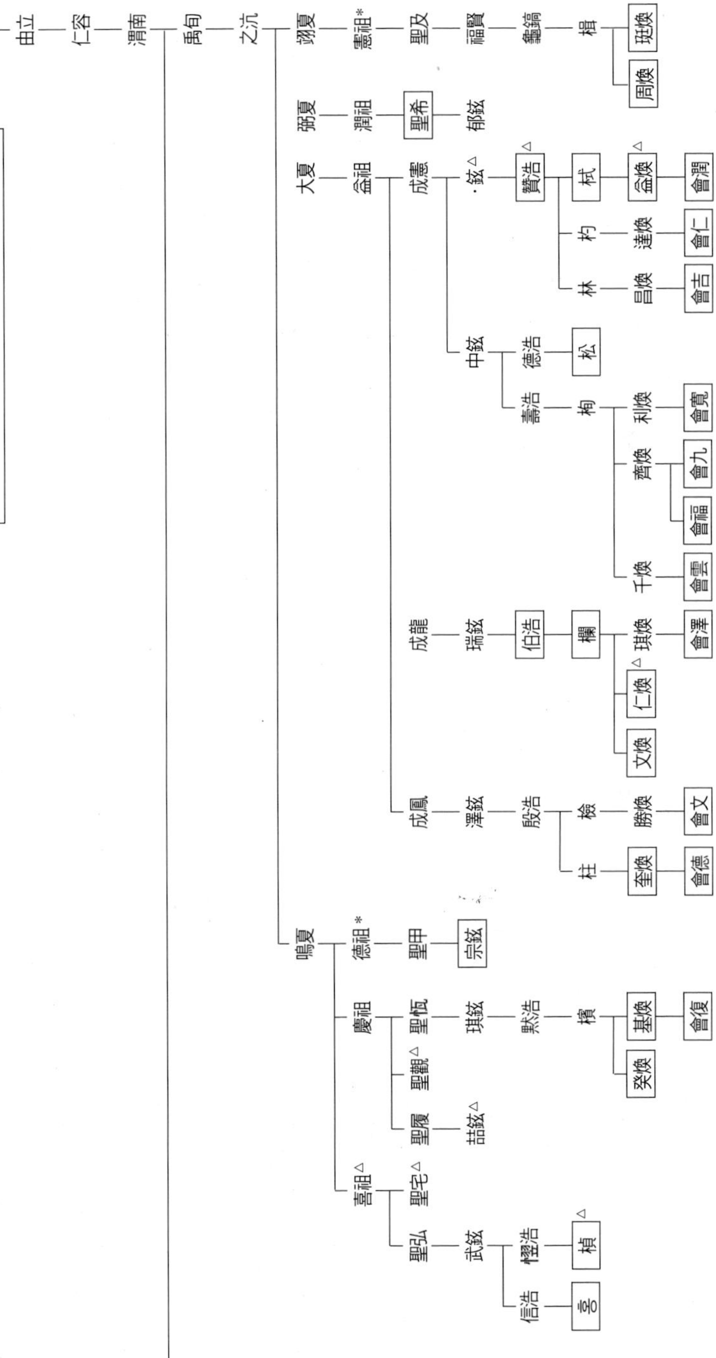

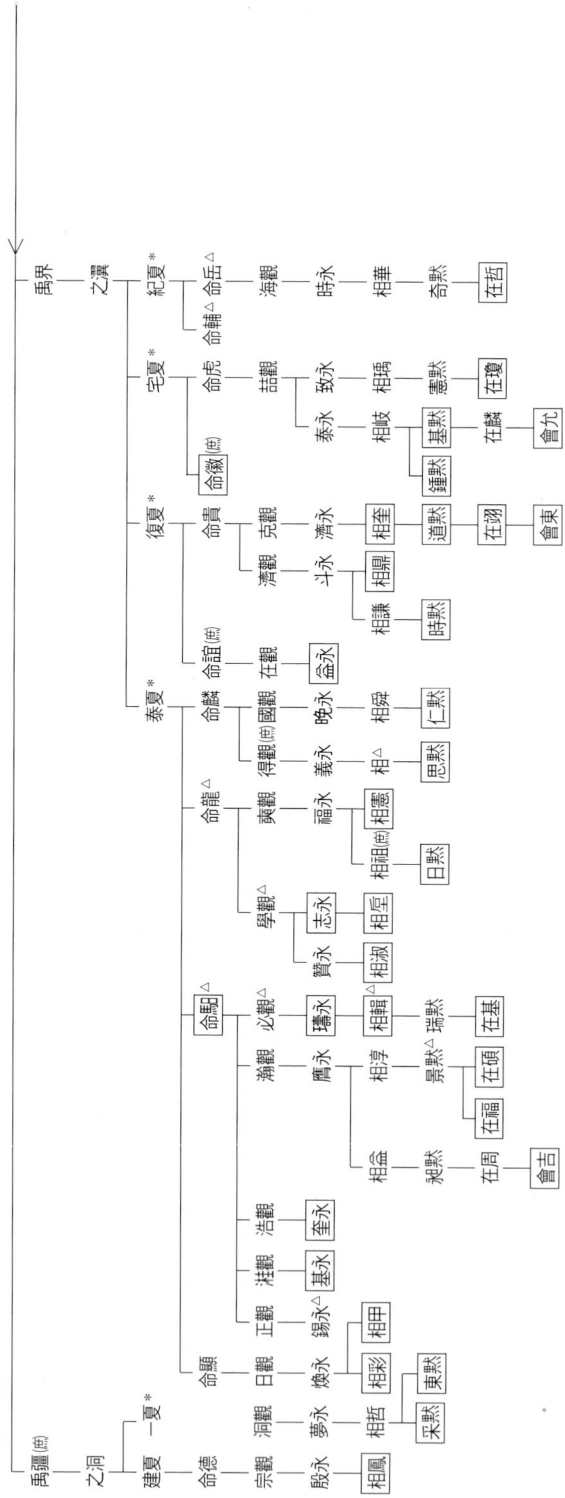

마침 건물을 다시 수리하는 날을 맞아 특별히 追入하는 의견을 내니 학생을 增廣하여 大同文會하는 것이 되도록 한다.[2)]

고 한 것처럼 양사재를 건립할 때 재정적 뒷받침을 한 사람이나 그 자손들을 말한다. 다시 말하자면 文會之稧의 사람이나 자손이었다. 따라서 齋內가 아니면 재생에 선발되어도 거접에 참여할 자격이 원칙적으로는 없었다.

둘째, 양사재, 원접청의 재생은 처음부터 양반들만을 대상으로 하였다. 그런데 예외가 발견되었다. 즉 應箕系의 梁命徽(1735-1793)가 바로 庶子이면서도 1755년부터 1765년까지 7 차례에 걸쳐 양사재 거접에 참여하고 있다. 이는 양사재가 양반만을 대상으로 한 것이었다는 前稿의 설명과 어긋나는 사실이다. 그러나 양명휘가 양사재 거접에 참여할 수 있었던 것은 극히 이례적인 일이라 생각한다. 아마도 그의 학식 때문이었을 것이다.

梁命徽는 嫡庶를 구분한 『濟州梁氏族譜 戊辰譜』(1748년), 『濟州梁氏族譜 癸丑譜』(1913년)에는 이름이 없다가 嫡庶를 무시한 『濟州梁氏大族譜 甲子譜」(1924년)』에야 비로소 이름이 기재되어 있다. 그는 『능주읍지』 등에 文行이나 學行條에 실릴 정도로 능주 관내에서 학식이 높은 인물로 평가받았다.[3)] 또한 족보에서도 「茅山 뒤에 정자를 짓고 독서와 窮理를 하였다. 학행과 筆法으로 세상에 이름을 날렸다」고 기재되어 있다. 이러한 학행과 학식으로 그가 서자 신분임에도 불구하고

---

2) 『養士齋重修案』(1793년) 凡例條約

3) 『綾州邑誌』(193?년) 文行. 그리고 『和順郡誌』(和順郡誌編纂委員會, 1980년)의 7編 人物 文行項에도 梁命徽를 "好學篤行하고 亭子를 지어 讀書窮理하였다. 文章筆法으로 유명하였다." 고 설명하고 있어 그가 상당한 유학자였음을 나타내주고 있다.

백일장에서 선발되고, 제주 양씨의 위세에 힘입은 것이 크겠지만, 양사재 거접에 참여할 수 있었을 것이다.

다른 성씨의 경우를 조사하지 않아 확언할 수 없지만 간혹 양반이 아닌 신분, 특히 庶子, 庶族의 거접 참여를 예상할 수 있겠다. 그러나 18세기까지는 이는 극히 이례적인 일로 생각하여야 할 것이다.

그 뒤 19세기에 들어서면 庶出들이 간간이 거접에 참여하는 예를 찾아낼 수 있었다. 梁益永(양명휘의 사촌으로 같은 서자인 梁命誼(1739-1776)의 손자, 1814년 양사재 재생), 梁思默(梁得觀(庶子)의 증손자, 1845년에 양사재 재생, 1900년에 老儒), 梁日默(梁相祖(庶子)의 아들, 1883년 원접청 재생, 1894년, 1897년 양사재 재생), 梁相鳳(梁禹疆(庶子)의 6대손, 1894년 원접청 老儒)등이 있다.[4)]

이로 보아 19세기 후반 이후에 양반 아닌 신분들의, 특히 庶出들의 양사재 거접 참여가 증가하고 있다고 추측할 수 있겠다. 이를 다른 성씨로 확대하면 상당한 수의 庶出들이 재생으로 선발되어 거접과 分粮에 참여하고 있었다고 할 수 있지 않을까 한다. 이는 정조, 순조대의 「서얼소통절목」 반포와 관가의 권장으로 가능하였고, 또한 서출들이 양반들과 겨루어 선발될 정도로 경제력을 갖추고 학식을 익혔기 때문이었을 것이다.

아무튼 양반이 아닌 신분층이 19세기 중엽 이후 부분적이나마 양사재 재생에 선발되고 거접에 참여하게 된 것은 큰 변화라 할 수 있다. 이들에게서 신분제의 두꺼운 벽을 조금씩 헤쳐 나가는 모습을 엿볼 수 있겠다.

셋째, 재임들도 양반들의 독점물이었으나 19세기에 들어서면 서

---

4) 應畢系에는 梁相源(본인이 庶子로 1847년, 1849년 양사재 재생)을 찾을 수 있다.

출들이 재임에 취임하는 예가 다시 확인된다. 應箕系의 梁錫永(高祖 梁居謹이 庶子, 1839년 양사재 재임)이 재임을 지낸 경우이다. 따라서 다른 성씨로 확대하면 이러한 예가 더 찾아질 수 있을 것이라 예상되며, 결국 19세기 중엽 이후가 되면 재임도 재생처럼 더 이상 양반들의 독점물이 아니었다고 결론지을 수 있겠다.

이상의 설명처럼 제주 양씨의 예를 통하여 능주 양사재의 재생과 재임들의 신분을 살펴보았다. 능주 양사재, 원접청은 양반들이 과거를 준비하는 교육시설로 건립되었고, 과거 합격자도 간간이 배출하는 등의 교육성과도 거두었다. 그러나 19세기 중엽 이후에 양반 아닌 신분층도 재생으로, 재임으로 참여하는 기회가 점차 넓어지고 있었다고 한 이전 논문에서의 설명을 다시 확인할 수 있었다.

4.

추가로 한 가지 더 언급할 것이 있다. 양사재를 건립할 때 禮米라는 명목으로 쌀을 기부한 사람 771명을 기록한 『養士齋案』(1720년)이 있다. 처음 納米한 사람 239명을 原이라 표시하여 능주 관내 9개 면별로 이름을 수록하고, 이어 뒤에 납미한 사람 175명을 追라 하여 따로 이름을 면별로 추기 하였다. 그리고 끝으로 西齋라 구별된 사람 357명도 면별로 적어 놓았다.

양사재 건립에 납미한 771명을 성씨별로 조사해 보면 모두 53개 성씨였다. 이 가운데 비교적 많은 수를 차지하는 성씨를 정리하면 <표 3>과 같다.

<표 3>에서 우선 눈의 뜨이는 현상은 양반들과 西齋의 지역별 편차가 꽤 심하다는 사실이었다. 西一, 西二, 南一, 下東邊面은 原, 追의 수와 비율이 높고, 반면에 州內, 東, 北, 西邊面은 서재의 수와 비율이 높

다는 점이다.

표 3. 1720년 『양사재안』의 성씨별 통계

성/面	州內	西一	西二	南一	東面	北面	西邊	上東邊	下東邊	합계
姜		(1)	1		(1)	(4)	(1)			1(7)
高	1	1(1)		1(2)	4(3)		(2)			7(8)
具	6(13)				(3)			(2)		6(18)
金	1(12)	1(12)	12(1)	27(16)	7(11)	(25)	6(10)	(8)	2	56(95)
南	(2)			3						3(2)
魯	(1)			(8)						0(9)
文	8(3)	7(5)	3	1(1)	5(2)	13(4)	4(12)		1	42(27)
閔		17	1	2		(1)	4(5)	1		26(6)
朴	1(1)	1(1)	7	(8)	1(1)	4	(1)		1	11(16)
裵		9(2)	1	4	2	(1)			4	19(3)
徐	(2)	(1)		(3)		1	4(2)			5(8)
宋	(1)	1	1	1			1		1	5(1)
梁		21(1)	1	3	1		(1)	4(3)	7	37(5)
吳			1	5			(2)	1		7(2)
李	2(10)	6(3)	6	20(5)	7(2)	(3)	1(5)	3	1(2)	46(30)
鄭	(1)	8	5	8(5)	6(5)	3	8		20	58(11)
曺	1(15)	1(1)		6(6)	(5)	1(5)	(3)	5		14(35)
崔			1	1	2	1(4)	(2)	(2)	5	10(8)
洪	1(1)	1	2	6			1	1		12(1)
기타	(4)	2(1)	5(0)	13(2)	4(12)	8(22)	7(22)	3(2)	8(0)	50(65)
합계	21(67)	76(28)	46(1)	101(56)	40(45)	26(75)	36(68)	18(15)	50(2)	414(357)

* ( )는 西齋의 인원수

성씨별로 보면 金, 文, 梁, 李, 鄭 등이 많은데, 서재의 수는 꼭 이 성씨와 일치하지 않고 있다. 예를 들면 관아가 소재하는 州內에는 향리들로 믿어지는 具, 金, 李, 曺氏가 서재에 많은 반면에, 梁氏(제주)는 서재가 드물며 西一面에 집중되어 있다. 그리고 文氏(南平)는 북면에 양반이, 서변에 서재가 많이 참여하는 모습을 보여주고 있다. 이는 조선시대에 양반들과 비양반들이 거주지가 구별되는 것에 기인하는 것이라 생각한다.

서재는 향교나 서원에서 양반과 구별되는 명칭이었다. 예를 들면 향교의 경우 동재에는 양반이 동재유생(청금유생)이라는 이름으로, 서재에는 서얼이나 평민들이 서재교생(액내교생)이라는 이름으로 居齋하였다. 이는 서원도 마찬가지였다. 따라서 『養士齋案』에 서재라 구분한 것은 이들이 原이나 追로 구분된 사람들과 달리 양반이 아니었기 때문이었다.

서재로 분류된 한 예로 前稿에서 소개한 西邊의 閔友冉의 경우를 보면 『驪興閔氏義庵公派譜』(1881년 간행)에 그의 조부 閔以悌가 서자로 표시되어 있다. 따라서 민우염은 양반이 아니었기에 서재로 분류된 것임을 확인할 수 있었다.

그런데 같은 서출이면서도 서재로 표시되지 않고 原이나 追로 구분된 사람들이 있다. <도 1>의 梁建夏, 梁一夏 형제가 그들이다. 이들은 조부 梁禹疆이 서자이므로 閔友冉처럼 마땅히 서재로 구분되었어야 함에도 불구하고 『養士齋案』에는 西一面에 追로 구분되어 있다.

이러한 이유에 대해서는 알 길이 없다. 혹 原과 追에 어떠한 신분적 차이가 있는 것이 아닌가 의심이 되지만 제주 양씨의 原 24명, 追 13명을 족보에서 확인한 바에 의하면 차이가 나타나지 않고 있다. 그저 짐작하건대 잘못 분류한 것이거나, 아니면 양사재를 건립할 때 개인별로 禮米를 내기도 하고 문중별로 禮米를 내기도 하는데 이 때 양건하, 양일하는 서출이지만 문중의 일원으로 간주되어 追로 휩쓸려 『양사재안』에 기재된 것이 아니었을까 짐작해 본다.

(『전남사학』 11집(전남사학회, 1997) 게재)

찾아보기

ㄴ

ㄷ

ㅅ

ㅇ

ㅈ

ㅊ

ㅌ

ㅍ

ㅎ

조선시대 전남의 향교 연구

인쇄 | 2015년 10월 15일
발행 | 2015년 10월 20일

저자 | 윤희면
발행인 | 지병문
발행처 | 전남대학교출판부

등록 | 1981. 5. 21. 제53호
주소 | 61186 광주광역시 북구 용봉로 77
전화 | (062) 530-0571~2 **마케팅** 530-0573
팩스 | (062) 530-0579
홈페이지 | http://www.cnup.co.kr
이메일 | cnup0571@hanmail.net

값 13,000원

ISBN 978-89-6849-248-8 (93910)

이 도서의 국립중앙도서관 출판예정도서목록(CIP)은 서지정보유통지원시스템 홈페이지(http://seoji.nl.go.kr)와 국가자료공동목록시스템(http://www.nl.go.kr/kolisnet)에서 이용하실 수 있습니다.
(CIP제어번호 : CIP2015027947)